Die alten Zivilisationen Bulgariens

Das Gold der Thraker

Die alten Zivilisationen Bulgariens
Das Gold der Thraker

15. März – 1. Juli 2007

Antikenmuseum Basel und Sammlung Ludwig

Antikenmuseum Basel
und Sammlung Ludwig

Die Ausstellung entstand in Zusammenarbeit mit dem Ministerium für Kultur der Republik Bulgarien
Prof. Stefan Danailov, Kulturminister
Ina Kileva, Vizeministerin im Ministerium für Kultur
Ivan Tokadjiev, Vizeminister im Ministerium für Kultur
Deiana Danailova, Direktorin, Abteilung für europäische Integration und internationale Zusammenarbeit,
Ministerium für Kultur
Rumjan Gančev, Direktor, Abteilung für Museen und bildende Künste, Ministerium für Kultur

Wissenschaftliche Leitung: Prof. Dr. Dr. habil. Vassil Nikolov, Direktor, Nationales archäologisches
Institut mit Museum der Bulgarischen Akademie der Wissenschaften, Sofia

Kuratorin der Ausstellung: Pavlina Ilieva, Abteilungsleiterin, Nationales archäologisches Institut mit
Museum der Bulgarischen Akademie der Wissenschaften, Sofia
Gesamtkoordination: Ekaterina Džumalieva, Ministerium für Kultur

Božidar Dimitrov, Direktor, Historisches Nationalmuseum, Sofia
Svetla Caneva, Leiterin Konservierungs- und Restaurierungsabteilung, Historisches Nationalmuseum, Sofia
Gergana Vazvuzova, Abteilungsleiterin, Historisches Nationalmuseum, Sofia
Stefan Stefanov, Abteilungsleiter, Historisches Nationalmuseum, Sofia
Martin Christov, Abteilungsleiter, Historisches Nationalmuseum, Sofia
Stanimira Taneva, Konservatorin, Nationales archäologisches Institut mit Museum der Bulgarischen
Akademie der Wissenschaften, Sofia

Antikenmuseum Basel und Sammlung Ludwig
Ausstellungsorganisation
Direktor: Peter Blome
Projektleitung: Ella van der Meijden, Andrea Bignasca
Assistenz: Esaù Dozio, Daniela Ruppen, Delia Sieber
Organisation und Marketing: Andrea Bignasca
Gestaltung, Internet: Markus Zimmer, Marc Jakob
Bildung und Vermittlung: Anne-Käthi Wildberger, Ruedi Jaberg, Claudia Manser
Konservatorische Betreuung, Montage der Exponate: Kurt Bosshard, Niklaus Deschler, Susanne Dürr,
Olivier Berger
Übersetzungen: Josiane Gerum
Administration und Sekretariat: Wolfgang Giese, Patricia Gaspoz, Brigitte Nicosia, Jrène Zimmer
Fotos in Basel und Bildbearbeitung: Andreas Voegelin
Technische Dienste / Sicherheit: Viktor Hürbin, Theo Meyer

Katalog
Koordination: Ella van der Meijden
Übersetzungen aus dem Bulgarischen: Roxolana Bahrjanyj, Gabi Tiemann
Lektorat: Ivo Zanoni, Daniela Ruppen
Wissenschaftliche Redaktion: Ivo Zanoni
Fotos der Exponate: Nikolaj Genov, Rosen Kolev, Ivo Hadjimishev, Stefan Dimov
Gestaltung Umschlag: Markus Zimmer
Layout, Satz- und Lithoherstellung: Basler Druck+Verlag AG, bdv, Basel
Druck: Basler Druck+Verlag AG, bdv, Basel
Bindung: Buchbinderei Grollimund AG, Reinach

© Autoren und Antikenmuseum Basel und Sammlung Ludwig 2007

www. antikenmuseumbasel.ch

ISBN 978-3-905057-23-2

NOVARTIS

L. + Th. La Roche Stiftung
Peter Forcart-Staehelin

Inhaltsverzeichnis

Die Leihgeber

Historisches Museum Asenovgrad
Historisches Museum Balčik
Regionalhistorisches Museum Blagoevgrad
Regionalhistorisches Museum Chaskovo
Regionales Historisches Museum Dobrič
Ethnographisches Museum Elchovo
Regionalhistorisches Museum Jambol
Regionalhistorisches Museum Kărdžali
Historisches Museum Karlovo
Historisches Museum Karnobat
Historisches Museum Kavarna
Historisches Museum «Iskra» Kazanlăk
Historisches Museum Lom
Regionalhistorisches Museum Loveč
Archäologisches Museum Nessebăr
Regionalhistorisches Museum Pazardžik
Regionalhistorisches Museum Pernik
Museumssammlung Peštera
Regionalhistorisches Museum Pleven
Regionales Archäologisches Museum Plovdiv
Archäologisches Museum Radnevo
Regionalhistorisches Museum Razgrad
Regionalhistorisches Museum Russe
Regionalhistorisches Museum Silistra
Nationales archäologisches Institut mit Museum der Bulgarischen Akademie
der Wissenschaften Sofia
Historisches Nationalmuseum Sofia
Städtisches Unternehmen «Alt Sofia» mit Historischem Museum Sofia
Archäologisches Museum Sozopol
Regionalhistorisches Museum Šumen
Historisches Museum Svištov
Regionalhistorisches Museum Tărgovište
Regionalhistorisches Museum Varna
Regionalhistorisches Museum Veliko Tărnovo
Regionalhistorisches Museum Vidin
Regionalhistorisches Museum Vraca

Grusswort

Die Ausstellung «Die alten Zivilisationen Bulgariens. Das Gold der Thraker» ist besonders wertvoll, weil sie die Höhepunkte der prähistorischen Kultur, des goldenen thrakischen Altertums und der römischen Epoche in unserem Land zeigt. Zudem ist sie die erste, die Bulgarien nach dem Beitritt zur Europäischen Union organisiert. Damit möchten wir etwas zeigen, was unter Spezialisten seit langem bekannt ist, ausserhalb der Fachwelt aber immer noch wenig Beachtung findet: Die bulgarischen Gebiete lagen während Jahrtausenden im Zentrum der europäischen Zivilisation.

Vor einem Vierteljahrhundert war in Genf ein Teil der thrakischen Schätze ausgestellt, doch jetzt kann das Schweizer Publikum zum ersten Mal die einzigartigen archäologischen Entdeckungen der letzten Jahre sehen. Darunter sind die Halsketten aus der Hügelnekropole Dăbene, die Goldmaske aus dem Svetica-Hügel, der unvergleichliche Brustschmuck aus dem Hügel bei Černozem, die goldene Kylix und die Beinschienen aus dem Hügel Goljama Kosmatka und andere Meisterwerke der antiken Kunst. Auch die weltberühmten Schatzfunde aus Vălčitrăn, Panagjurište und Borovo sowie viele weitere Objekte von höchster wissenschaftlicher und künstlerischer Qualität werden zu sehen sein.

Die Ausstellung besteht aus drei etwa gleich umfangreichen Teilen, die die Zeit zwischen dem Ende des 7. Jahrtausends v. Chr. und dem 3. Jahrhundert n. Chr. umfassen.

«Am Anfang der europäischen Zivilisation»: Unter diesem Motto lassen sich alle Exponate aus dem ersten Teil der Ausstellung zusammenfassen. Sie stammen aus dem Neolithikum, dem Chalkolithikum und der Bronzezeit und berichten vom Leben und den religiös-mythologischen Vorstellungen der ersten Ackerbauern und Viehzüchter auf dem europäischen Kontinent.

«Thrakien – das Land des Orpheus» illustriert das erste Jahrtausend vor Christi Geburt. Das ist die Zeit, in der sich die thrakische Zivilisation entwickelt und ihre Blüte erlebt. Gezeigt werden Symbole und Zeichen der Macht und des Reichtums thrakischer Herrscher und Aristokraten, das Ausmass der Handelsbeziehungen, kultureller und technischer Kontakte und die Metallverarbeitung in- und ausserhalb Thrakiens.

«Die Thraker und die römische Welt» ist der dritte Abschnitt, der die Beziehungen zwischen der römischen Kultur, die die Alte Welt globalisierte, und der Zivilisation der Thraker, die viel von ihrer Eigenständigkeit behielt, thematisiert.

Ein Beweis für die hohe Wertschätzung des bulgarischen kulturhistorischen Erbes und der thrakischen Kunst ist die Möglichkeit, an einer Institution mit so ausserordentlichem Ruf wie dem Antikenmuseum Basel mit dieser Ausstellung gastieren zu dürfen.

An dieser Stelle möchte ich mich bei allen bedanken, die zur Realisierung dieses für unsere Länder so wichtigen Projekts beigetragen haben. Ich bin überzeugt, dass die Ausstellung Einblicke in eine andere Kultur ermöglicht und so zu einem tieferen gegenseitigen Vertrauen und Verständnis beiträgt.

Prof. Stefan Danailov
Kulturminister der Republik Bulgarien

Vorwort

Die antiken Kulturen auf dem Boden des heutigen Bulgarien besitzen eine vieltausendjährige Geschichte und sind äusserst facettenreich. Die zahlreichen Stämme werden gemeinhin unter dem Oberbegriff «Thraker» zusammengefasst, nicht zuletzt, weil die Thraker in den griechischen und römischen Quellen dominieren. Schon in der «Ilias» werden sie als stolze Krieger geschildert, in deren Land der griechische Kriegsgott Ares wohne. Aber auch ihre musische Seite wird gerühmt, verdichtet in der Gestalt des mythischen Sängers Orpheus. Auch der prominente Mythos von der abenteuerlichen Fahrt der Argonauten hinauf ins Schwarze Meer zur Gewinnung des goldenen Vlieses spiegelt frühe Verbindungen zwischen Griechenland und dem *Euxeinos Pontos*, wie das Schwarze Meer euphemistisch hiess.

Neben den mythischen Banden steht seit dem siebten vorchristlichen Jahrhundert das geschichtliche Phänomen der griechischen Kolonisation vor allem der thrakischen Küstengebiete, wo Siedler aus ionischen und dorischen Mutterstädten blühende Poleis errichteten, die mit dem thrakischen Hinterland regen Handel trieben. So zieht sich der Import griechischer, vor allem attischer, Keramik wie ein roter Faden durch die Fundgeschichte thrakischer Siedlungen und Gräber in ganz Bulgarien. Vor allem aber: Die durch Gold- und Silbergewinnung überaus reichen thrakischen Fürsten zogen die besten Künstler an ihre Höfe. Das Ergebnis sehen wir in den einmaligen Schatzfunden zum Beispiel aus Borovo oder Panagjurište: Schalen, Kannen, Plaketten und Trinkgefässe ganz aus Gold oder aus vergoldetem Silber. Vor allem die Rhyta mit ihren elegant geschwungenen, geriefelten Trichtern und den wundervollen Tierprotomen über dem Ausguss gehören zum Erlesensten, was antike Toreutik klassischer Zeit je hervorgebracht hat. Und noch viel kostbarer als die genannten attischen Importvasen aus Ton sind formgleiche Gefässe aus Silber, bei denen die «rotfigurigen» Zeichnungen in leuchtendem Gold ausgeführt sind – eine Offenbarung nicht nur für klassische Archäologen.

Neben diesen unvergleichlichen Meisterwerken zeigt die Ausstellung nicht minder packende Arbeiten, die in einem mehr einheimischen thrakischen Stil gehalten sind, etwa die Goldmaske eines Fürsten oder Zaumzeugappliken aus dem Schatzfund von Letnica. Die reitenden und tierbezwingenden Helden, eine heilige Hochzeit oder mannigfaltige Mischwesen gewähren einen Blick auf das religiöse Denken der Thraker, der umso willkommener ist, als diesbezügliche literarische Quellen fehlen.

Dass sich insgesamt 35 bulgarische Museen für die Dauer der Ausstellung von ihren Schätzen trennen, ist alles andere als selbstverständlich. So geht mein grösster Dank an die bulgarische Regierung, vor allem an den Kulturminister S. E. Stefan Danailov, der an unserem persönlichen Zusammentreffen in Sofia die entscheidenden Weichen gestellt hat. Auch Vizeministerin Ina Kileva, Deiana Danailova und

Ekaterina Džumalieva haben sich mit grossem Engagement für unser Projekt eingesetzt. Als wissenschaftlicher Koordinator wurde Vassil Nikolov bestimmt, unterstützt von Pavlina Ilieva. Hilfreich stand uns auch der bulgarische Botschafter in Bern S. E. Atanas Pavlov zur Seite. Entsprechende Unterstützung erhielten wir von der schweizerischen Botschaft in Sofia, den Herren Botschaftern Rudolf Knoblauch und Thomas Feller, äusserst tatkräftig unterstützt von Gabriele Schreier.

Sehr zu danken habe ich auch dem Team des Antikenmuseums Basel, allen voran Ella van der Meijden Zanoni. Mit grosser Leidenschaft und einem Einsatz weit über die Bürostunden hinaus hat sie die Inszenierung der Ausstellung in Basel und vor allem auch die Redaktion des Kataloges besorgt, unterstützt von Andrea Bignasca und Markus Zimmer. Zuletzt, aber nicht minder herzlich, danke ich den Sponsoren der Thraker-Ausstellung, der Novartis AG, der L. + Th. La Roche-Stiftung und Peter Forcart-Staehelin.

Peter Blome
Direktor Antikenmuseum Basel und Sammlung Ludwig

Am Anfang der europäischen Zivilisation

Vassil Nikolov

Die intensive archäologische Erforschung prähistorischer Fundstätten in Bulgarien und den angrenzenden Ländern während der letzten Jahrzehnte hat es ermöglicht, eine klarere Vorstellung von der späten Frühgeschichte dieser Region zu entwickeln. Das Gebiet des heutigen Bulgarien bildete vom Ende des 7. bis zum Ende des 5. Jahrtausends v. Chr. das Zentrum der europäischen Zivilisation. Das entspricht auf der östlichen Balkanhalbinsel der Zeit der ersten Ackerbauern und Viehzüchter, deren materielle Kultur dem Neolithikum und Chalkolithikum zuzuordnen ist. Am Ende des 5. und zu Beginn des 4. Jahrtausends v. Chr. kommt es jedoch zu bedeutenden Völkerwanderungen: Die aus den nordrussischen Steppen einwandernden Nomaden vermischen sich mit der nomadisierenden lokalen Bevölkerung. Diese demographischen und kulturellen Veränderungen führten zur Entstehung neuer Gemeinschaften, deren materielle Kultur neue Merkmale trägt, welche wiederum eine Zuordnung zur Bronzezeit erlauben. Im 3. Jahrtausend v. Chr. wird die Region dann allmählich Teil der hoch entwickelten Kultur des östlichen Mittelmeerraums; Ackerbau und Viehzucht werden von da an wieder üblich.

Die Spezialisten für südosteuropäische Frühgeschichte nehmen an, dass Ackerbau und Viehzucht als Hauptwirtschaftszweige über Vorderasien nach Thrakien gelangten. Am Ende des 7. Jahrtausends v. Chr. entstehen in Südosteuropa die ersten wirklichen Siedlungen sowie ein neues religiös-mythologisches System.

Das Leben der ersten Bauern auf dem europäischen Kontinent war vom Wachstumszyklus der wichtigsten Getreidekulturen bestimmt. Von ihnen hing ihre Versorgung ab. Es handelt sich um den einkörnigen und zweikörnigen Emmer, kultivierte wilde Weizensorten, die im Herbst Anfang Oktober gesät und im darauf folgenden Sommer ab Anfang Juli geerntet wurden. Die frühen Ackerbauern hatten bemerkt, dass diese wichtige neunmonatige Periode, die ihre Nahrung hervorbrachte, der Dauer ihrer eigenen Entstehung, d.h. der Dauer der Schwangerschaft entsprach. So entwickelten sich die grundlegenden Prinzipien des religiös-mythologischen Systems der ersten Ackerbauern. Die Vorstellung eines alljährlich wiederkehrenden Zyklus in Natur und Gesellschaft ist dabei von zentraler Bedeutung. Die miteinander verbundenen Bereiche der Wirtschaft und der Religion sind der Lebensmotor der jungsteinzeitlichen Ackerbauern in Thrakien während des 6. Jahrtausends v. Chr.

Die Siedlungen der frühen Ackerbauern lagen an Orten, die sich für die neue Wirtschaftsform eigneten. Ideal waren die Gebiete am Übergang von der Ebene mit fruchtbaren Feldern zu den angrenzenden Mittelgebirgen mit Weiden für das Vieh und Wäldern für die Jagd wilder Tiere. Einige dieser Siedlungen waren vom Neolithikum über das Chalkolithikum bis in die frühe Bronzezeit, d.h. vom Ende des 7. bis zum Ende des 3. Jahrtausends v. Chr., ununterbrochen bewohnt. In dieser langen Zeit entstanden Kulturschichten von 17 bis 18 Metern Höhe, sogenannte

Siedlungshügel (Tells), die uns heute mit ihrem Durchmesser von 250 bis 300 Metern beeindrucken. Eine andere Art prähistorischer Siedlungen ist auf Flussterrassen angelegt. Ihre Überreste haben die Flussbette aufgefüllt, sodass heute keine sichtbaren Spuren mehr zu finden sind. Manchmal entstanden auch Siedlungen in Gegenden, deren natürliche Gegebenheiten für eine längere Nutzung nicht geeignet waren. Es handelt sich dabei um die so genannten flachen Siedlungen. Die Höhensiedlungen konzentrieren sich hingegen vor allem auf Westbulgarien und können in die ausgehende Kupfersteinzeit datiert werden. Ihre Überreste belegen das Bedürfnis, an natürlich befestigten Orten in Mittelgebirgsgegenden zu siedeln, da Völkerwanderungen im entsprechenden Gebiet zu Konflikten geführt hatten. Ausnahmsweise wurden auch einige Höhlen mit relativ hellen Eingangsräumen bewohnt. Anhaltende Diskussionen gibt es um die so genannten Ufersiedlungen aus dem Chalkolithikum und der frühen Bronzezeit, die man früher als Pfahlbautendörfer deutete. Bis jetzt lassen sie sich nur im Varnasee (am Schwarzen Meer) nachweisen. Die Siedlungen aus dem Neolithikum sind auf bulgarischem Gebiet in der Regel nicht befestigt, nur in Ausnahmefällen besaßen einige von ihnen ein Befestigungssystem, das aus einem Graben und einem Wall bestand. Im späten Chalkolithikum wurde ein solches Befestigungssystem aufgrund der Völkerwanderungen eine Notwendigkeit. Alle Siedlungshügel in Nordostbulgarien sind fortan mit einem Graben und einem

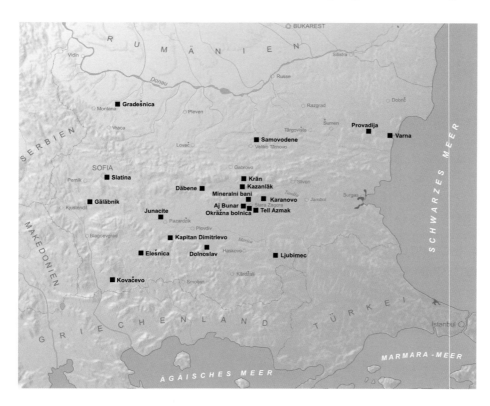

Prähistorische Fundstätten in Bulgarien
© Atanas Kamenarov

Wall umgeben, in einigen Fällen auch mit einer Holzpalisade. Beispiele dieses Verteidigungssystems kennen wir auch in Thrakien. Mit Graben, Wall und Palisade sind auch die zugänglichen Seiten der Höhensiedlungen in Westbulgarien befestigt. Bis jetzt sind keine befestigten Siedlungen aus der frühen Bronzezeit bekannt.

Soweit man aus den bisherigen Feldforschungen schliessen kann, variierte die Einwohnerzahl der prähistorischen Siedlungen. Ein kleiner Siedlungshügel wie der Tell Azmak bei Stara Zagora (in Thrakien) mit einem Durchmesser von etwa 60 Metern und einem Dutzend kleiner Häuser zählte kaum jemals mehr als 80 Einwohner. Die grossen Siedlungshügel wie jener bei Karanovo (bei Nova Zagora, ebenfalls in Thrakien) hatten, auch wenn nicht immer die ganze Fläche bewohnt war, mindestens 200 Einwohner und während bestimmter Zeiten gar zwei- oder dreimal mehr.

Die Bauweise der prähistorischen Wohnhäuser ist verhältnismässig gut erforscht. Bis jetzt wurden in den Kulturschichten keine Gebäude gefunden, die als reine Wirtschaftsgebäude genutzt worden sind. Das Vieh wurde offenbar nicht innerhalb der Siedlung gehalten. Zwischen den Häusern gab es immer einen kleineren oder grösseren Abstand. Manchmal wurden schmale Wege angelegt, die oft mit Steinen, Keramikfragmenten und Tierknochen gepflastert waren. Die Wände der Häuser bestanden hauptsächlich aus einem Geflecht aus Eichenpfosten und Haselnusszweigen, das auf beiden Seiten mit Lehm bestrichen war. Der Boden bestand aus gestampftem Lehm, unter den zum besseren Schutz vor Feuchtigkeit manchmal eine Schicht aus Holzbalken gelegt wurde. Die Dachkonstruktion war ebenfalls aus Holz und mit Stroh oder Schilf gedeckt. Die Gebäude sind in der Regel ungefähr quadratisch oder rechteckig, selten auch leicht trapezförmig. In der frühen Bronzezeit entstanden gelängte Hausformen mit einer gewölbten Wand, die einer Apsis ähnelt. Die vorgeschichtlichen Gebäude bestehen aus einem bis drei Räumen. Der einzige bzw. grösste Raum des Hauses hat mehrere Funktionen. Ein Beispiel dafür ist das mit der gesamten Inneneinrichtung erhaltene Grosse Haus in Sofia-Slatina, das ins frühe Neolithikum datiert wird. Seine Grundfläche beträgt 117 Quadratmeter; es ist damit eines der grössten Gebäude aus dem 6. Jahrtausend v. Chr. in Südosteuropa überhaupt. Das Gebäude besteht aus zwei Teilen: Der grosse Raum diente zu Wohn- und Wirtschaftszwecken, ausserdem wurde er für Kulthandlungen genutzt. Hier befanden sich die Schlafplätze, der Ofen, die Feuerstelle, die Handmühle mit Mahlstein, die Kochstelle, der vertikale Webstuhl, die Opfergrube und zahlreiche Tongefässe, die als Getreidespeicher dienten. Der kleine, nach Norden ausgerichtete Raum wurde zur Herstellung von Arbeitsgeräten und Werkzeug genutzt, ausserdem befand sich hier der Schrein des schützenden Hausgeistes. Bis vor kurzem nahm man an, dass die prähistorischen Gebäude nur über ein Stockwerk verfügten. Neuere Ausgrabungen in zwei chalkolithischen Siedlungen in Nordostbulgarien brachten Befunde zutage, die auf zweistöckige Gebäude schliessen lassen. Auch bereits in der frühneolithischen Schicht des Tells Kapitan Dimitrievo bei Peštera (in Thrakien) und in der

Anthropomorphe Figur, Frühneolithikum
(Kat.-Nr. 2)

spätneolithischen Schicht von Karanovo wurde kürzlich je ein zweistöckiges Haus freigelegt. Diese Entdeckungen werfen ein neues Licht auf die technischen Möglichkeiten der neolithischen Ackerbauern auf der Balkanhalbinsel.

Im Chalkolithikum entwickelte man eine weitere Bautechnik: Die Wände der Gebäude wurden aus gestampftem Lehm hochgezogen, wobei das Fundament manchmal aus Steinen bestand. Diese Bauweise war vor allem in Nordostbulgarien verbreitet, da sie den dortigen klimatischen Bedingungen entsprach.

Die Ackerbauern, die im Neolithikum auf bulgarischem Gebiet lebten, errichteten vermutlich keine vom Wohnhaus separat angelegten Kultstätten. Deshalb kann man davon ausgehen, dass es in den Wohnungen Plätze mit spezieller Ausstattung gab, die für Kulthandlungen genutzt wurden, wie das Grosse Haus in Slatina zeigt. In den Schrein für den schützenden Hausgeist legte man vermutlich Nahrung. Auch in die Opfergrube, die sich zwischen den tragenden Pfosten des Hauses befand, wurden Speiseopfer niedergelegt. In der südöstlichen Ecke des grossen Raums gab es eine kleine Nische mit zwei Tonfiguren: eine sitzende Frauenfigur (die Muttergöttin) und ein Stier (eine Erscheinungsform des Himmelsgottes). Im religiös-mythologischen Denken der damaligen Menschen hatte der Hausofen wahrscheinlich einen bedeutenden Symbolwert, da er auf die Muttergöttin bezogen wurde. Dies belegt die Verzierung der Stirnseite des Podiums zweier Öfen aus dem frühen Neolithikum in Slatina und auf dem Tell Azmak. Ebenfalls in der frühneolithischen Schicht von Slatina wurde ein Gebäude entdeckt, das zu Wohnzwecken genutzt wurde, in einer Ecke an der Rückseite jedoch einen verhältnismässig grossen Platz mit viel Gerät für Kulthandlungen aufweist. Man fand hier ein Podium, das mit hängenden Dreiecken in Relief verziert war und eine 80 Zentimeter hohe Tonsäule, auf der wiederum Dreiecke in Relief angebracht waren. Der Säulenkult wird gewöhnlich mit der Vorstellung verbunden, dass dadurch die kosmische Ordnung erhalten bzw. gestützt wird. Kürzlich entdeckte man im Wohnbereich eines frühneolithischen Hauses in Kapitan Dimitrievo eine sehr grosse Grube mit kultischer Bestimmung, die zwischen den tragenden Pfosten des dreiteiligen Hauses lag. Derjenige, der die kultische Handlung vollzog, konnte über drei Stufen in die Grube hinuntersteigen und das Speiseopfer in eine zylindrische Aushöhlung legen. Für die Kenntnisse der kultischen Bräuche im Spätneolithikum war bisher einzig eine über 12 Meter tiefe Kultgrube im Dorf Samovodene bei Veliko Tǎrnovo (im Zentrum Nordbulgariens) aufschlussreich. Anhand der Schichten in der Grube konnten verschiedene Phasen einer dauerhaften Nutzung festgestellt werden. Während einer Grabungskampagne im Sommer 2006 wurde ein grosser Teil des weitläufigen spätneolithischen Grubenheiligtums bei Ljubimec im südöstlichen Teil Thrakiens erforscht. Die Archäologen konnten feststellen, dass die Rituale mit dem Entfachen von Feuer verbunden waren. Die zum Kult gehörenden Gegenstände, vor allem Keramikgefässe mit Deckeln von hoher Qualität, Mühlsteine sowie Statuetten hat man in Gruben aufbewahrt.

Miniatur-Kultszene (Kat.-Nr. 62)

Ausserhalb der Häuser gelegene Kultstätten gibt es erst seit dem späten Chalkolithikum. Zeugnis hierfür sind die Gebäude mit bemalten Innenwänden in Karanovo und auf dem Tell Azmak, die nicht zu Wohnzwecken dienten. In Dolnoslav bei Asenovgrad (in Thrakien) stiess man auf ein kleines Gebäude mit einem Podium bzw. Altar und mit der Darstellung eines anthropomorphen Gesichts an einer der Wände. Die Vermutung, es handle sich bei diesen Orten um Heiligtümer, wird durch die Deutung eines Hausmodells aus Ton erhärtet. Es stammt aus einem Gebäude auf dem Siedlungshügel Starozagorski Bani (in Thrakien) und stellt wohl ein Heiligtum dar. Die als Kultszene gedeutete Fundgruppe (Kat.-Nr. 62) aus dem Siedlungshügel Ovčarovo bei Tärgovište (in Nordostbulgarien) stützt die These der Existenz separater Kultstätten. Die Miniaturgegenstände sind aus Ton modelliert und mit roter Farbe bemalt. Das Ensemble umfasst insgesamt 30 Objekte, darunter drei Altäre, vier weibliche Figuren, kleine Tische, Stühle, Gefässe und weitere Gegenstände. Man vermutet, es handle sich bei diesem Ensemble um das Modell einer real existierenden Kultstätte mit drei Altären. An jedem der drei Altären befindet sich eine Priesterin, die vierte hat Stellung und Funktion einer Oberpriesterin, die die Rituale in dieser Kultstätte leitet.

Erst in jüngster Zeit hat man mit der systematischen Untersuchung der meist felsigen Gipfel der östlichen Rhodopen (Südbulgarien) begonnen. Die reichen archäologischen Befunde bezeugen, dass diese Orte im späten Chalkolithikum für Rituale und Kultpraktiken genutzt wurden.

Eine Gruppe von tiefen Rundgräben wird in die frühe Bronzezeit datiert. Dabei handelt es sich um Gruben, die mit verschiedenen, archäologisch interessanten Gegenständen, hauptsächlich Tongefässen, gefüllt sind, wohl als Ergebnis einer lange praktizierten Kulttradition. Die Rundgräben wurden in nicht mehr bewohnte Siedlungshügel oder niedrige natürliche Erhebungen eingegraben und weisen einen Durchmesser von etwa 40 Metern auf. Der dadurch entstehende geschützte Raum war durch einen engen Durchgang zu erreichen und diente wahrscheinlich kultischen Zwecken. In einigen Fällen konnte sogar ein Schacht für kultische Zwecke ausgemacht werden, der mit Gegenständen der dort praktizierten Rituale gefüllt war. Um zu verhindern, dass die Wände der Rundgräben einstürzten, mussten die Gräben in Stand gehalten werden. In einer der untersuchten Anlagen waren die Wände mit Steinen verkleidet. Die Gräben sind mit einer einfachen Konstruktion eingefasst, die den Ort auch symbolisch von der Aussenwelt abgrenzt. Hier fanden gesellschaftliche Ereignisse statt; hier versammelten sich die Mitglieder einer bestimmten Gruppe zu bestimmten Anlässen oder zu kultischen Ritualen, zu denen die Darbringung eines Opfers gehörte. Spuren der hier dargebrachten Opfer finden sich gewöhnlich im Rundgraben.

Am Ende der frühen Bronzezeit wurde der niedrige, bereits im Neolithikum angelegte Siedlungshügel Krän in der Ebene von Kazanläk von oben eingeebnet und mit einer Schicht aus fest gestampftem Lehm überzogen. Im Zentrum des Tells wurde ein Gebäude für öffentliche Zwecke errichtet. Sein Grundriss weist eine Apsis auf, die genau an der Nord-Süd-Achse ausgerichtet ist. Die Wände sind in der traditionellen Technik gebaut: In die Erde gerammte Eichenpfosten, dazwischen geflochtene Zweige, auf beiden Seiten mit Lehm verputzt. Es gibt jedoch eine Besonderheit, die zum ersten Mal in Thrakien auftaucht: Die Westwand ist aus deutlich dünneren Pfosten errichtet, dafür ist von aussen eine Wand aus Bruch- und Flusssteinen dagegengesetzt. Der Innenraum ist mit einem feinen Lehmboden versehen und nicht unterteilt. In der Mitte des Gebäudes, die zugleich das geometrische Zentrum des gesamten Tells bildet, befindet sich auf einem flachen Tonsockel eine grosse Feuerstelle. Bevor mit dem Bau begonnen wurde, hat man hier ein Opfer dargebracht. Dessen Überreste – darunter abgerundete, steinerne Stössel, einseitig geglättete Steine einer Handmühle, Fragmente von Tongefässen und Tierknochen – befanden sich in einer flachen Grube. Auf der Innenseite vor der Apsis wurden drei Tongefässe in symmetrisch angeordneten flachen Gruben entdeckt, in zweien davon hat man ein Neugeborenes oder ein unausgetragenes Kind begraben. Das dritte Gefäss war leer. Auf dem Boden kam ausser verhältnismässig wenigen Keramikfragmenten die obere Hälfte eines ausserordentlich präzise gearbeiteten Steinzepters mit einem Loch für den Griff zutage. Um das Gebäude herum entdeckte man weitere Opfergruben.

Dieses Gebäude ist das einzige, das um diese Zeit auf dem Siedlungshügel existierte. Mit ihm geht das Leben an diesem Ort zu Ende. In seinen Bau wurde besonders viel Mühe und Können investiert, was vor allem jene Steinwand deutlich macht, die das Gebäude von Westen her schützen sollte. An dieser Seite war es stark der Witterung ausgesetzt. Seine Innenausstattung und das Inventar zeigen ebenfalls, dass das Gebäude für gesellschaftliche Zwecke bestimmt war, wahrscheinlich war es der Sitz oder die «Residenz» des Herrschers des Tales, eines Priester-Königs. Im Norden des Tells erheben sich die steilen Abhänge des Balkangebirges und im Süden eröffnet sich das Panorama über das Tal bis zum Gebirgszug des Sredna Gora.

Einige Kilometer weiter südwärts existierte um die gleiche Zeit ein grosses Heiligtum mit Rundgraben auf dem Siedlungshügel Kazanläk. Vielleicht war dies das Kultzentrum des gesamten Gebietes und der Herrscher vom Gebäude in Krän dessen Hauptpriester.

Wie in fast allen Nachbargebieten wurden im Neolithikum und frühen Chalkolithikum die Verstorbenen mit angewinkelten Beinen in Hockerstellung beigesetzt, wobei es keine Rolle spielt, ob der Körper auf der linken oder auf der rechten Seite lag. Die Gräber befinden sich innerhalb der Siedlungen, und zwar meistens zwischen den Häusern, manchmal auch unter deren Fussböden. Ausnahmsweise kommen auf dem Bauch liegende Hocker in «Froschstellung», sitzende Hocker mit gestrecktem Rumpf in Rückenlage oder mit gestrecktem Rumpf in Bauchlage vor. Im Hügelgrab von Karanovo sind zwei Gräber mit zahlreichen, nicht zusammen gehörenden Skelettresten gefunden worden, was auf eine kollektive Sekundärbestattung hinweist. Sekundäre Einzelbestattungen kommen auch vor, zu ihnen zählen die – bisher allerdings selten gefundenen – einzeln begrabenen Schädel. Vereinzelt stösst man auf Doppelbestattungen, die für einen Erwachsenen und ein Kind angelegt wurden. Die Orientierung des Körpers im Grab war im Bestattungsritus der Jungsteinzeit offenbar nicht reglementiert: Der Kopf kann in jede Himmelsrichtung liegen. In den Siedlungen sind fast ausschliesslich Kinder und ältere Erwachsene begraben, bei letzteren handelt es sich überwiegend um Frauen. Gräber von Individuen mittleren Alters sind selten. Die beschriebene Alters- und Geschlechtsverteilung könnte die religiös-mythologischen Vorstellungen widerspiegeln: Die frühen Ackerbauern glaubten vielleicht, dass die Seelen verstorbener Kinder in der Siedlung bleiben mussten, um schneller wiedergeboren zu werden. Möglicherweise sollten auch die Seelen einiger Erwachsener, die sich besonders für die Gemeinschaft eingesetzt hatten, ebenfalls dort verharren, um den noch lebenden Verwandten zu helfen. Das Phänomen lässt sich auch auf andere Art erklären. Vielleicht wurden in der Siedlung lediglich Personen mit tieferem sozialen Status bestattet (hauptsächlich Kinder und Frauen), während Individuen höheren Standes auf andere, aufwändigere Art und Weise ausserhalb der Siedlung beigesetzt wurden. Die Gräber in den Siedlungen sind recht bescheiden ausgestattet, wobei fast ausschliesslich die Bestattungen der Erwachsenen Beigaben enthalten. Meist handelt es sich hierbei um einen einzigen Gegenstand (ein Tongefäss, eine Knochennadel, ein Werkzeug aus Feuerstein), nur in sehr seltenen Fällen lagen mehrere Beigaben im Grab (ein Gefäss und ein Mahlstein, eine Perle und ein Stein, Knochennadeln und eine Perle, Knochenpfrieme und eine Steinkugel).

Nekropolen ausserhalb der Siedlung tauchen – soweit man heute feststellen kann – erst ganz am Ende des Neolithikums und nur im Nordosten Bulgariens, in der Dobrudža, auf. Sie wurden von Trägern einer Kultur hinterlassen, die nicht in den Kontext der Mittelmeerkulturen gehört, sondern dem Gebiet nördlich des Schwarzen Meeres nahe steht. Bis jetzt wurden nur in Nordostbulgarien Nekropolen aus dem Chalkolithikum entdeckt, und diese stammen hauptsächlich aus der letzten Phase dieser Epoche. Die Verstorbenen wurden vor allem in Hockerstellung nach rechts oder links bestattet, ein beachtlicher Teil wurde allerdings auch in ausgestreckter Position in Rückenlage beigesetzt. Eine Besonderheit sind die in den oberen, chalkolithischen Schichten des Siedlungshügels Junacite bei Pazardžik (in Thrakien) gefundenen Skelette, mehrere Dutzend an der Zahl. Das letzte Dorf auf dem Tell wurde offenbar von Angreifern niedergebrannt, wobei ein Teil der Bewohner im Feuer umkam und unter Überresten von Häusern begraben wurde, andere bestattete man schnell zwischen den abgebrannten Häusern, wobei die üblichen Riten teilweise beibehalten wurden.

Nekropole von Varna: Beigaben aus Grab 1
(Kat.-Nr. 70)

In den 70er Jahren des 20. Jahrhunderts waren Fachwelt und Laien gleichermassen von der Entdeckung der Nekropole bei Varna (nah am Ufer des Schwarzen Meeres) aus dem späten Chalkolithikum beeindruckt. Aussergewöhnlich war nicht die Entdeckung einer Nekropole aus dieser Zeit an sich, sondern die ausserordentlich meisterhaft gefertigten Gegenstände aus Gold, die in die letzten Jahrhunderte des 5. Jahrtausends v. Chr. datiert werden können (vgl. Kat.-Nr. 70). In der alten Welt kennt man sonst in dieser Zeit nirgends einen so grossen Reichtum aus einem einzigen Ort. Ungefähr 300 Gräber sind erforscht: In etwa 80% davon wurden die Leichname in Hockerposition oder ausgestreckt auf dem Rücken niedergelegt. In den meisten Gräbern finden sich nur bescheidene Beigaben und nur ausnahmsweise kleine, goldene Gegenstände. Eine kleinere Gruppe von Gräbern enthält reichere Beigaben aus Gold und Kupfer. Ausserordentliches Interesse weckte jedoch das Grab eines Mannes mit einer bedeutenden Menge an Goldschmuck und Kupferwerkzeugen, zwei Tongefässen mit Goldfarbe, Pfeil und Bogen und einem Zepter. Zweifelsohne wurde in diesem Grab ein Vertreter der Oberschicht bestattet, vermutlich ein Stammesfürst-Priester. Die verbleibenden 20% sind Kenotaphe. Inzwischen wurden die verschiedensten Interpretationen hierfür vorgelegt. Sie werden beispielsweise als Grabmäler gedeutet, in denen kein Leichnam, sondern der soziale Rang eines lebenden Vertreters der Oberschicht bestattet wurde, damit dieser nach verschiedenen Prüfungen ein neues «Mandat» für die gleiche oder eine höhere soziale Stellung und entsprechend neue Insignien erhalten konnte. Das bedeutet, dass man im späten Chalkolithikum die erbliche Weitergabe der königlichen und priesterlichen Macht noch nicht kannte. Die Kenotaphe sind unterschiedlich gestaltet. Ihr Aussehen und die jeweils mehr oder weniger reichen Beigaben hängen offenbar mit den Ritualen zusammen, die dem sozialen Rang der Menschen angepasst waren. Von besonderem Interesse sind die Tonmasken auf dem Boden dreier Gräber, die mit verschiedenen Gegenständen aus Gold bestückt sind. In einigen Fällen wurden die Kenotaphe ebenso mit Beigaben ausgestattet wie die realen Gräber, auch deren Anordnung wiederholt sich. Bei letzteren wurden die materiellen Zeichen des sozialen Standes in einen Beutel gepackt und begraben. Insgesamt weisen die Kenotaphe innerhalb der Nekropole die reichsten Beigaben auf.

In der frühen Bronzezeit wird die Tradition der Beisetzung *intra muros*, also innerhalb der Siedlungen, beibehalten. Die Verstorbenen wurden allerdings auch in Nekropolen bestattet, die ausserhalb der Siedlungen lagen. Auf einen neuen Bestattungsritus für diese Zeit stiess man in Ostbulgarien: Man schüttete über der Leichenbestattung einen niedrigen Hügel auf. Diesen Brauch haben Einwanderer der Steppenvölker mitgebracht. In einigen Fällen wurde der Körper des Toten auf einen Holzwagen mit vier Rädern gelegt. Es lassen sich auch Hügelgräber mit Körperbestattung und sehr reichen Beigaben wie beispielsweise Gold- und Silberschmuck nachweisen.

Geradezu als Sensation können die lang erwarteten Forschungsergebnisse aus der Hügelnekropole bei Dăbene in der Nähe von Karlovo, im Talkessel zwischen den Gebirgsketten des Balkan und der Sredna Gora gelegen, gewertet werden. Die Hügelnekropole besteht aus mindestens 10 ganz niedrigen Hügelgräbern, die gegen das Ende der frühen Bronzezeit aufgeschüttet wurden. Einige von ihnen weisen flache Aushöhlungen auf, in denen jeweils mehrere Tongefässe zwischen den wenigen Überresten der Leichenverbrennung (Kremation) verstreut liegen. Dazu kommen weitere vereinzelte Beigaben und eine bedeutende Anzahl von Goldappliken und Schmuckelementen. Die Überreste der Kremation waren mit einer Schutzschicht aus Kieselsteinen zugedeckt.

Einer der erforschten Hügel erhob sich lediglich 20 Zentimeter über das Gelände. Die Steinschicht hat einen Durchmesser von etwa 10 Metern. Darunter befindet sich eine flache, fast quadratische Aushöhlung, in der wiederum acht tiefe Gruben angelegt sind. Diese bilden einen rechteckigen «Raum» mit Apsis an einer der Seiten. Darin lagen mindestens sieben verschiedene Tongefässe, darunter Schüsseln, Becher und Kannen. Sie waren von fragmentierten menschlichen Knochen und Zahnteilen bedeckt, die Spuren der Kremation trugen. Im Hügelgrab lagen ausserdem verschiedene Elemente von Schmuck und anderen Gegenständen aus Gold verstreut, darunter 16 kleine Goldspiralen mit einem Gewicht von je einem bis zwei Gramm sowie winzige Perlen mit einem Durchmesser von bis zu 2,7 Millimetern, manchmal mit feinen Einritzungen versehen oder auch kugelförmige Perlen und zwei Goldketten. Die Ketten sind wahrscheinlich durch die Niederlegung der übrigen Grabbeigaben

Sitzende weibliche Figur, spätes Chalkolithikum
(Kat.-Nr. 35)

Anthropomorphes Gefäss, Mittelneolithikum
(Kat.-Nr. 11)

und die Steinaufschichtung beschädigt worden. Zu den beiden Ketten gehören 44 Verteiler und über 15'000 Perlen mit einem Gesamtgewicht von mehr als 250 Gramm (vgl. Kat.-Nr. 85-86).

Die Nekropole von Dăbene belegt auf exemplarische Art und Weise, dass sich im letzten Jahrhundert des 3. Jahrtausends v. Chr. der Übergang von einer egalitären zu einer elitären Gesellschaft vollzogen hat und dass die Kontakte zum östlichen Mittelmeerraum die ökonomische und soziale Differenzierung der thrakischen Gesellschaft beschleunigten.

Der «goldene Mann» aus Dăbene und der «Mann mit Zepter» aus Krăn sind nur zwei der Erscheinungsformen des frühen «König-Priesters», dessen Nachfolger dereinst die thrakischen Reiche in dieser Region regieren sollten.

Die materielle Hinterlassenschaft der frühen Ackerbauern und Viehzüchter im Neolithikum und Chalkolithikum umfasst viele Kategorien von Gegenständen, die im Zusammenhang des religiös-mythologischen Systems und seiner Kultpraktiken interpretiert werden können. Hier soll indes nur auf einige von ihnen eingegangen werden.

Die frühgeschichtliche anthropomorphe Plastik weckte stets besonderes Interesse. Fast alle dreidimensionalen Figuren aus der späten prähistorischen Periode, die auf dem Gebiet des heutigen Bulgarien gefunden wurden, sind Frauenfiguren (vgl. Kat.-Nr. 4. 6–7. 33–36). Trotz der anhaltenden Diskussionen über die Deutung dieser Figuren bin ich der Meinung, dass die Statuetten die Muttergöttin darstellen. Männliche Figuren gibt es ausserordentlich selten und wenn, dann erst seit dem Ende des Neolithikums und später vor allem im Chalkolithikum. Während die Frauenfiguren in der Regel ein summarisch gestaltetes Gesicht haben, tragen die männlichen mehr oder weniger stark ausgeprägte Züge und stellen wahrscheinlich den Stammesführer-Priester dar, der fortan das männliche Prinzip und somit auch den Gatten der Muttergöttin zu verkörpern beginnt.

In prähistorischer Zeit spielen auch die anthropomorphen Gefässe eine wichtige Rolle, die vermutlich ebenso die Muttergöttin darstellen. Mit unterschiedlicher Ikonographie treten sie im gesamten Neolithikum und Chalkolithikum auf (vgl. Kat.-Nr. 10–12. 37. 40).

Die Kulttische sind zwar ein sehr interessanter, aber noch wenig erforschter Aspekt der neolithischen und chalkolithischen Kultur. Sie bestehen aus einem nach oben offenen Becken, das von drei oder vier Beinen getragen wird. Als Symbol des Schosses der Muttergöttin spielten sie wohl eine Rolle in deren Kult (vgl. Kat.-Nr. 16–19. 45).

Die chalkolithischen Hausmodelle aus Ton ahmen indessen wahrscheinlich reale Gebäude nach: zeltförmige Hütten oder Gebäude mit senkrechten Wänden und einem Satteldach (vgl. Kat.-Nr. 52. 63). Sie können mit dem Kult des schützenden Hausgeistes in Verbindung gebracht werden.

Charakteristisch für das Chalkolithikum sind weiter Tonmodelle von Öfen (vgl. Kat.-Nr. 53). Weil darin Rohes in Gekochtes, d.h. Wildes in Kultiviertes, verwandelt wurde, hatte der Ofen einen wichtigen Platz in den religiös-mythologischen Vorstellungen und im Kult.

Auch tierförmige Plastiken finden sich in der materiellen Kultur des Neo- und Chalkolithikums häufig. Meistens handelt es sich um Darstellungen von Haustieren, doch sie werden nicht sehr naturalistisch wiedergegeben; sicherlich sind diese Statuetten in grosser Zahl bei verschiedenen Ritualen benutzt worden, die mit der Fruchtbarkeit der Haustiere in Verbindung standen. Relativ selten sind wilde Tiere, die hingegen sehr realistisch modelliert sind.

Die Amulette sind ziemlich einfach zu deuten (vgl. Kat.-Nr. 26. 42. 58–61. 69 b). Im frühen Neolithikum waren sie häufig aus Stein. Sie stellen Erde und Wasser bewohnende Tiere wie Schildkröten, Schlangen oder Frösche dar. Man trug sie als Fruchtbarkeitssymbole. Im späten Chalkolithikum finden sich häufig runde oder rautenförmige Amulette, die aus Ton geformt und mit Zeichen versehen sind. Aus dieser Zeit stammen auch stark stilisierte anthropomorphe Amulette aus Gold.

Stempel sind eher selten unter den Funden aus der neo- und chalkolithischen Zeit (vgl. Kat.-Nr. 20–23. 56–57). Die eigentliche Stempelfläche ist rund, schmal-rechteckig oder länglich-oval, den oberen Teil bildet ein kompakter konischer Griff. In die Stempelfläche sind meist Motive eingeritzt. Sie wurden als Glücksbringer getragen.

Im Kult der Jungsteinzeit spielten auch tönerne Modelle von Getreidekörnern eine Rolle, die viele Spezialisten nach wie vor für Schleudergeschosse halten (vgl. Kat.-Nr. 28).

Werkzeuge und Waffen bilden eine wichtige Gruppe von Fundgegenständen. In allen drei betrachteten Perioden fertigte man sie aus Stein, Feuerstein, Knochen und

Horn (vgl. Kat.-Nr. 29–31. 70 v). Im Neolithikum kommen ausschliesslich diese Materialien vor. Im Chalkolithikum und besonders gegen Ende dieser Epoche tauchen zunehmend Werkzeuge aus Kupfer auf (vgl. Kat.-Nr. 66–68. 70 o. 70 r-u). Die wirtschaftliche Bedeutung der Kupferwerkzeuge sollte jedoch nicht überschätzt werden. Da sie schnell abstumpfen, wurden sie nur während einer kurzen Zeit in quantitativ grösserem Ausmass als Steinwerkzeuge hergestellt. Kupferwerkzeuge gelten später allerdings als Kennzeichen eines höheren sozialen Ranges ihres Besitzers. Erst die Arbeitsgeräte aus Bronze ermöglichten eine Produktionssteigerung von Werkzeugen (vgl. Kat.-Nr. 81–83).

Erzgewinnung und Metallurgie gehören zu den wichtigsten Neuerungen des Chalkolithikums. In dieser Epoche lag das grösste Abbaugebiet für Kupfererz bei Stara Zagora (in Thrakien). Die grösste Vielfalt in der Verarbeitung weisen die Funde aus der Gegend von Aj Bunar auf, wo die Erzgewinnung im frühen Chalkolithikum, vielleicht sogar gleich zu dessen Beginn einsetzte. Das Erz wurde gewonnen, indem man die Erzader zunächst mit Feuer erhitzte und anschliessend schnell mit Wasser abkühlte. Dann bearbeitete man das Material mit Stein- und Hornwerkzeugen. Die Spuren der darauf folgenden Erzverarbeitung sind überaus spärlich: Darunter finden sich etwa die Überreste eines frühchalkolithischen Ofens zum Kupferschmelzen beim Kreiskrankenhaus in Stara Zagora. Auf jeden Fall werden die Kupfergegenstände zunächst gegossen und danach noch weiter bearbeitet. Die Herstellung von Kupfergegenständen während des Chalkolithikums kann man in verschiedene Etappen einteilen: Zunächst wurden nur kleine Gegenstände hergestellt wie Nadeln, Pfrieme, Perlen und Anhänger. In der zweiten Etappe begann die Herstellung massiverer Geräte aus Kupfer, dabei verbrauchte man allerdings eine unnötig grosse Menge Metall. Später fertigte man die Gegenstände mit der minimal notwendigen Kupfermenge an, was eine Produktivitätssteigerung sowie eine zunehmende Diversifizierung in der Verarbeitung zur Folge hatte. Am Ende des Chalkolithikums schliesslich vereinheitlichten sich auch die Produktionsmethoden.

Ein weiterer «elitärer» Wirtschaftszweig in der späten prähistorischen Zeit war die Salzgewinnung. Sie ging aus der neuen Wirtschaftsweise der Ackerbauern und Viehzüchter hervor. Die überwiegend pflanzliche Nahrung bedurfte eines Zusatzes von Salz, braucht der menschliche Körper doch täglich zwischen 12 und 16 Gramm Salz. Einen Teil des Salzes führte sich der Mensch über die tierische Nahrung zu, dies reichte jedoch bei weitem nicht aus. Auch die Haustiere benötigten Salz. Das Konservieren des Fleisches sowie die Verarbeitung tierischer Produkte wie etwa Leder wären ohne den Einsatz von Salz nicht möglich gewesen. Die wichtigsten Salzlieferanten waren das Meerwasser und Ablagerungen von Steinsalz.

Bis jetzt gibt es keine konkreten Angaben über die Art und Weise der Salzgewinnung auf bulgarischem Territorium im frühen Neolithikum. Die Nutzung der Salzvorkommen bei Provadija in Nordostbulgarien setzte im späten Neolithikum ein.

Blick auf die Ausgrabung von Provadija

Etwa um 5400 v. Chr. überquerte eine Gruppe von Menschen aus Thrakien das Balkangebirge im Osten und begann mit der Salzgewinnung. Durch Verdampfen der Sole, also von salzhaltigem Wasser aus natürlichen Quellen, deren Salzkonzentration jene des Meerwassers um mehr als das Zehnfache übersteigt, konnte relativ einfach Salz gewonnen werden. Die thrakische «Kolonie» beschäftigte sich ausschliesslich mit der Salzgewinnung und tauschte Salz gegen Lebensmittel. Die Salzgewinnung bei Provadija begann um die gleiche Zeit wie jene im Nordosten der Karpaten und gehört zu den ältesten in Europa.

Die Salzgewinnung an diesem Ort wurde auch im Chalkolithikum fortgesetzt. Die reiche Siedlung befestigte man mit Steinwall und Graben, später kam noch eine Palisade aus Holz und Lehm dazu. Inzwischen lässt sich glaubhaft die These vertreten, dass der Reichtum, der sich in den Gräbern der Nekropole von Varna spiegelt (vgl. Kat.-Nr. 70), auf die Salzgewinnung im 20 Kilometer entfernt liegenden Siedlungshügel Solnicata (Salzstreuer) bei Provadija und auf den einträglichen Handel mit diesem für Mensch und Tier lebensnotwendigen Produkt zurückzuführen ist.

Verwendete Literatur:
Georgiev 1961; Hiller – Nikolov 1997; Lichardus – Fol – Getov 2000; Macanova 1996;
Nikolov 1989; Nikolov 1990 a; Nikolov 1991; Nikolov 1997; Nikolov 1998 a;
Nikolov 1998 b; Nikolov 2000; Nikolov 2001; Nikolov 2002 a; Nikolov 2002 b;
Nikolov 2003; Nikolov – Maslarov 1987.

Die Entstehung der thrakischen Kultur

Stefan Alexandrov – Krasimir Nikov

Die Entstehung des thrakischen Volkes ist ein langer Prozess, dessen Anfang die meisten Wissenschaftler in das letzte Viertel des 4. Jahrtausends v. Chr. ansetzen. Zu dieser Zeit war das heutige Bulgarien Teil einer Gemeinschaft von Kulturen, die den Archäologen als Černovoda-Boleráz III bekannt ist. Dazu gehörten die Territorien des heutigen Polen, von Tschechien, der Slowakei, von Österreich, Ungarn, Rumänien, Jugoslawien und Bulgarien. Im Süden erstreckte sich das Gebiet bis nach Nordgriechenland. Innerhalb dieses sehr grossen ethnokulturellen Raumes spielten die bulgarischen Gebiete eine wichtige Rolle als Kontaktzone zwischen Zentral- und Südosteuropa.

Die nächste Etappe der Ethnogenese der Thraker dauerte bis etwa 2300 v. Chr., als sich eine neue Situation herausbildete. Die Kulturgemeinschaft umfasste nun die Territorien der heutigen Slowakei, von Ungarn, Jugoslawien, Bulgarien, Nordgriechenland und der Westtürkei. Innerhalb dieses Raumes entstanden regionale Zentren wie Ezero mit dem dazugehörigen Hinterland (für Thrakien), Radomir (für den zentralen und westlichen Teil des heutigen Bulgarien), Gradec und Jakimovo (für den nordwestlichen Teil). In dieser Zeit drangen Ideen aus Anatolien über den entwickelten Südostbalkan (Thrakien) nach Mittel- und Westeuropa vor, ebenso etablierten sich wechselseitige Kontakte zwischen der Bevölkerung der Karpaten und

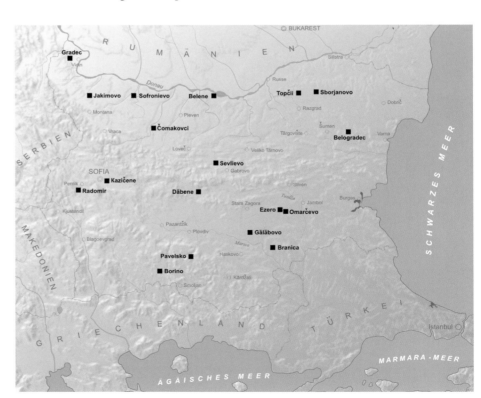

Die wichtigsten Fundstätten der Bronze- und frühen Eisenzeit in Bulgarien
© Atanas Kamenarov

jener Südgriechenlands. An der westlichen Schwarzmeerküste verlief dagegen die Route der nomadisierenden Gruppen, die auf diese Weise zwischen den Kulturen der einzelnen Stämme in den von ihrer Wanderung gestreiften Gebieten vermittelten.

Am Ende des dritten Viertels des 3. Jahrtausends v. Chr. kam es zu einer weiteren Veränderung, die mit der Migration von Stammesgemeinschaften in Richtung Ost – West (im unteren Donaubecken) und Nord – Süd entlang der Flussläufe von Iskăr und Struma sowie Morava und Vardar (in Richtung Mittelmeer) verbunden war. Die Migrationsbewegung unterbrach die bereits bestehenden Kontakte zwischen Zentral- und Südosteuropa und Asien. Letztlich führte diese Welle dazu, dass einzelne Stämme nach Griechenland vordrangen. Später ging aus ihnen die mykenische Zivilisation hervor. Der östliche Teil der Balkanhalbinsel (Thrakien, Schwarzmeergebiet) blieb ausserhalb dieser Bewegungen. Hier setzte sich die Herausbildung der Kulturen Ezero und Ezerovo kontinuierlich fort, wobei diese immer stärker mit dem nördlichen Raum der entwickelten anatolischen Zivilisationen gekoppelt waren. Am besten verdeutlichen dies die zahlreichen Keramikimporte in Thrakien sowie die hervorragenden Fundstücke aus Dăbene (vgl. Kat.-Nr. 85–86).

Die nächste Phase der thrakischen Ethnogenese (mittlere Bronzezeit, 21.–17. Jahrhundert v. Chr.) zeigt die immer stärkere Verflechtung der thrakischen Gebiete mit dem Kreis der ostägäischen Kulturen. Die wichtigsten Befunde in Thrakien (Gălăbovo) verdeutlichen, dass der ägäisch-anatolische Einfluss zunahm. Die thrakischen Gebiete spielten eine immer grössere Rolle im Fernhandel und dienten als Bindeglied zwischen der ägäischen und minoischen Zivilisation einerseits und den wichtigsten Rohstoffquellen in Zentraleuropa und Transsilvanien andererseits. In dieser Zeit bildeten sich die wichtigsten Besiedlungsareale der thrakischen Stämme im unteren Donaubecken, im mittleren Balkangebirge und in Thrakien heraus. Gegen Ende dieser Periode entstand auch die Institution Heerführer/König-Priester, wofür es in Homers «Ilias» Hinweise gibt.

Während der späten Bronzezeit (17.–12. Jh. v. Chr.) traten die Thraker in die Geschichte ein. Es war die Zeit der sogenannten «legendären thrakischen Könige» Rhesos, Diomedes, Peiroos, Akamas und anderer, die in der «Ilias» als Trojas Verbündete im Krieg gegen die Griechen kämpften. «Ilias» und «Odyssee», die ältesten Schriftquellen, welche die Thraker nennen, siedeln die thrakischen Stämme in den Gebieten nördlich der Ägäis an. Die archäologischen Befunde weisen indes darauf hin, dass auch grosse Teile des unteren Donaubeckens von thrakischen Stämmen besiedelt waren. In der zweiten Hälfte des 2. Jahrtausends v. Chr. bildete sich endgültig die soziale Struktur der frühthrakischen Gesellschaft mit der Institution Heerführer/König-Priester heraus. Die religiösen Vorstellungen manifestierten sich klarer. Gleichzeitig entstanden viele thrakische Felsheiligtümer und Festungen. Die aus den Schriftquellen bekannte Institution Heerführer/König-Priester wird indirekt durch die archäo-

Der Schatzfund von Vălčitrăn (Kat.-Nr. 89)

logischen Funde und Befunde bestätigt, beispielsweise durch den Goldschatz von Vălčitrăn mit einem Gesamtgewicht von 12,5 Kilogramm (vgl. Kat.-Nr. 89) oder die Fundstücke aus Omurtag. Unter archäologischen Gesichtspunkten ist eine Vereinheitlichung der Kultur zu beobachten, die besonders bei den gemeinsamen keramischen Formen und Ornamenten zum Tragen kommt. Die späte Bronzezeit war auch eine Blütezeit der Bronzemetallurgie, die zuerst in einem grundlegenden Wandel in der Bewaffnung und in neuen Werkzeugtypen deutlich wird. In dieser Zeit wurden Angriffswaffen aus Bronze entwickelt: Speerspitzen, Pfeile, Rapiere, Schwerter sowie Doppeläxte. Aber auch neue Werkzeuge aus Bronze wie etwa Sicheln oder sogenannte Hohläxte wurden angefertigt. Man geht davon aus, dass es eine besondere Gruppe oder Schicht in den einzelnen Mikro- bzw. Makroregionen gab, die sich mit der Verarbeitung der Rohstoffe und der Herstellung von Arbeitsgeräten und Waffen aus Bronze beschäftigte. In der späten Bronzezeit blühte auch der Handel auf. Aufgrund einer einleuchtenden These nimmt man an, dass das Gold der mykenischen Zivilisation aus dem Norden der Balkanhalbinsel stammte (aus Transsilvanien oder dem heutigen nordwestlichen Bulgarien). Zu Beginn der späten Bronzezeit verlief der Haupthandelsweg vom Karpatenraum über den westlichen Teil des unteren Donaubeckens und das mittlere Balkangebirge nach Südgriechenland und Kreta. Innerhalb dieser durch den Handel bedingten Kontakte spielte der westthrakische Raum eine wesentliche Rolle. Dies lässt sich dadurch belegen, dass die meisten Waffen mykenischen Typs (Rapiere, Schwerter, Dolche und andere) entlang dieses Weges, dabei jedoch hauptsächlich in den Gebieten des zentralen Balkangebirges und in Nordwest-Bulgarien, gefunden wurden. Gleiches gilt für mykenische Keramik und deren Imitationen. In diesem Zusammenhang spielten die oben genannten Regionen eine Vermittlerrolle für die Elemente der mykenischen Kultur, die nach Zentral- und Westeuropa und sogar bis ins Gebiet des heutigen Dänemark gelangten.

In derselben Periode (16.–12. Jh. v. Chr.) blieb der östliche Teil der heute bulgarischen Gebiete (Thrakien) wie zuvor unter dem Einfluss der anatolischen Zivilisationen mit dem Zentrum Troja. Das gänzliche Fehlen mykenischer Keramik in Thrakien ist ein weiterer Hinweis dafür. Zur Erklärung dieses Sachverhalts lässt sich die Tatsache anführen, dass ein Teil der thrakischen Stämme als Verbündete der Trojaner am Trojanischen Krieg teilnahm.

Der Übergang von der späten Bronze- zur frühen Eisenzeit war ein langsamer Evolutionsprozess entscheidender Veränderungen in der materiellen und geistigen Kultur der thrakischen Stämme. Diese Übergangsperiode erstreckte sich über das gesamte 11. Jahrhundert v. Chr. und zog sich in bestimmten Regionen Thrakiens vielleicht auch länger hin. Es war auf der gesamten Balkanhalbinsel eine Zeit des Zerfalls der gemeinsamen Formensprache in der materiellen Kultur und der endgültigen Herausbildung autonomer Strukturen einzelner thrakischer Stammesgemeinschaften. Dieser Prozess dominierte die folgende Entwicklung in Thrakien, obwohl die Verbindungen zu den Nachbarkulturen auch in den nächsten Jahrhunderten nicht völlig abbrachen. Zu Beginn der hier betrachteten Zeit waren sie von unterschiedlicher Intensität und fanden vielseitige Ausdrucksformen, die vor allem aufgrund von indirekten Kontakten entstanden. Auch heute fehlen immer noch zuverlässige Angaben über Veränderungen der ethnischen Zusammensetzung der Bevölkerung zu Beginn des 1. Jahrtausends v. Chr. Die spärlichen Hinweise sprechen eher für eine Infiltration kleiner Gruppen von Menschen aus den Territorien nördlich und nordöstlich der Donau, die indes keine wesentlichen Veränderungen nach sich zogen. So begann die ältere Eisenzeit mit einem reichen Erbe aus der späten Bronzezeit, das sich weiterentwickelte.

Die Einführung des Eisens als Hauptmetall für die Herstellung von Werkzeugen, Waffen und Schmuck war ein Faktor, der die Entstehung der thrakischen Kultur im heutigen Bulgarien stark beeinflussen sollte. Die Thraker bekamen den Versorgungsmangel an Zinn zu spüren, was die Produktion von Bronze gegen Ende der Bronzezeit erschwerte und den Übergang zum «neuen» Metall förderte. Nachdem aber Zinn wieder erhältlich war, wurde Bronze erneut als wichtigste Legierung für bestimmte Gegenstände (Schmuck, Teile der Bewaffnung) benutzt, aber die Veränderungen hinterliessen tiefe Spuren in der Entwicklung der thrakischen Kultur. In den kommenden vier Jahrhunderten (bis zum Ende des 6. Jh. v. Chr.) folgten die thrakischen Stämme der Logik der «Kultur des Eisens», was zur Bildung einer neuen Weltsicht und einer neuen Gestaltung der Beziehungen zu den Nachbarn führte.

Während der älteren Eisenzeit erlebte die thrakische Gesellschaft dynamische Veränderungsprozesse. Die soziale Differenzierung und die Bildung einer ausgeprägten Oberschicht, eines Stammesadels also, setzten gleichwohl die Tradition der späten

Bronzezeit fort, wie die Funde von Waffen (Pavelsko, Borino, Omarčevo, Topčij, Sborjanovo) und Gegenständen aus Edelmetall (Schmuck aus Bărzica) belegen. Diese Entwicklung lässt sich nach dem 8. Jahrhundert v. Chr. deutlich fassen (siehe die Funde von Belogradec, Sofronievo, Belene, Kazičane; vgl. Kat.-Nr. 90 und 91) und erreichte in der Mitte des 1. Jahrtausends v. Chr. ihren Höhepunkt. Die Kennzeichen eines unterschiedlichen Sozialstatus (Schwerter, Speere) weisen auf die Bildung einer militärischen Oberschicht hin, deren Macht am Ende der Epoche zu Konflikten um die Vorherrschaft zwischen den einzelnen Stämmen führte. Diese Auseinandersetzungen gingen der Bildung des ersten thrakischen Staates voraus. Der Ausdruck von Macht und Wohlstand war ein paralleler Prozess in den gleichzeitigen Kulturen auf der Balkanhalbinsel.

Vor diesem Hintergrund lässt sich die materielle Kultur der thrakischen Stämme als Spiegelbild einer sesshaften Gesellschaft betrachten, in deren Leben Viehzucht, Ackerbau, Handwerk und Sammelwirtschaft eine zentrale Rolle spielten. Deutlich wird dies vor allem in den Keramikerzeugnissen und in der Verzierung der Gefässe, deren Motive symmetrisch komponiert sind.

Obwohl wir nur über wenige Hinweise auf Erzgewinnung in Thrakien verfügen (nach den späteren antiken Quellen waren die Bessen, ein in den Rhodopen lebender thrakischer Stamm, berühmte Bergleute), lassen die Bergwerke in den Bezirken von Samokov, Blagoevgrad und Sofia sowie auch viele dort gefundene Metallgegenstände darauf schliessen, dass in dieser Periode ein aktiver Bergbau betrieben wurde. Diese Annahme wird auch durch die Erzeugnisse der Toreutik, der Goldschmiedekunst (Kazičane, Belogradec, Bărzica), der Bronzeplastik (vgl. den kleinen Hirsch aus Sevlievo im für den ägäischen Raum typischen geometrischen Stil) sowie durch die Votiväxte von Čomakovci gestützt. Auch die Schmuckstücke, deren Herkunft zum

Statuette eines Hirsches, Bronze, H. 16 cm; aus Sevlievo, 2. Hälfte 7. Jh. v. Chr. Nationales archäologisches Institut mit Museum, Sofia (Inv.-Nr. 747)

Teil dank den gefundenen Gussformen nachgewiesen werden kann, bezeugen die ausgefeilten Techniken in der Metallverarbeitung (Branica).

Die wenigen Belege zur Siedlungsweise in der älteren Eisenzeit zeigen, dass es eine hierarchische Anordnung innerhalb der einzelnen Siedlungsstrukturen gab (Hauptsiedlung – abhängige Siedlungen) und wahrscheinlich auch eine Spezialisierung in den einzelnen Tätigkeitsbereichen (Metallgewinnung, Herstellung von Keramik). Gegen Ende dieser Zeitspanne entstanden die ersten Befestigungsanlagen.

In geistig-religiöser Hinsicht war die ältere Eisenzeit Thrakiens die Blütezeit der Megalithkultur. Ihre Denkmäler, die sich hauptsächlich im Süden des heutigen Bulgarien befinden, widerspiegeln die Kontinuität der späten Bronzezeit und sind als eigenständiger Ausdruck der geistigen und wirtschaftlichen Macht der Thraker anzusehen. Die Felsheiligtümer, Dolmen und Kromleche (Steinkreise) mit den dort praktizierten Ritualen sprechen für hoch entwickelte religiöse Vorstellungen. Eine besonders wichtige Rolle spielte die kultische Verehrung der Fruchtbarkeit sowie der Ahnen und der Toten. Im Zusammenhang mit diesen Kulten sind auch die Felder mit Ritualgruben als Heiligtümer unter offenem Himmel zu verstehen.

Die Thraker entwickelten einen ausserordentlich reichen Totenkult. Sie gewährten den Verstorbenen aufwändige Bestattungsfeierlichkeiten, dann äscherten sie sie ein und schütteten abschliessend einen Hügel über den Gräbern auf. Die thrakischen Bestattungsrituale drückten den starken Glauben an ein Leben im Jenseits und die grosse Verehrung der Vorfahren aus, die man für Schutzpatrone, welchen überirdische Kräfte innewohnen, hielt.

Auch die Kontakte zu den Nachbargesellschaften haben die Herausbildung der thrakischen Kultur stark beeinflusst. Dieser Prozess lässt sich deutlich seit dem Ende des 9. Jahrhunderts v. Chr. verfolgen. In dieser Zeit erfasste der so genannte geometrische Stil Griechenlands die früheisenzeitlichen Kulturen von Persien bis zur ita-

Dolmen beim Dorf Hliabovo (Kreis Chaskovo, Südost-Bulgarien)

lischen Halbinsel. So kommen im thrakischen Kulturraum Schmuckstücke, Statuetten und Dekorationsmotive vor, die sich durch die Kontakte mit den Zentren der ägäischen Zivilisationen ausgebreitet hatten. Sie belegen die Öffnung der Region für die Neuerungen aus fremden Kulturen. Die Anwesenheit der Thraker in Anatolien (Troja) fand nun ihre Fortsetzung in engen Beziehungen zum mächtigen Staat der Phryger, der durch Keramik, Schmuck und religiöse Einflüsse nachzuweisen ist. Einen wichtigen Impuls erhielt dieser Prozess auch durch die an der Küste und im Landesinneren (Koprivlen) liegenden griechischen Apoikien (Kolonien) oder Siedlungen mit gemischter Bevölkerung, wo viele Waren importiert und lokale Imitationen hergestellt wurden. Dank dieser Kontakte wurde in Thrakien auch die bis dahin traditionelle Keramik durch neue Formen und technische Verfahren ersetzt (Einführung der Töpferscheibe).

So waren am Ende des 6. Jahrhunderts v. Chr. (jüngere Eisenzeit) alle Voraussetzungen geschaffen für eine schnelle, alle Bereiche erfassende Entwicklung der thrakischen Kultur.

Verwendete Literatur:
Alexandrov 1995; Alexandrov 2002; Boyadziev 1995; Georgiev 1982; Georgieva 2001; Gotzev 1994; Hiller – Nikolov 2002; Hiller – Nikolov – Lang 2005; Leshtakov 1993; Leshtakov 1996; Nikov 1999; Nikov 2001; Nikov 2002; Panajotov 1995; Shalganova 1995; Shalganova – Gotzev 1995; Stoyanov 1997; Stoyanov – Nikov 1997.

Aspekte der thrakischen Archäologie

Aspekte der thrakischen Archäologie der späten Bronze- und der Eisenzeit in Bulgarien

Christo Popov

Das Interesse an der archäologischen Erforschung des kulturhistorischen Erbes Thrakiens war in Zentraleuropa und Russland bis in die zweite Hälfte des 19. Jahrhunderts nicht besonders ausgeprägt. Nach der Befreiung von der osmanischen Fremdherrschaft im Jahr 1878 und der Neugründung des bulgarischen Staates begann es sich dann allmählich zu entwickeln. Ihre ersten Schritte machte die junge bulgarische Archäologie mit Hilfe ausländischer Spezialisten, die einen bedeutenden Beitrag zur Begründung einer archäologischen Wissenschaft nach europäischem Vorbild in Bulgarien leisteten. Als Fachleute der ersten Stunde sind die aus der damaligen Monarchie Österreich-Ungarn stammenden tschechischen Wissenschaftler Konstantin Jireček, Vaclav Dobrusky und die Brüder Hermingild und Karel Škorpil zu nennen. Besonders die beiden Letzteren haben sich um die thrakische Archäologie verdient gemacht. Sie entdeckten eine Reihe archäologischer Stätten und publizierten in ihrem Buch «Hügel» und in weiteren Veröffentlichungen zum ersten Mal bis damals unbekannte thrakische Denkmäler.

In den ersten Jahrzehnten des 20. Jahrhunderts etablierten sich allmählich bulgarische Spezialisten wie Bogdan Filov, Gavril Kacarov, Ivan Velkov, Vasil Mikov und Rafail Popov in der thrakischen Archäologie. Unterschiedliche Fachrichtungen wie die Erforschung der Hügelnekropolen und der Siedlungsstrukturen in einzelnen Mikroregionen bildeten sich heraus und die in Museumssammlungen aufbewahrten Funde, die während der ersten Jahrzehnte desselben Jahrhunderts zutage gekommen waren, wurden allmählich erfasst.

Die politischen Veränderungen nach dem Zweiten Weltkrieg hinterliessen auch in der archäologischen Forschung tiefe Spuren. Die ideologischen Dogmen, denen die Wissenschaft gerecht werden musste, galten auch für die Erforschung des thrakischen Altertums. Erst Anfang der 1970er Jahre begann der Staat, dem thrakischen Erbe innerhalb seiner Grenzen grössere Aufmerksamkeit zu widmen. Im Jahr 1971 wurde das Institut für Thrakologie gegründet, an dem nun fortlaufend «thrakologische» Konferenzen und Kongresse stattfanden. Im Zusammenhang mit den grossen Feierlichkeiten anlässlich des 1300-jährigen Jubiläums (1981) nach der Gründung des ersten Bulgarischen Reiches wurden beträchtliche Summen für archäologische Forschungen zur Verfügung gestellt. In einem lokalpatriotischen Rahmen wurde das thrakische Erbe als wissenschaftliche Begründung zur Stützung des Nationalstolzes herangezogen. Dieses Bild änderte sich nach 1990 grundlegend, als sich der Staat nach dem politischen und ökonomischen Kollaps des Ostblocks vollständig aus seiner Verpflichtung zum Schutz des kulturhistorischen Erbes zurückzog. Die in den 1970er und 1980er Jahren stark geförderte Archäologie war nun allein dafür verantwortlich, den ausserordentlichen archäologischen Reichtum Bulgariens etwa aus jener Zeit, als thrakische Stämme den bulgarischen Teil der Balkanhalbinsel besiedelten, zu erhalten und zu beschützen.

Schliesslich blickt die thrakische Archäologie in Bulgarien auf mehr als 100 Jahre bewegter Geschichte zurück, in der einige Generationen von Archäologen eine solide Basis für künftige Feldforschungen nach den neuesten wissenschaftlichen Kriterien geschaffen haben. In jüngster Zeit wurden einige grundlegende Fragen, die mit der Rekonstruktion der Besiedlung heute bulgarischer Gebiete während der späten Bronze- und Eisenzeit gekoppelt sind, aufgeworfen. Diese Fragen gilt es in der Zukunft zu beantworten.

Am zahlreichsten sind bislang die Untersuchungen der Hügelnekropolen. Bereits in den 30er Jahren des 20. Jahrhunderts begannen unter der Leitung von Bogdan Filov, Ivan Velkov und anderen die Ausgrabungen an den grossen und bedeutenden Hügelnekropolen, etwa bei Duvanlij und Mezek. Erste Erkenntnisse über die Bestattungspraktiken während der Eisenzeit liessen sich dadurch gewinnen. Die verschiedenen Arten von Grabmälern und Grabanlagen wurden erforscht. Eine gewisse Zeit lang entwickelte sich die archäologische Untersuchung der Hügelnekropolen parallel zu anderen Forschungsrichtungen, die sich mit der Bronze- und der Eisenzeit beschäftigten. In den 1970er Jahren erlebte die Archäologie allgemein einen bedeutenden Aufschwung, und Forschungsarbeiten dieser Art nahmen entsprechend zu. Es erfolgten Ausgrabungen einzelner Hügel, ausserdem nahm man langjährige Forschungsprojekte an grossen Nekropolen in Angriff. Beispiele dafür sind die Nekropolen bei Kazanläk, Šipka, Loveč und Starossel. Die Zahl der bis zum damaligen Zeitpunkt bekannten Hügelanlagen vergrösserte sich um ein Vielfaches, wodurch

Iran Tepe (südöstliche Rhodopen): Felsnischen im Heiligtumskomplex

eine entsprechend umfassendere und systematischere Erforschung möglich wurde und eine verhältnismässig zuverlässige Chronologie der Anlagen und Bautechniken sowie architektonischer Details erstellt werden konnte.

Es bleibt jedoch fraglich, inwieweit die – heute teilweise praktizierten – beschleunigten Ausgrabungen mit Hilfe von Maschinen gerechtfertigt sind. Die Diskussion in der bulgarischen archäologischen Forschung bleibt offen. Die Erforschung einzig und allein von Grabhügeln dient nicht zur Gewinnung einer umfassenden Übersicht der damaligen Besiedlung. Die Grabkomplexe werden oftmals ausserhalb ihres Zusammenhangs getrennt betrachtet. Darin kommen einige problematische Aspekte der heutigen bulgarischen Archäologie zum Ausdruck.

In den letzten Jahrzehnten zeichnet sich eine Tendenz ab, wonach ein Teil der erforschten Hügelanlagen vermehrt als Kultanlagen betrachtet wird. Unabhängig davon ist klar, dass sich die archäologische Erforschung des Kults ausserordentlich interessanten Objekten aus der Zeit zwischen dem 16. Jahrhundert v. Chr. und dem 1. Jahrhundert n. Chr. gegenübersieht.

Im Süden des Landes, in den Rhodopen und im Sakargebirge, wurden zahlreiche Felsheiligtümer entdeckt. Man nimmt an, dass es auf einigen Gipfeln Heiligtümer gegeben hat, die mit der kultischen Verehrung der Sonne und von Felsen verbunden waren. Die vielen in den Fels geschlagenen trapezförmigen Nischen und runden Steinbecken deutet man im Zusammenhang mit den in diesen Heiligtümern durchgeführten Ritualpraktiken. In den letzten Jahren wurde auch ein Kromlech (Steinkreis) aus der frühen Eisenzeit erforscht; dadurch konnten weitere Einblicke in die Megalithkultur Südostthrakiens während der späten Bronze- und frühen Eisenzeit gewonnen werden.

Von grossem Interesse sind ebenso die in den letzten 20 Jahren erforschten Grubenfelder, die verschiedene Forscher auch als Grubenheiligtümer deuten. Es handelt sich um Flächen beträchtlichen Ausmasses, in denen zahlreiche Gruben unterschiedlicher Formen gefunden wurden. Sie enthielten verschiedene Gegenstände wie Gefässe, Gefässfragmente, Gegenstände aus Ton oder Metall sowie Knochen. Man konnte ferner feststellen, dass in einigen Gruben Tiere und sogar Menschen geopfert worden waren. Einige Forscher deuten diese Grubenkomplexe im Zusammenhang mit der Verehrung unterirdischer Gottheiten, von Göttern der Fruchtbarkeit und der Ahnen. In einigen Gruben kamen Materialien aus weit auseinander liegenden Epochen zutage. Die Grubenfelder dürften Hinweise auf die Siedlungsstrukturen liefern, da diese vermutlich in unmittelbarer Nähe lagen. Bis jetzt konnte ein solcher Zusammenhang jedoch erst selten nachgewiesen werden.

Die Erforschung der Siedlungen ermöglicht die vermutlich umfassendste Rekonstruktion der thrakischen Lebensweise. Am besten bekannt waren bisher die grossen Siedlungszentren, die mit einigen der thrakischen Königreiche aus der späten Eisenzeit (zweite Hälfte des 1. Jahrtausends v. Chr.) verbunden waren. Um solche städtischen Zentren handelt es sich bei Seuthopolis, Kabyle, Philippopolis und den

Kromlech (Steinkreis)

Siedlungen bei Sborjanovo, Vetren und Pernik. Interessant ist, dass sie auf die unterschiedlichste Art und Weise entstanden sind.

Die staatsbildenden Prozesse und die griechische Kolonisation an der thrakischen Küste haben zu Veränderungen in der Siedlungsstruktur und zur Entstehung von städtischen Zentren mit repräsentativer Architektur, Befestigungsanlagen und allgemein zu einem hohen Lebensstandard und grösseren Wohlstand ihrer Bewohner geführt. Sie unterhielten weit reichende Handelsbeziehungen, über die teure Luxusgüter importiert wurden. Gegenwärtig ist die Bedeutung eben dieser Kontakte und der Mittel, die man dadurch anhäufte, für die Entstehung städtischer Siedlungen stärker ins Zentrum gerückt.

Es fehlt jedoch eine wesentliche Komponente bei der Rekonstruktion der Besiedlung Thrakiens. Bislang wurden nämlich keine kleineren Siedlungen erforscht, die in administrativer und wirtschaftlicher Hinsicht von den grösseren Zentren abhängig waren. Zusammenfassend lässt sich feststellen, dass Aussagen über die Siedlungsstrukturen in der späten Bronzezeit und der frühen und späten Eisenzeit auf jeden Fall hypothetisch bleiben müssen. Obwohl Resultate von Untersuchungen von Siedlungen aus der gesamten hier betrachteten Zeitspanne von über 15 Jahrhunderten vorliegen, lassen sich die Grundmuster, die zur Besiedlung in den verschiedenen Gebieten des Landes führten, nicht klar definieren.

Eine Möglichkeit diese Lücke zu füllen, besteht in der Durchführung mikroregionaler archäologischer Untersuchungen, bei denen konsequent alle denkbaren Komponenten der menschlichen Besiedlung (verschiedene Siedlungstypen, Nekropolen, Heiligtümer, Produktionsanlagen usw.) innerhalb eines begrenzten geografischen Areals erforscht werden. Diese Art der Untersuchung erlaubt neben der Analyse des Raumes auch eine Analyse der chronologischen Elemente, indem Besonderheiten und Veränderungen in verschiedenen Perioden detailliert registriert werden. Leider sind solche Untersuchungen in der thrakischen Archäologie bisher noch selten. Aufgrund von intensiven Bauarbeiten und der Erschliessung bestimmter Flächen konnten solche umfassende Ausgrabungen beispielsweise bei dem Kohlekraftwerk Maritsa-Ost durchgeführt werden, ferner auch auf dem Gebiet des Dorfes Drama (bulgarisch-deutsches Projekt) und bei den nun schon seit 25 Jahren laufenden Forschungsarbeiten bei Sborjanovo. Konkrete Schritte in diese Richtung wurden auch bei den antiken Siedlungen bei Vetren und Koprivlen unternommen. Trotzdem stellen mikroregionale Studien in der thrakischen Archäologie immer noch eine Ausnahme dar.

Insgesamt lässt sich festhalten, dass der Wissensstand in der Archäologie der späten Bronze- und der Eisenzeit in Bulgarien wesentliche Erkenntnisse in der Erforschung einzelner Gruppen archäologischer Denkmäler wie beispielsweise der Hügelnekropolen, der Keramikkomplexe aus bestimmten Epochen, der Amphoren, der toreutischen Erzeugnisse, der Goldschmiedekunst und der Waffen gewonnen hat. Besondere Aufmerksamkeit hat man zweifelsohne der Untersuchung der Schatzfunde aus der späten Eisenzeit (besonders aus der Zeit zwischen dem 5. und dem 3. Jahrhundert v. Chr.) gewidmet.

Diese Situation im heutigen Forschungsstand ist nicht nur auf die Tatsache zurückzuführen, dass viele durch Ausgrabungen gewonnene primäre Informationen zuerst gesammelt werden müssen, damit man sie wissenschaftlich und methodenkritisch auswerten kann, sondern auch auf manche hartnäckige Grundeinstellungen in der Forschung. Bestimmte Fragen konnten geklärt werden, aber weiter führende Analysen, die manche Einzelaspekte in einen grösseren Zusammenhang stellen und so eine umfassendere Vorstellung der Besiedlung Thrakiens zu bestimmten Perioden ermöglichen, sind leider noch die Ausnahme.

Auch in diesem Zusammenhang sind die Ausgrabungsarbeiten hervorzuheben, die in den letzten 15 Jahren anlässlich von Projekten wie dem Bau von Autobahnen, Eisenbahntrassen und Gas- und Ölleitungen durchgeführt wurden.

Nach der Wende zu Beginn der 1990er Jahre und dem vollständigen Rückzug des Staates aus der Erforschung und dem Schutz des kulturellen Erbes blieb diese Art der archäologischen Arbeit (Notgrabungen also) in vielerlei Hinsicht die einzige Möglichkeit, grössere Untersuchungen durchzuführen. Trotz aller Nachteile einer solchen Arbeitsweise konnten Entdeckungen gemacht werden, die sonst wegen mangelnder Repräsentativität und Bedeutung nicht ausführlicher bearbeitet worden wären. So kann ein vollständigeres und in mancher Hinsicht auch revidiertes Bild der Besiedlung Thrakiens in der späten Bronze- und Eisenzeit entstehen.

Die thrakische Archäologie verfügt über reiches Quellenmaterial und die grundlegenden Fragen und Probleme sind bereits formuliert. Zukünftige Generationen von Forschern werden diese zu lösen haben.

Verwendete Literatur:
Bailey – Panajotov 1995; Bouzek – Domaradzki – Archibald 1996; Bouzek – Domaradzki – Archibald 2002; Bouzek – Domaradzki 2005; Božkova – Delev 2002; Delev 1984; Delev 2000; Dimitrov – Čičikova 1978; Domaradzki 1994; Domaradzki 2000; Domaradzki – Popov 2001; Gergova 1987; Gotsev 1997; Kitov 1999; Leshtakov 1997; Lichardus 2002; Maritsa-Iztok 2001; Nekhrizov 2000; Popov 2005; Stoyanov 1997; Stoyanov 2003 a; Stoyanov – Tonkova – Preshlenov – Popov 2005; Tonkova 1994; Tonkova 2003; Velkov – Domaradzka 1994.

Das goldene Zeitalter der thrakischen Kultur

Georgi Kitov

Gegen Ende des 6. Jahrhunderts v. Chr. zog das gewaltige und gut organisierte persische Heer Dareios' I. im Feldzug gegen die Skythen durch Thrakien. Das Aufeinandertreffen mit der fortgeschrittenen persischen Zivilisation löste eine intensive Entwicklung der in den Anfängen stehenden staatsbildenden Prozesse in Thrakien aus. Die Anstrengungen des thrakischen Königs Teres wurden von Erfolg gekrönt: Es gelang ihm, auf einem riesigen Territorium auf der Balkanhalbinsel unter seiner Herrschaft das odrysische Reich zu begründen. Bis zur Mitte des 4. Jahrhunderts v. Chr. galt dieses thrakische Königreich weit über den Balkan hinaus als wichtiger Machtfaktor. Danach zerfiel das odrysische Reich in zahlreiche, oftmals untereinander verfeindete Kleinstaaten.

Mit der Stabilisierung des Reiches setzte eine explosionsartige Entwicklung und Blüte der thrakischen Kultur ein, die während des 5. und 4. vorchristlichen Jahrhunderts ihren Höhepunkt erreichte. Diese Kultur konnte auf der Basis alter Traditionen ihren eigenen Charakter bewahren und pflegte gleichzeitig inspirierende Kontakte mit den Kulturen des östlichen Mittelmeerraums. Der Austausch mit Skythen und Kelten bewirkte, dass einige thrakische, griechische und östliche Elemente über die Donau hinaus bis weit in den Nordwesten und Nordosten Verbreitung fanden. Die in jüngster Zeit intensiv betriebenen Forschungen zeigen, dass die Thraker im Entwicklungsprozess der antiken Kultur ebenbürtige Partner der Griechen waren.

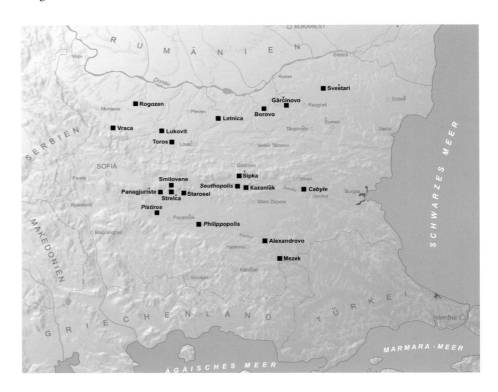

Nekropolen und Fundorte der wichtigsten
Schatzfunde thrakischer Zeit
© Atanas Kamenarov

Architektur

Während des 5. und 4. Jahrhunderts v. Chr. entstanden bedeutende Monumente der thrakischen Architektur. Einige Städte wie Kabyle bei Jambol oder Seuthopolis, das heute auf dem Grund des Stausees Koprinka bei Kazanlăk liegt, und Pulpudeva-Philippopolis (heute Plovdiv) weisen typisch städtische Elemente auf: starke Festungsmauern, stattliche öffentliche Gebäude sowie Tempel-Paläste. In Seuthopolis gibt es eine Zitadelle ausserhalb der befestigten Stadt mit ihren *insulae*, welche durch die sich im rechten Winkel kreuzenden Strassen entstanden waren. Die Residenz des Königs war gleichzeitig das Hauptheiligtum. Eine Inschrift auf einer Marmorstele gibt den Text eines Vertrags zwischen Seuthopolis und Kabyle wieder, in dem Heiligtümer genannt und andere historische Begebenheiten festgehalten sind. Man nimmt an, dass sich auf der Agora, dem Hauptplatz der Stadt, eine lebensgrosse Bronzestatue des Gründers von Seuthopolis, des Königs Seuthes' III., befunden habe. Die Anlage der Wohnhäuser erfolgte streng nach Plan. Sie wiesen grosse Innenhöfe und Säulenhallen auf, waren zweistöckig und boten nicht nur Lebensraum für Menschen und Haustiere, sondern verfügten auch über einen Wirtschaftstrakt.

Hervorragend gebaut und stark befestigt waren die Herrscherresidenzen. Jene in der Gegend von Kozi Gramadi bei Starossel bestand aus mehreren zweistöckigen Gebäuden aus grossen, sorgfältig bearbeiteten Steinblöcken, die mit bleiummantelten Eisenklammern verbunden waren. Auf ähnliche Weise hatte man auch die Festungsmauern errichtet. Diese Bauweise, die sonst für die Anlagen in den thrakischen Grabhügeln charakteristisch ist, findet sich nur selten in der städtischen Architektur. Auch die Residenz in der Gegend von Smilovene bei Strelča ist ähnlich gestaltet.

Gut erforscht ist das altgriechische Handelszentrum (*emporion*) Pistiros beim Dorf Vetren nahe Pazardžik. Dort legte man innerhalb der Festungsmauern zahlreiche Handels- und Wirtschaftsgebäude frei.

Am aussagekräftigsten für die Kenntnisse der thrakischen Architektur sind die Kultbauten. Das Bild der thrakischen Architektur, das sich lange an den weniger bekannten Heiligtümern städtischer Zentren orientierte, konnte durch die Erforschung von in Grabhügeln entdeckten Kultbauten erheblich erweitert werden.

Während des 5. Jahrhunderts v. Chr. wurden in Thrakien Hügel aufgeschüttet, die als heilig galten und die die natürlichen Erhebungen, unter denen in mykenischer Zeit Gräber angelegt wurden, ersetzten. Später trug man einen Teil der Aufschüttungen wieder ab, um dort Kultgebäude, zunächst aus Steinen, danach aus gebrannten Ziegeln, zu errichten. Zu einem späteren Zeitpunkt setzte man dort schliesslich die sterblichen Überreste thrakischer Herrscher und angesehener Vertreter der Aristokratie bei, wodurch die Hügel zu Gräbern wurden. Durch die Heroisierung der Herrscher, die man nach ihrem Tod wie Götter verehrte, wurden die Hügelgräber schliesslich zu einer Art Mausoleen.

Dies bedeutet, dass jeder der drei Begriffe – Heiligtum, Grab und Mausoleum – gleichwertig ist und dass diese Anlagen als Kombination all dieser Formen bezeichnet werden können. Auf dem Gebiet des heutigen Bulgarien gibt es Hunderte derartiger Bauten, von denen man einen grossen Teil eher zufällig entdeckte. Die meisten von ihnen sind monumental und weisen in Grundriss und Gestaltung eine unglaubliche Vielfalt auf. Bauwerke mit einem freiliegenden Innenraum und einem Eingang werden als Tempel definiert. In ihnen wurden die Rituale der thrakischen Orphik vollzogen, in die im Allgemeinen nur wenige Angehörige der höchsten aristokratischen Schicht eingeweiht waren. Während der Zeremonie wollten sie nicht gestört werden, weshalb sie die ein- bzw. zweiflügeligen Türen aus Stein oder Metall, die verriegelt werden konnten, hinter sich verschlossen. Durch die lange Nutzung dieser Räume sind die Stufen an den Eingängen abgetreten und weisen oftmals Abnutzungsspuren auf, die durch das Öffnen bzw. Schliessen der Türen entstanden sind. Bei der sorgfältigen Untersuchung der Anlagen konnte man feststellen, dass zahlreiche Umbauten – wie beispielsweise neue Farbaufträge oder das Auswechseln der Türe – durchgeführt wurden. Diese Renovierungsarbeiten belegen, dass die Kultstätten mindestens während einiger Jahrzehnte frequentiert worden sein müssen.

Die Kammern der thrakischen Tempel sind entweder rechteckig oder rund. Bei ersteren boten sich verschiedene Deckenkonstruktionen an: Die einfachsten Decken sind flach. Manchmal ist das Deckengewölbe auf zwei Ebenen angelegt. Es ist bemerkenswert, dass nur in Thrakien der Übergang vom Dreiecksgewölbe zum Tonnengewölbe festgestellt werden konnte, für welches häufig der missverständliche Begriff «makedonisches Gewölbe» verwendet wird. Auf bulgarischem Gebiet existieren zahlreiche Dreiecksgewölbe, die aus zwei im gleichen Winkel geneigten Flächen bestehen. Zudem kommen Gewölbe mit trapezförmigem Querschnitt vor. In einer späteren Variante liefen die Flächen am Scheitel in einem immer weniger stark ausgeprägten Winkel zusammen, was schliesslich zur Entstehung des klassischen Tonnengewölbes führte. Während sich in Makedonien diese Form von Anfang an durchgesetzt hatte, lassen sich in Thrakien verschiedene Zwischenstufen nachweisen. Daher kann man davon ausgehen, dass das Tonnengewölbe in Thrakien tatsächlich als Resultat verschiedener Entwicklungsstufen aus der thrakischen Bautradition hervorgegangen ist.

In sehr seltenen Fällen haben die rechteckigen Kammern Decken, die aus vier gewölbten Wangen bestehen, während die runden Kammern stets eine Kuppel – die in der thrakischen Sakralarchitektur häufigste Überdachungsform – tragen.

Die thrakischen Kultstätten bestehen aus einem oder aus mehreren – bis zu sechs – Räumen, die zumeist hintereinander auf einer Achse angelegt sind. Um als Kultstätten genutzt werden zu können, mussten die unter den aufgeschütteten Hügeln gelegenen Räume so konstruiert sein, dass sie für die Menschen, die darin ihre Rituale ausübten, auch zugänglich blieben. Deshalb legte man sie am äusseren Rand der

Starossel: Tumulus mit Eingang

Tumulus von Starossel: Dromos und Eingang

Hügelaufschüttung an oder man gewährleistete den Zugang über Korridore (*dromos*) von unterschiedlicher Länge. Der Eingang dieser Korridore befand sich am äussersten Hügelrand bzw. konnte sogar ausserhalb des Hügels liegen. Im Allgemeinen befindet sich der Eingang zur Anlage an der Frontseite, die eine repräsentative Fassade aufweisen kann.

Auch Kultstätten ohne Korridore weisen beeindruckende Fassaden auf, die häufig mit plastischem und/oder polychromem Bauschmuck verziert sind. Unterschiedlich breite Wege führten zu den Fassaden, die sich am äusseren Rand der Hügel befanden.

Aus bis heute ungeklärten Gründen gab man die Tempel/Gräber/Mausoleen zu einem bestimmten Zeitpunkt auf. In einigen Fällen wurden sie teilweise zerstört, in anderen absichtlich zugemauert oder zugeschüttet, um sie vor den Zeitgenossen, aber auch vor künftigen Generationen, zu verstecken.

Für die Errichtung des Tempels bei Starossel, der unter den bis heute entdeckten Heiligtümern als der imposanteste gilt, wurde ein natürlicher Hügel genutzt, den man teilweise abtrug und nach Abschluss der Bauarbeiten wieder aufschüttete. Um den Tempel zog sich eine beeindruckende, fast fünf Meter hohe kreisförmige Mauer (*krepidoma*) – als Symbol für die Sonne –, die von einem Wall gestützt wurde, um die Mauer vor dem Abrutschen zu sichern. An der Südostseite der Mauer befindet sich der monumentale Eingang, der an den profilierten Seiten von lebensgrossen Löwenfiguren flankiert gewesen sein dürfte. Eine Haupt- und zwei Nebentreppen führen zu einer für rituelle Zwecke angelegten Plattform. Über einen breiten, von fünf Meter hohen Mauern eingefassten Korridor gelangt man in den eigentlichen Tempel, dessen Fassade aus meisterhaft bearbeiteten Steinblöcken errichtet wurde und um den Eingang plastischen und farbigen Schmuck aufweist. Die erste Kammer ist rechteckig und wird von einem Tonnengewölbe überdacht. Die zweite Kammer ist rund und trägt eine Kuppel, an deren Basis sich ein Metopen-Triglyphen-Fries in dunkel- und hellblauer sowie roter Farbe befindet. Die Wände sind durch zehn kannelierte Halbsäulen mit dorischen Kapitellen gegliedert, die eine ähnliche farbliche Gestaltung wie der Fries aufweisen. Der Tempel stammt aus dem 5. bis 4. Jahrhundert v. Chr. und gilt in der thrakischen Welt als einzigartig.

Eine weitere aussergewöhnliche Kultstätte ist im Horizont-Hügel, der ebenfalls bei Starossel liegt, entdeckt worden. An ihrer Vorderseite umsäumen sechs dorische Säulen an der Front und jeweils zwei an den Seiten einen länglichen, schmalen Platz. Dahinter befindet sich eine rechteckige Kammer, in der religiöse Zeremonien stattfanden. Die Kultstätte war zugleich Grablege eines Königs: Von den Grabbeigaben blieben Blätter eines goldenen Kranzes, Appliken eines Panzerhemdes und weitere, weniger bedeutende Gegenstände erhalten.

Bemerkenswert ist auch die Kultstätte im Maltepe-Hügel bei Mezek im Kreis Svilengrad. Sie besteht aus einem 22 Meter langen – dem längsten bisher bekannten – Korridor und drei Kammern, zwei rechteckige und eine runde Kammer mit Kragsteinkuppel. Gegenüber dem Eingang des runden Raumes befindet sich ein steinernes Ritualbett mit zwei Kopfkissen, seitlich davon je eine rechteckige Steinurne. Unter den Bodenplatten der rechteckigen Kammern sind reiche Gräber aus dem 4. Jahrhundert v. Chr. entdeckt worden.

Grab von Mezek: Dromos

Grab von Sveštari

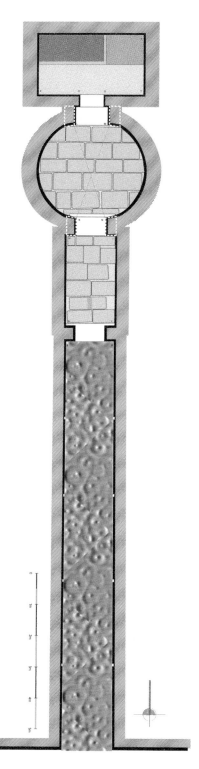

Goljama Kosmatka: Plan der Anlage
(nach Kitov 2005 a, 69 Abb. 101)

Bronzekopf des Seuthes III.

Der Tempel von Sveštari im Nordosten Bulgariens weist ebenfalls einen Korridor und drei Kammern auf, die asymmetrisch angeordnet sind und von einer Tonne überwölbt werden. Die Hauptkammer ist mit plastischen Elementen und gemalten Ornamenten geschmückt.

Die meisten Kultstätten – insgesamt mehr als zwanzig – liegen im «Tal der thrakischen Könige» im Gebiet von Kazanläk in Zentral-Bulgarien. Die grösste unter ihnen, die sich im Hügel Goljama Kosmatka befindet, diente als Grabstätte-Mausoleum des grossen thrakischen Königs Seuthes III. (330–280? v. Chr.). Sie besitzt eine beeindruckende Aussenfassade, einen 13 Meter langen Dromos, eine zweite Fassade – die eigentliche Grabfassade – sowie drei Kammern. Eine Kammer ist rechteckig mit einem spitz zulaufenden Gewölbe, eine andere ist rund und überkuppelt. Die hinterste Kammer beeindruckt besonders: Sie ist aus einem enormen monolithischen Granitblock ausgehöhlt und mit einem zweiten Block in Form eines Satteldachs überdacht worden, wodurch sie wie ein überdimensionierter Sarkophag aussieht. In dieser Kammer war das Bestattungsritual für den König vollzogen worden, in der ersten Kammer fand man sein Pferd. Die Beigaben waren sehr prunkvoll. Im Sarkophag fanden sich Gegenstände aus Gold mit einem Gesamtgewicht von über einem Kilogramm: ein Eichenlaubkranz, eine *kylix* (Schale zum Weintrinken), ein vollständiges Set von Zierteilen, die zu einem prunkvollen Pferdegeschirr gehörten, Appliken für ein Panzerhemd sowie ein Schild, ein Zepter, ein mit Gold verziertes Schwert und die dazugehörende Scheide. Ferner fand man zahlreiche Objekte aus Silber wie Gefässe und Appliken für eine Waffenausrüstung. Die Waffenausrüstung ist vollständig und umfasst Helm, Panzerhemd mit aus Golddrähten gewebtem Kra-

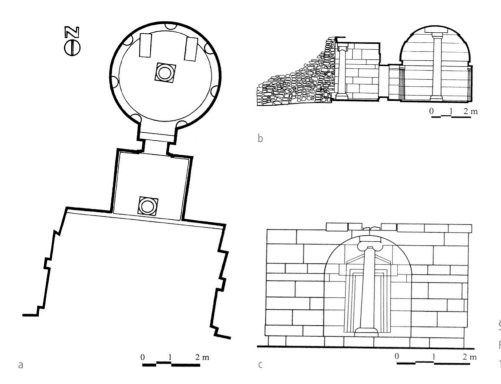

a

b

c

Šušmanec-Hügel: Plan (a), Schnitt (b) und Fassade (c) der Anlage (nach Kitov 1999, 13 Abb. 17)

gen, Schild, Beinschienen, Schwerter und Speerspitzen (vgl. Kat.-Nr. 118). Zwei der Silbergefässe und der Helm weisen Inschriften auf, in denen Seuthes' Name erwähnt wird. Diese Inschriften erlaubten es, die Kultanlage als letzte Ruhestätte des Seuthes zu identifizieren. Nachdem der Kult des Königs nicht mehr praktiziert wurde, brach man die marmornen Türflügel in jeweils sieben Stücke, mauerte die Eingänge zu den ersten beiden Kammern zu, steckte den Korridor in Brand, schüttete ihn zu und übertünchte die Fassade. Die Bronzestatue des Königs, die im Zentrum seiner Hauptstadt Seuthopolis aufgestellt war, wurde rituell zerlegt und ihr Kopf sieben Meter vor der Fassade der Kultstätte vergraben. Die Statue war das Werk eines grossen griechischen Bildhauers, ihr Kopf zählt zu den überragenden Werken der antiken Bronzekunst.

Der Hügel Goljama Kosmatka blieb bis zum heutigen Tag die einzige Kultstätte, die mit Sicherheit als Grab eines thrakischen Königs identifiziert werden konnte.

Die Kultstätte im Šušmanec-Hügel mit ihrem breiten Korridor und ihrem Vorraum mit Tonnengewölbe ist einzigartig. Der rundbogenförmige Eingang wird von einer Mittelsäule gestützt. Diese wird von einem Kapitell bekrönt, das die Form eines Würfels, eines in der thrakischen Orphik heiligen Gegenstands, hat. Die Hauptkammer ist rund, ihre Kuppel wird ebenfalls von einer Säule gestützt. Diese endet in einer Scheibe – dem Symbol der Sonne – mit 15 radial angeordneten, an Sonnenstrahlen erinnernden Steinbändern. Die Ausstattung der Kammer widerspiegelt die Vorstellungen der Thraker über die Entstehung der Welt und birgt verschlüsselte Hinweise auf die wesentlichen Prinzipien der thrakischen Orphik.

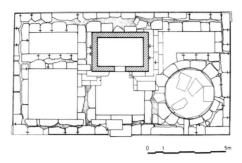

Ostruša-Hügel: Plan der Anlage (nach Kitov 2005 a, 18 Abb. 16)

Die Anlage im Ostruša-Hügel kurz nach der Freilegung

Ostruša-Hügel: Decke und Detail mit Kassetten

Ein weiterer Tempel mit einzigartigem Charakter befindet sich im Ostruša-Hügel, der ebenfalls im Tal der thrakischen Könige liegt. Es handelt sich hierbei um einen, was die räumliche Anordnung betrifft, einzigartigen Komplex, der aus sechs Kammern besteht. Diese sind auf einer Fläche von 100 Quadratmetern auf zwei Achsen angelegt, auf denen jeweils drei Kammern in ost-westlicher Ausrichtung angeordnet wurden. Allein eine einzige Kammer war nicht geplündert worden. In ihr hatte man ein Pferd mitsamt der kompletten Schmuckgarnitur seines Zaumzeugs geopfert; die Appliken sind aus Silber und weisen grossartig stilisierte Tierdarstellungen auf. Im Weiteren barg man zwei Silbergefässe sowie die Reste des Kragens eines Panzerhemdes, der aus Leder, Eisen, Silber und Gold gearbeitet war.

Ausserordentlich ist die Hauptkammer, welche – wie auch jene im Hügel Goljama Kosmatka – aus einem einzigen Steinblock herausgehauen wurde. Ihre Decke ist in rechteckige Felder aufgeteilt, die mit Malereien geschmückt sind. Einige sind stark beschädigt, auf anderen sind menschliche Köpfe, Szenen mit menschlichen Figuren, Tierkämpfe, geometrische und pflanzliche Muster dargestellt. Die Gestaltung dieser Malereien belegt das grosse technische Können der thrakischen Künstler des 4. Jahrhunderts v. Chr.

Wandmalerei

Ein wichtiges Denkmal der thrakischen Wandmalerei ist die Ausstattung der berühmten Grabanlage von Kazanläk. Wahrscheinlich stammt sie aus der Zeit des Königs Seuthes, das heisst sie ist gegen Ende des 4. bzw. zu Beginn des 3. Jahrhunderts v. Chr. entstanden. Sie besteht aus einem Korridor und zwei Kammern, einer rechteckigen und einer runden mit Kuppel. Die Wände des ersten Raumes sind mit Kampfszenen bemalt, die aufeinander treffende, feindliche Heere zeigen. Im runden Raum ist ein Totenmahl dargestellt. Ein thrakischer König sitzt mit seiner Gemahlin an einem üppig mit Speisen gedeckten Tisch. Zu beiden Seiten stehen Reihen von Dienern, die Essen, Kleider und Truhen mit Schmuck (?) herbeitragen, ferner zwei Flötenspielerinnen und zwei Pferdeknechte, von denen der eine zwei gesattelte Pferde, der andere einen von vier Pferden gezogenen Wagen (Quadriga) führt. Der

Brauch, im Rahmen von Begräbnisfeierlichkeiten Wettkämpfe und Wagenrennen zu veranstalten, ist hier in der Kuppel also bildlich fassbar. Diese Wandmalereien bezeugen, dass es innerhalb der antiken Malerei eine thrakische Schule gegeben haben muss. Sie galten noch bis vor kurzem als die einzigen in Thrakien, die vollständig erhalten geblieben sind.

Im Jahr 2000 entdeckte man beim Dorf Aleksandrovo im Bezirk Chaskovo eine zweite Grabanlage mit Wandmalereien. Sie umfasst einen 14 Meter langen Dromos und zwei Kammern, eine rechteckige und eine runde, deren Wände mit Szenen aus dem thrakischen Brauchtum und der thrakischen Mythologie geschmückt sind. Sie zeigen rituelle Tänze, die Darbringung von Opfergaben, Festgelage sowie pflanzliche und geometrische Ornamente. Der Hauptfries besteht aus vier Jagdszenen: Eine Hirsch- und Wildschweinjagd, an der vier Reiter und vier Männer zu Fuss, begleitet von neun Hunden, zwei Eber und zwei Hirsche – einen Dam- und einen Rothirsch – angreifen. Die Wandmalereien sind naturalistischer als die von Kazanläk und zeigen reale Thraker mit Kleidern und Waffen, wie sie bis anhin auf anderen Darstellungen nicht zu sehen waren. Von grosser Bedeutung für die Kenntnisse der thrakischen Malerei ist das Profil eines jungen Mannes mit wachem Blick, das gegenüber vom Eingang der runden Kammer eingeritzt ist. Darunter ist in zwei Zeilen sein Name zu lesen: KODZIMASES CHRESTOS (Kodzimases, der Meister). Zweifelsohne handelt es sich hierbei um das skizzierte Selbstporträt des Schöpfers der Wandmalereien. Da der Name typisch thrakisch ist, können wir davon ausgehen, dass tatsächlich eine thrakische Schule der Malerei existiert hat.

Skulptur und Toreutik

Werke der thrakischen Bildhauerkunst sind nur wenige überliefert, darunter die beiden Löwenreliefs von Strelča, der Bauschmuck in den Heiligtümern von Strelča, Sveštari, Starossel und im Tal der thrakischen Könige sowie einige zusätzliche Denkmäler. Dafür sind die Erzeugnisse der Toreutik umso zahlreicher, weisen grosse stilistische wie kompositorische Vielfalt auf und sind in ihrer Ausführung und ihrer Motivwahl sehr unterschiedlich. Bis zum 5. Jahrhundert v. Chr. waren Tiermotive, die nach verschiedenen kompositorischen Schemata umgesetzt wurden, die Hauptsujets der Toreutik. Zu den meist verbreiteten Darstellungen gehörten kreisförmige, wirbelartige Anordnungen von drei bis vier Tierhälsen mit Köpfen (vgl. Kat.-Nr. 146 c). Ein weiteres beliebtes Motiv der thrakischen Toreuten waren Tierkampfgruppen wie beispielsweise jene auf den Appliken von Lukovit (Kat.-Nr. 147). Später entstanden «die gekoppelten Löwentatzen». Aus zwei sehr stark stilisierten Tieren wurden komplizierte Flechtornamente gebildet, die aus äusserst vereinfachten Adler- oder Greifskrallen und -köpfen bestehen. Seinen Ursprung hatte das Motiv in der heraldischen Darstellung von Tieren (vgl. beispielsweise Appliken aus dem Schatzfund von Letnica, Kat.-Nr. 146 d). Charakteristisch sind einzelne Tiere, die aufrecht

Grab von Kazanläk: Deckenmalereien, Ausschnitt

Grab von Kazanläk: Deckenmalereien (Ausschnitt): Herrscherpaar

Appliken, Schatz von Letnica (Kat.-Nr. 146 c)

Matrize aus Gărčinovo (Kat.-Nr. 149)

stehend (Funde aus Toros bei Lukovit) oder zu einem Knäuel zusammengerollt (Bednjakovo) dargestellt wurden. Unter den figürlichen Szenen waren der Thrakische Reiter und der Kampf des Herakles mit dem Nemeischen Löwen die zwei beliebtesten Motive.

In früheren Epochen wie z. B. während der späten Eisenzeit waren Darstellungen von Tieren mit Hörnern wie Stiere, Ziegenböcke oder Widder besonders beliebt. Seit dem Beginn des 5. Jahrhunderts v. Chr. bevorzugte man die naturalistische Darstellung von Pferden, Wölfen, Löwen und anderen Tieren. Aber auch Fabelwesen wie u. a. Greifen und geflügelte Pferde waren nunmehr beliebt.

In der Entwicklung der thrakischen Toreutik lassen sich verschiedene stilistische Richtungen unterscheiden, die zeitlich aufeinander folgten und sich jeweils während der Blütezeit der vorangegangenen zu entwickeln begannen. Sie gelten als Beleg für die – nur in geringem Masse von fremden Einwirkungen beeinflusste – künstlerische Selbständigkeit in Thrakien. Gegen Ende der Bronze- und zu Beginn der Eisenzeit herrschte in der Toreutik ein gewisser Primitivismus vor: Die Erzeugnisse waren sehr einfach modelliert. Diese frühe Stufe wurde vom geometrischen Stil abgelöst, der auch in der griechischen Welt vom 10. bis zum 7. Jahrhundert v. Chr. verbreitet war. In der thrakischen Kunst blieb er bis zum Ende des 6. Jahrhunderts v. Chr. dominant. Daraus entwickelte sich der sog. thrakische Schematismus. Charakteristisch für diese Stilrichtung ist, dass man Tiere nach einem festgelegten Kanon in extrem stilisierten Formen darstellte und sie mit anderen Tieren verschmelzen liess bzw. ihre Körperteile mit Teilen anderer Tiere kombinierte. Als ein wahres Lehrbuch vom Beginn der Blütezeit der thrakischen Kunst gilt die Matrize aus Gărčinovo in Nord-ost-Bulgarien (Kat.-Nr. 149). Auf ihr sind sowohl Charakteristika des geometrischen Stils – Körperteile entstehen durch gewinkelte Flächen – als auch Merkmale des Schematismus – Körperteile gehen in andere Tiere über oder Tierköpfe werden zu selbständigen Dekorelementen – vereint. Sie zeigt einen unteren Fries aus schreitenden oder liegenden Tieren und einen oberen, höheren mit drei grossen Tierfiguren, bei welchen an Hörnern, Tatzen und Schenkeln Adler- und Widderköpfe oder andere Tierköpfe herauswachsen. Mit der vollen Entfaltung des Schematismus verloren viele der Tierfiguren die für sie charakteristischen Konturen und wurden bis zur Unkenntlichkeit stilisiert. Dennoch sind wir in der Lage, die einzelnen Kompositionselemente dieser Werke ihrer jeweiligen Herkunft zuzuordnen. Die ursprüngliche Verwandtschaft zwischen skythischen und thrakischen Werken wurde mit der Zeit immer schwächer. Nunmehr orientierten sich die skythischen Künstler an Motiven fremder bzw. thrakischer Herkunft. Damit ging der Verlust der ursprünglichen Bedeutung der Motive einher, das heisst der skythische Künstler wusste nicht mehr genau, was er eigentlich nachahmte.

Silberbecher aus dem Schatz von Rogozen
(Kat.-Nr. 120 c)

Gegen die Mitte des 4. Jahrhunderts v. Chr. waren die kreativen Reserven des thrakischen Schematismus schliesslich ausgeschöpft und er zerfiel nach und nach in zwei neue stilistische Richtungen. Die eine davon bezeichnet man als thrakischen Realismus, der stärker vom griechischen Kunststil beeinflusst ist, die andere als thrakischen Naturalismus. Gleich wie Flechtornamente aus Tierkörpern füllen nun auch Pflanzenornamente zunehmend die Bildflächen. Tiere erhalten realistischere Konturen und werden allmählich aus ihrer Starre, in der sie durch die extreme Stilisierung verharren, gelöst. Auch die Darstellungen von Menschen beginnen nun grösseren Raum einzunehmen. Die genaue Wiedergabe der Proportionen und Besonderheiten des menschlichen Körpers erwies sich jedoch für die thrakischen Toreuten als zu schwierig, menschliche Figuren wirken ungelenker und weniger überzeugend als die von ihnen dargestellten Tiere.

Der Schatz von Letnica aus der Mitte bis zweiten Hälfte des 4. Jahrhunderts v. Chr. folgt gleichzeitig alten und neuen Traditionen (vgl. Kat.-Nr. 146). Typisch für den Schematismus sind Swastiken (Hakenkreuzmuster) und heraldisch angeordnete Tiere. Bei einigen Appliken, die aus Tierkörpern zusammengesetzten Swastiken ähneln, sind einzig noch die Schenkel der Tiere zu erkennen, die Köpfe aber sind durch Rosetten ersetzt worden (vgl. Kat.-Nr. 146 c). Daneben existieren realistisch wiedergegebene Szenen von Tierkämpfen (vgl. Kat.-Nr. 147) sowie Darstellungen von thrakischen Reitern, deren Pferde echt wirken, während die Darstellungen der Reiter weit weniger zu überzeugen vermögen (vgl. Kat.-Nr. 148). Noch stärker fällt dieser Kontrast bei den Pferden und den Wagenlenkern auf, die auf dem in Vraca gefundenen Goldkännchen dargestellt sind (Kat.-Nr. 121 a).

Die rückständigeren und weniger begabten thrakischen Künstler vermochten nicht, sich mit den neuen stilistischen Gegebenheiten anzufreunden. Die von ihnen geschaffenen Tiere und Menschen erscheinen ungelenk und wurden mit vielen ornamentalen Details versehen, was eher dem thrakischen naturalistischen, nicht jedoch dem realistischen Stil entsprach. Typisch für die naturalistischen Tendenzen sind die meisten Appliken aus dem Schatz von Letnica, wobei sich darunter auch Stücke im schematischen Stil befinden (vgl. Kat.-Nr. 146). Seit dem 3. Jahrhundert v. Chr. büssten die Erzeugnisse der thrakischen Toreutik in erheblichen Masse ihre originellen Charakteristika ein und trugen nun die Züge des thrakischen Naturalismus oder aber waren, von der hellenistischen Kunst inspiriert, in realistischem Stil gestaltet. Die thrakischen Toreuten fertigten weiterhin vor allem Zierteile von Pferdegeschirren an.

Die meisten thrakischen Silber- und Goldschätze enthalten Werke mit Darstellungen von Tieren, so die Schätze von Rogozen (Kat.-Nr. 120), Borovo (Kat.-Nr. 136), Panagjurište (Kat.-Nr. 137), Lukovit (Kat.-Nr. 147-148), Letnica (Kat.-Nr. 146). Tierdarstellungen kommen weiterhin auch auf Teilen von Waffenausrüstungen, auf Metallgefässen sowie auf Werkzeugen vor.

Elemente der thrakischen Architektur, Malerei, Bildhauerei und Toreutik lebten über Jahrhunderte weiter und hinterliessen in der europäischen Zivilisation ihre Spuren. Einige dieser Elemente – wie auch einige Bräuche – existierten noch, als sich die Bulgaren und Slawen auf dem Balkan niederliessen. Sie wurden von ihnen assimiliert und wirkten sich in bedeutendem Masse auf die Entwicklung der bulgarischen Kultur aus, nicht nur während des Mittelalters, sondern auch während der Zeit der bulgarischen Wiedergeburt. Einige thrakische Rituale wie bestimmte Maskierungsbräuche junger Männer (Kukerstvo), Feuertänze (Nestinarstvo) u. a. sind bis heute als Bestandteile des bulgarischen Brauchtums erhalten geblieben.

Verwendete Literatur:
Fol – Chichikova – Ivanov – Teofilov 1986; Fol – Nikolov – Mihailov – Venedikov – Marazov 1989; Fol – Jordanov – Porozhanov – Fol 2000; Kitov 2000; Kitov 2005 a; Kitov 2005 c; Marazov 1994; Venedikov 1996.

Die Thraker und ihre Nachbarn

Anelia Božkova

Die geografische Lage der Gebiete, die von thrakischen Stämmen besiedelt wurden, hat seit dem frühen Altertum die Entwicklung der Kontakte zu den Nachbarn und ferneren Völkern entscheidend beeinflusst. Die archäologischen Befunde im thrakischen Gebiet zeigen, dass sich bereits die prähistorische Bevölkerung zwischen dem Ägäischen und dem Schwarzen Meer in das kulturelle Umfeld des östlichen Mittelmeerraumes integriert hatte. Archäologische Funde der frühen und mittleren Bronzezeit (Ende des 3./ Anfang des 2. Jahrtausends v. Chr.) belegen beispielsweise den Import von Keramik (Tongefässe aus Gäläbovo, Kreis Nova Zagora und Simeonovgrad, Kreis Haskovo) durch das Tal des Flusses Maritsa (des antiken Hebros) in das Zentrum der thrakischen Ebene. Zweifelsohne können diese importierten Erzeugnisse als Zeichen der gegenseitigen Beziehungen zu anderen thrakischen Stammesgruppen gedeutet werden, die in diesem Fall das kleinasiatische Anatolien besiedelt hatten. Das Gebiet des nordwestlichen Kleinasien, wo die Wissenschaftler auch einige thrakische oder mit ihnen verwandte Stämme lokalisieren (beispielsweise die Bithynier), hat eine zentrale Rolle bei der kulturellen Entwicklung des eigentlichen Thrakien gespielt. Über die Küsten des Schwarzen und Ägäischen Meeres sowie der Propontis (Marmarameer) haben sich die thrakischen Stämme der östlichen Balkanhalbinsel den Zugang zu den Seewegen und damit zur Teilnahme an einem grösseren kulturellen und wirtschaftlichen Austausch gesichert.

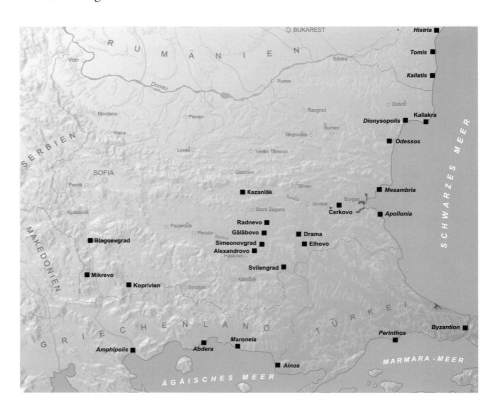

Die griechischen Kolonien
© Atanas Kamenarov

Die Kontakte der lokalen Stämme untereinander waren während der späten Bronzezeit (16. – 12. Jh. v. Chr.) ziemlich intensiv, wie Funde aus dieser Epoche belegen. Es gibt aber auch Hinweise in griechischen literarischen Quellen.

Bekannt sind Funde von Werkzeugen aus dem 2. Jahrtausend v. Chr., die direkt aus dem mykenischen Griechenland importiert wurden oder von Erzeugnissen, die nach mykenischen Vorbildern angefertigt wurden. Die Bronzeschwerter und Rapiere, die vielerorts auf dem Gebiet des alten Thrakien gefunden wurden, sind stark von mykenischen Waffen beziehungsweise von neuesten Verarbeitungstechniken dieser Epoche beeinflusst. Wichtige Hinweise auf die Kontakte zum Süden liefern auch die Fragmente helladischer und mykenischer Tongefässe, die anlässlich von Ausgrabungen im südthrakischen Gebiet immer häufiger gefunden werden. Die Funde aus den Siedlungen bei Drama (Kreis Jambol), Radnevo (Kreis Nova Zagora), Koprivlen (Kreis Goce Delčev) und Blagoevgrad lassen auf direkte Beziehungen mit den grossen Produktions- und Handelszentren im ägäischen Raum während der mittleren und späten Bronzezeit schliessen.

Möglicherweise hat der wirtschaftliche und kulturelle Austausch jene Vorstellungen über die Thraker mitgeprägt, die später in den altgriechischen Epen niedergeschrieben wurden. Homers Erzählung über Odysseus' Treffen mit dem thrakischen Priester Maron zum Beispiel widerspiegelt die Kenntnisse über die Thraker aus der Zeit vor der griechischen Kolonisation. Dabei beziehen sich die Hinweise im griechischen Epos hauptsächlich auf jene Stämme an den südlichen Grenzen thrakischer Siedlungsgebiete, die als Erste mit den griechischen Seefahrern in Berührung gekommen waren. Dieser Umstand ist leicht zu erklären, wenn man sich die historische Entwicklung der nordägäischen Region insgesamt und ihre dauerhafte Integration in die Zivilisation der Meervölker im östlichen Mittelmeerraum vor Augen hält. In der Küstenregion Südthrakiens sind die direkten Impulse der grossen Zentren, die damals die kulturelle Entwicklung bestimmten, am besten wahrzunehmen. Dies zeigt sich besonders klar anhand der keramischen Erzeugnisse und der Produktionsweisen der ersten Hälfte des 1. Jahrtausends v. Chr. sowohl auf den nordägäischen Inseln, an der thrakischen Küste als auch im Landesinneren. Als Zeugnis der direkten Kontakte, die mit der frühen Welle der «ersten Kolonisation» einsetzten, werden gewöhnlich die protogeometrischen und geometrischen Gefässe interpretiert, die über die nordägäische Küste und die davor liegenden Inseln eingeführt wurden. Nach heutigen Erkenntnissen gelangten diese Importe gegen Ende der geometrischen Epoche von der nordägäischen Küste ins thrakische Binnenland. Bekannt sind bereits zwei grosse Regionen innerhalb Thrakiens, die aufgrund ihres Entwicklungsstandes als Erste mit griechischen Erzeugnissen in Kontakt kamen und, davon inspiriert, diese imitierten. An erster Stelle betrifft dies das Gebiet zwischen dem mittleren und unteren Lauf der Flüsse Struma und Mesta, das kulturell und wirtschaftlich mit den Zentren an der Bucht von Thessaloniki, mit Thasos und den umliegenden Inseln verbunden war. Bei Ausgrabungen in diesem Gebiet (bei Koprivlen bei Goce Delčev und Mikrevo bei Sandanski) kamen Gefässe mit geometrischer Verzierung nordägäischer Herkunft

(8. – 7. Jh. v. Chr.) wie auch ostgriechische Importe aus der frührarchaischen Epoche (Fragmente von *bird bowls* aus dem 7. Jh. v. Chr.) zutage. Ähnliches scheint sich auch am mittleren Lauf des Flusses Maritsa, nördlich der heutigen Grenze zwischen Bulgarien, der Türkei und Griechenland, abzuzeichnen. Aus Grubenheiligtümern bei Svilengrad und Simeonovgrad stammen spätgeometrische und archaische Importe, darunter einige Fragmente von Keramik aus dem 8. bis 7. Jahrhundert v. Chr.

Ähnlich wie das ägäische Küstengebiet spielten auch die Küsten des Schwarzen Meeres und der Propontis eine wesentliche Rolle für die Beziehungen zwischen der thrakischen und der ägäischen Zivilisation sowie zur griechischen Welt. Aufgrund seiner geografischen Lage nimmt das Schwarze Meer jedoch relativ spät am intensiven Überseehandel teil und wird erst in der archaischen Epoche zu einem realen Faktor der thrakischen Ökonomie. Dieser Prozess fällt zweifellos mit der Zeit der griechischen Kolonisation zusammen und ist als eine direkte Folge davon zu sehen. Einige Wissenschaftler vermuten, das Schwarzmeerbecken sei schon früh durch verschiedene Völker, darunter auch die Thraker, genutzt worden. Die Argumente dieser These stützen sich auf archäologisches Material wie etwa Steinanker, die an vielen Stellen vor der Schwarzmeerküste gefunden wurden, und Metallbarren in Form von Tierfellen (Funde aus Čerkovo, Kreis Burgas, aus dem Kreis Varna, vom Kap Kaliakra, aus dem Kreis Elchovo, vgl. Kat.-Nr. 84). Falls diese Theorie zuträfe, obwohl sie bis jetzt nicht durch Keramikfunde bestätigt wird, müsste man den Argonauten-Mythos auch als Ausdruck einer intensiv betriebenen Seefahrt im Schwarzmeerbecken vor der Kolonisation deuten.

Während der zweiten griechischen Kolonisation spielen sich an den Küsten der thrakischen Gebiete einschneidende Prozesse ab, die wichtige Konsequenzen für die weitere Entwicklung der thrakischen Stämme hatten. Die ersten Auswirkungen dieses bedeutenden historischen Phänomens betrafen die nördlichen Küstengebiete des Ägäischen Meeres, wo sich die politische und kulturelle Landschaft seit dem 8. Jahrhundert v. Chr. allmählich verändert hatte. Die neuen Siedler kamen aus verschiedenen Gebieten und Städten im ägäischen Raum, etappenweise siedelten sie sich an den thrakischen Küsten an und gründeten neue Städte: Apoikien (Kolonien). Diese Apoikien hatten – ähnlich wie die «Mutterstädte» – die Struktur von Stadtstaaten (Polis), bekamen ein eigenes Territorium (Chora) und entwickelten eine autonome Regierung. Die bedeutendsten Koloniestädte an der ägäischen Küste östlich der Halbinsel Chalkidike waren Thasos (gegründet von Siedlern aus Paros), Abdera (zuerst vom kleinasiatischen Klazomenai gegründet und später von Übersiedlern aus Teos rekolonisiert), Maroneia (Kolonie der ionischen Insel Chios), Ainos (gegründet von Aioliern) und Samothrake (Kolonie von Aioliern oder Samos). Zu den letzten Gründungen, die erst im 5. Jahrhundert v. Chr. entstanden, gehörte das an der Mündung des Flusses Struma gelegene Amphipolis. Mit unterschiedlicher Intensität haben die neu gegründeten griechischen Kolonien im Laufe der Zeit vielseitige Kontakte zu den Thrakern im Hinterland gepflegt. Wie die archäologischen Funde zeigen, haben sich die Beziehungen zwischen neuen Siedlern und der ansässigen Bevölke-

Grabstele des Deines, Sohn des Anaxandros aus Sozopol (Apollonia); Anfang 5. Jh. v. Chr. Marmor; Nationales archäologisches Institut mit Museum, Sofia

rung besonders dynamisch in jener Zeit entwickelt, als sich auch die Thraker allmählich in staatlichen Gebilden zu organisieren begannen, das heisst also vom Beginn des 5. bis in die Mitte des 3. Jahrhunderts v. Chr. Während dieser Periode, die mit der klassischen und der frühhellenistischen Phase in Griechenland zusammenfällt, wetteiferten die ägäischen Kolonien mit denen der Propontis und der Westküste des Schwarzen Meeres um die Erschliessung der thrakischen Märkte. Die Griechen nannten das Schwarze Meer übrigens «Gastfreundliches Meer» *(Pontos Euxeinos)*. Die bekanntesten Kolonien an der Küste des Marmarameeres waren Selymbria, Perinthos und das am südlichen Ausgang des Bosporus gelegene dorische Byzantion. An der westlichen Schwarzmeerküste siedelten sich zwischen dem Ende des 7. und dem 5. Jahrhundert Kolonisten aus zwei grossen Gruppen an: Ionier, vor allem aus Milet, und Dorer aus Megara. Ionisch waren die Kolonien Apollonia (heute Sozopol), Odessos (heute Varna), Istros (auf rumänischem Territorium südlich vom Donaudelta) und Tomoi (ebenfalls im heutigen Rumänien). Von den Dorern wurden später Mesambria (heute Nessebär) und Kallatis (heute die rumänische Stadt Mangalia) gegründet.

Um ihre Existenz und das ökonomische Niveau zu sichern, waren die Kolonisten auf Ressourcen aus dem thrakischen Binnenland angewiesen, für die sie bereit waren, einen hohen Preis zu bezahlen. Der berühmte griechische Historiker Thukydides berichtet, dass die griechischen Kolonien an der thrakischen Küste den odrysischen Königen jährlich hohe Steuern in Form von Geldbeträgen bezahlt und zusätzlich als Zeichen der Hochachtung teure Geschenke gesandt hätten. Der wirtschaftliche Austausch mit den Thrakern erwies sich für einige der an der Küste gelegenen Poleis als so elementar und gewinnbringend, dass sie eigene Handelsniederlassungen im Hinterland gründeten. Ein Beispiel dafür ist das zu Thasos gehörende *emporion* (Siedlung mit der Funktion eines Handelszentrums) Pistiros, am oberen Flusslauf der Maritsa westlich von Philippopolis (heute Plovdiv) gelegen. Aus einer dort entdeckten griechischen Inschrift aus dem 4. Jahrhundert v. Chr. erfahren wir, dass das Zentrum dank der in vielen Klauseln vertraglich klar vereinbarten Beziehungen zwischen den griechischen Kolonisten aus Thasos, Apollonia und Maroneia einerseits und den thrakischen Königen andererseits nach bestimmten Regeln funktioniert hat. Die Notwendigkeit guter nachbarschaftlicher Beziehungen brachte die Kolonisten dazu, einigen thrakischen Herrschern aussergewöhnliche Vollmachten zuzugestehen, die beispielsweise in einer Inschrift aus Mesambria aus dem 3. Jahrhundert v. Chr. erwähnt werden. Der Thraker Sadala, wahrscheinlich der Herrscher eines kleinen Fürstentums, das nach dem Zerfall des grossen Odrysenreiches entstanden war, wurde mit einem goldenen Kranz geehrt und erhielt das Recht, die Häfen der Stadt zu nutzen. Obwohl der Zugang zu den Küstengebieten eingeschränkt war, erwies sich die Anwesenheit der griechischen Kolonisten für die thrakische Bevölkerung in einigen Aspekten als fruchtbar. Sie förderte in hohem Mass die politische Entwicklung, d. h. die staatsbildenden Prozesse und das wirtschaftliche Leben. Durch die regelmässigen und vielseitigen Kontakte lernten die Thraker das hohe Entwicklungsniveau der grossen griechischen Zentren auf dem Gebiet des Städtebaus, der Architektur und in den verschiedenen Handwerkszweigen kennen. Es ist anzunehmen, dass viele griechische Künstler an den Höfen der thrakischen Herrscher und für Vertreter der thrakischen Oberschicht gearbeitet haben. Mit ihrer persönlichen Mitarbeit oder unter ihrer Aufsicht wurden einige der repräsentativsten Grabstätten auf thrakischem Gebiet errichtet. Die plastische Verzierung dieser kultischen Bauwerke trägt die üblichen Merkmale griechischer Architektur und auch die Wandmalereien in den berühmten Gräbern bei Kazanläk und Alexandrovo sind, wenn auch in unterschiedlichem Mass, im Stil der griechischen Kunst geschaffen. Im Lebensraum der thrakischen Stämme

Attisches Kännchen mit Thrakerdarstellung
(Kat.-Nr. 117)

bildete sich, ähnlich wie in vielen anderen Gebieten des Mittelmeerraums, ein breiter Absatzmarkt für griechische Importwaren, die in den grossen griechischen Werkstätten hergestellt wurden. Den grössten Anteil machten Keramik und Waren (vor allem Lebensmittel) aus, die in Amphoren transportiert und aufbewahrt wurden. Während der ganzen klassischen Epoche (5. Jh. v. Chr. bis zum Ende des 4. Jh. v. Chr.) gelangten über die Kolonien an den Küsten und im Landesinneren insbesondere attische rotfigurige Keramik (vgl. z. B. Kat.-Nr. 117. 125 f. 158. 159) und in den Kolonien geschaffene Gefässe zu thrakischen Verbrauchern, die vor allem der Oberschicht angehörten. Sie fanden nicht allein im Alltag Verwendung, sondern nahmen als Statussymbole einen festen Platz im Inventar der Grabstätten und Heiligtümer ein. Am zahlreichsten sind die Funde attischer Keramik klassischer Zeit und ihrer Imitationen im Gebiet der thrakischen Ebene im Tal des Flusses Maritsa, aber sie kommen in unterschiedlicher Konzentration auch in allen übrigen Gebieten des alten Thrakien vor, sowohl südlich als auch nördlich des Balkangebirges (Haemus).

In der hellenistischen Epoche nahm der Import luxuriöser Keramik spürbar ab, zu dieser Zeit wurden hauptsächlich Waren aus den westpontischen Werkstätten und aus den kleinasiatischen Zentren wie Pergamon (Keramik im Stil *west slope*) und Ephesos (matrizengeformte Keramik) eingeführt. Auch wurden weiterhin vor allem Wein und Olivenöl importiert, die in Tonamphoren transportiert wurden. Im 5. und 4. Jahrhundert v. Chr. schätzte man beispielsweise Wein aus Mende, Chios, Thasos und aus dem pontischen Heraklion, in hellenistischer Zeit überwogen die Lieferungen von Wein und Olivenöl aus Sinope, Rhodos, Kos und Knidos. Ausser diesen beiden wertvollen Produkten wurden auch andere Luxusgüter wie Schmuck aus Edelmetallen und Gefässe aus Bronze, Silber und Alabaster eingeführt. Hinweise auf den Import dieser bevorzugten Luxusgüter liefern uns vor allem die erhaltenen Grabstätten der thrakischen Herrscher.

Die Thraker haben ausser zu den Griechen zu vielen anderen Völkern aus dem östlichen Mittelmeerraum Kontakte unterhalten. Zur Zeit der Perserkriege beispielsweise (Ende des 6. bis Anfang des 5. Jh. v. Chr.) haben sich die Beziehungen zwischen Thrakien und dem persischen Grossreich intensiviert. Hierfür existieren literarische und archäologische Zeugnisse.

Zu Vertretern der benachbarten skythischen Stämme aus den Gebieten nördlich des Schwarzen Meeres pflegten die Thraker – insbesondere die Oberschicht mit den Königen an der Spitze – politische und kulturelle Kontakte. Wie wichtig die politischen Beziehungen eingeschätzt wurden, zeigt die zu Beginn des 5. Jahrhunderts v. Chr. zu dynastischen Zwecken geschlossene Ehe zwischen dem Skythenkönig Ariapites und der Tochter des odrysischen Herrschers Teres. Die engen Verbindungen zwischen den beiden Volksstämmen führten zu einer ähnlichen Formensprache in der Toreutik sowie zur Festigung von gemeinsamen Ausdrucksmitteln und mythologischen Themen in einer Reihe von Kunstdenkmälern. Das Vorkommen thrakischer Namen nördlich des Schwarzen Meeres belegt Beziehungen zum Bosporanischen Reich (an der Nordküste des Schwarzen Meeres).

Achämenidisches Amphora-Rhyton aus der Nekropole von Duvanlij (Kat.-Nr. 124 a)

Die Nachbarn der Thraker im Südwesten waren die Makedonier, zu denen sie ebenfalls dauerhafte und vielseitige Kontakte pflegten. Diese wechselseitigen Beziehungen wurden nach der Eroberung der südthrakischen Gebiete durch den makedonischen König Philip II. im Jahr 340 v. Chr. besonders intensiv und blieben auch während der Herrschaft Alexanders des Grossen und seiner Nachfolger erhalten. Am Ende des 4. und Anfang des 3. Jahrhunderts v. Chr. standen die thrakischen Küstengebiete unter der Herrschaft des Makedoniers Lysimachos, während sich im Hinterland kleine eigenständige Dynastien bildeten. Die frühhellenistische Epoche war durch die glanzvolle Entfaltung von Reichtum und Wohlstand der thrakischen Oberschicht und durch gleichzeitige intensive Handelskontakte mit den griechischen Kolonisten gekennzeichnet.

Im 3. Jahrhundert v. Chr. war das alte Thrakien, wenn auch nur peripher, vom Einfall keltischer Stämme betroffen. Einige von ihnen liessen sich in thrakischen Gebieten nieder und sind mit der Zeit von der lokalen Bevölkerung assimiliert worden. Durch die Kelten gelangten einige Elemente der Latène-Kultur in die thrakische Kunst, die insbesondere in der Toreutik, der Goldschmiedekunst und anderen Handwerkszweigen erkennbar sind.

Ob sporadisch oder regelmässig, intensiv oder schwach: Die Kontakte zu benachbarten oder ferneren Völkern und Staaten machen einen wesentlichen Bestandteil der historischen Entwicklung thrakischer Stämme aus. Durch die politischen und wirtschaftlichen Beziehungen hat sich die thrakische Bevölkerung in die Kulturgemeinschaft der Völker im östlichen Mittelmeerraum integriert. Dabei hatte Thrakien Anteil am Formengut der ägäischen Zivilisationen, profitierte vom hohen Niveau der griechischen Welt und übernahm daneben auch noch Impulse aus der (keltischen) Latène-Kultur.

Verwendete Literatur:
Archibald 1998; Boardman 1980; Bouzek – Domaradzka 2005; Bozkova – Delev 2002; Domaradzki 2000; Fol u. a. 2000; Isaac 1986; Koukouli-Chrysanthaki 2002; Leshtakov 2002; Reho 1990; Velkov 1971.

Die Bestattungssitten der Thraker

Die Bestattungssitten der Thraker

Diana Gergova

«Aus einer angeborenen Weisheit heraus verachten die Thraker den Tod.»
C. Iulius Solinus, Collectanea rerum mirabilium X, 1

Die Wurzeln dieser Weisheit reichen Jahrtausende weit zurück in die Zeit, als der Thraker «Orpheus als Erster die Mysterien der Götter einführte, weswegen man das Mysterium auch *threskeia* nennt, wegen Orpheus» (Herodot II, 64,1 und 65,1; Scholion zu Eurip., Alcest. 968). Die religiöse Bewegung, die auf den mythischen Sänger zurückgeht, ist mit der Lehre von der Unsterblichkeit verbunden. Darin wird der Körper als Gefängnis der Seele verstanden. Diese kann den Körper jedoch frei verlassen, um sich zu den Sternen, das heisst in die Ewigkeit, zu erheben.

Die Lehre des Orpheus hat die Entwicklung der Kultur und das Verhalten des nach Herodot «grössten Volkes nach den Indern» insbesondere im 1. Jahrtausend v. Chr., das heisst während der Blütezeit der thrakischen Königreiche und der thrakischen Kultur, stark geprägt. Unabhängig davon, dass Orpheus eine mythologische Figur war, weisen die archäologischen Funde darauf hin, dass sich am Ende des 2. und zu Beginn des 1. Jahrtausends v. Chr. in den von Thrakern bewohnten Gebieten zwischen den Karpaten und der Ägäis, dem Kaukasus und Kleinasien tief greifende Veränderungen abspielten, die in der Organisation des religiösen Lebens und der religiösen Praktiken am deutlichsten zum Ausdruck kommen.

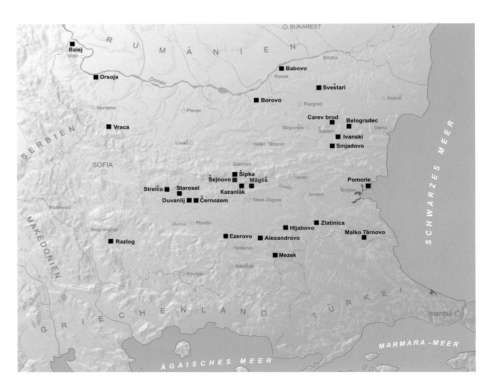

Thrakische Nekropolen
© Atanas Kamenarov

Zahlreiche Heiligtümer wurden in dieser Zeit errichtet. Gleichzeitig beginnt auch die rituelle Praxis, kostbare Objekte und/oder ganze Services zu vergraben: Gaben und Symbole der Grossen Muttergöttin (Schmuck), des Sonnengottes Apollon (Appliken von Pferdegeschirren) und, in selteneren Fällen, des getischen Ares (Helme). Dank dieser Rituale sind heute zahlreiche beeindruckende Gegenstände aus den thrakischen Schätzen erhalten.

Gleichzeitig entstanden Felsnischen und -grabmäler sowie Dolmen. Die Nekropolen und Heiligtümer bilden komplexe Kultanlagen, die einem einheitlichen räumlichen Schema folgen. In dieser Zeit wurden auch die ersten Grabhügel aufgeschüttet, Parallelbestattungen von Leichnamen und Sekundärbestattungen von Knochen ausgeführt, mit teilweiser oder vollständiger Kremation und begleitenden Ritualen, die durch den sozialen Status und den Rang des Verstorbenen zu Lebzeiten bedingt waren. Ziel dieser Praktiken und Rituale war es, Unsterblichkeit zu erlangen. Mit dem Begriff *threskeia*, zum ersten Mal bei Herodot erwähnt (II, 37), bezeichnete man die unzähligen gemeinsamen «religiösen Rituale», die die ansonsten in viele verschiedene Stämme unterteilten Thraker gemeinsam feierten. Ihre Beziehung zum Tod kommt in der folgenden Passage aus den «Historien» des Herodot am besten zum Ausdruck: « [...] die Verwandten setzen sich um das Neugeborene und beklagen, wie viele Übel es in seinem Leben werde ertragen müssen; dabei zählen sie alle menschlichen Leiden auf. Den Gestorbenen hingegen begraben sie voller Freude und Lustbarkeit, wobei sie aufzählen, wie vielen Übeln er entronnen ist und seine Seligkeit besingen» (Herodot V, 5).

Die archäologischen Funde belegen, dass die Wurzeln der Lehre des mythischen Sängers Orpheus und der thrakischen Kultur des 1. Jahrtausends v. Chr. vor allem in der Bronzezeit liegen. Sichtbar wird dies insbesondere an der bronzezeitlichen, weiss inkrustierten Keramik aus dem unteren Donauraum: Figuren der Grossen Muttergöttin und des Hyperboreischen Apollon, Tische und Thronmodelle, die mit der Idee des sitzenden Verstorbenen zu verbinden sind, Modelle von Sonnenbooten, Tonäxte und -rhomben sind Ausdruck klar strukturierter Götter- und Kultvorstellungen, in deren Zentrum die Grosse Muttergöttin und eine göttliche Triade stehen. Diese bronzezeitliche Kultur, die sich weiter nach Süden und Osten ausbreitete, weist nicht rein zufällig eine grosse Nähe zur kretisch-mykenischen Kultur auf. Dass Thraker seit der Mitte des 2. Jahrtausends v. Chr. bis nach Kreta, der Insel der Mysterien, und auf die Peloponnes vorgestossen sind, belegen mehr als 60 thrakische Personennamen und Toponyme in Linear A- und Linear B-Schrift. In diesen Kontakten liegen wahrscheinlich die Anfänge gemeinsamer, das heisst von Thrakern und Kretern vertretenen Glaubensvorstellungen und der damit verbundenen Architektur begründet.

Die thrakische Grabarchitektur ist zweifellos Erbe und Weiterentwicklung der Megalitharchitektur des Mittelmeerraums. Die spätesten Dolmen Europas stellen jene Thrakiens dar, die aus dem Ende des 2. Jahrtausends v. Chr. stammen. In Südostthrakien markieren sie eigenständige, heilige Bezirke und können als Prototypen einiger späterer thrakischer Grabmäler bezeichnet werden. Die megalithischen Bauten mit zentraler Säule aus Menorca (Balearen, Spanien) sowie die Grabmäler aus Volterra (Toskana, Italien), die ebenfalls eine zentrale Säule aufweisen, mögen als Vorbilder für das Grabmal im Hügelgrab Šušmanec, den Dolmen von Chljabovo, das Grabmal von Sveštari sowie weitere Grabanlagen gedient haben.

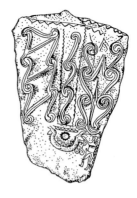

Steinstele aus Razlog (Umzeichnung)

Die Steinstelen aus Razlog gehören zu einer zentralen Grab- oder Kultanlage aus der zweiten Hälfte des 2. Jahrtausends v. Chr., über welche ein Hügel aufgeschüttet wurde. Sie stellen ein einzigartiges Beispiel für die Megalitharchitektur in Südwestthrakien dar. Die auf den Stelen in Relief gearbeiteten Motive wie Spiralen, ein Sonnenboot und eine ithyphallische Figur eines Bogenschützen, Schiffe und Wasservögel sind Elemente, die die Traditionen des Nordens und der Ägäis während der Entstehungszeit der Orphischen Lehre miteinander verbinden, als sich der Kult der Sonne und der Erde sowie des ithyphallischen Hermes, des Gottes, den nur die thrakischen Könige verehrten, etablierte und durchsetzte.

Nachdem zu Beginn des 1. Jahrtausends v. Chr. Volksstämme aus dem Norden in die westlichen Rhodopen vorgedrungen waren, veränderten sich die Bestattungssitten: Es kam in der Folge zu den ersten Bestattungen in Sitzstellung. Diese stets in Verbindung mit dem Kult der Grossen Muttergöttin stehenden Bestattungen blieben erhalten und breiteten sich insbesondere dort aus, wo thrakische Sinti oder Sindi siedelten; Träger der indischen Sprache also, die zugleich die Sprache der Mysterien der Insel Samothrake war (Sindos: 6.–5. Jh. v. Chr.; Grabmäler der Könige des Bosporanischen Reiches: 2. Jh. v. Chr.).

In den nordostthrakischen Nekropolen der Oberschicht aus der ersten Hälfte des 1. Jahrtausends v. Chr. war die Körperbestattung vorherrschend, manchmal wurden Machtinsignien aus Gold mit ins Grab gelegt (Sborjanovo, Carevbrod, Belogradec). In diesem Gebiet lassen sich aber auch Bestattungen der gewöhnlichen Bevölkerung nachweisen, hauptsächlich Brandbestattungen (Kremation), seltener biritulle oder Körperbestattungen.

Während sich das Reich der Odrysen in den südthrakischen Gebieten festigte (Ende des 6. Jh. bis Mitte des 4. Jh. v. Chr.), wurden beeindruckende Hügelnekropolen angelegt (Trebenište, Sindos, Duvanlij, Černozem, Šipka). Die Gräber von Frauen und Kriegern wurden mit reichem Inventar ausgestattet, das ganz offensichtlich in der Tradition der Bronzezeit steht: Brustplatten (Pektoralen) aus Gold, «Handschuhe», «Sandalen» und Masken aus Goldblech, Thron- und Tischmodelle aus Eisen sowie Kultservices. Die überraschenden Parallelen zwischen den Gegenständen und Schmuckstücken (Sandalen, Brustplatten) aus der Nekropole von Trebenište mit «Buddhas Fussabdruck» in Asien bezeugen den thrakischen (genauer sindischen) Einfluss bzw. die Mittlerrolle, welche die thrakischen Gebiete bei der Verbreitung östlicher Traditionen im Mittelmeerraum gespielt haben.

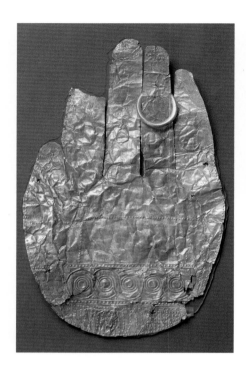

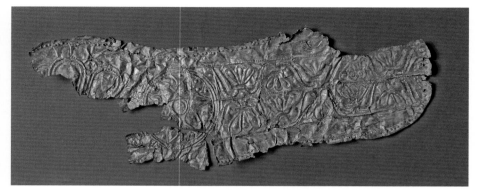

Nekropole von Trebenište
(Makedonien, EJRM). Grabbeigaben aus
Goldblech: «Handschuh», «Sandale» und
Totenmaske, um 500 v. Chr.
Sofia, Nationales archäologisches Institut mit
Museum

Die massive Goldmaske eines Krieger-Priesters, die in der Anlage unter dem Hügel Svetica bei Šipka zutage kam (Ende 5./Anfang 4. Jahrhundert v. Chr.), stellt in realistischer Manier ein männliches Gesicht dar (Kat.-Nr. 110). Sie kann als Fortsetzung der bronzezeitlichen Tradition betrachtet werden. In diesen Nekropolen wurden die Verstorbenen gemäss dem orphischen Ritual zergliedert beigesetzt. So sind auch die sekundären Bestattungen von Menschenknochen und Grabbeigaben zu erklären. Gleiches lässt sich in den Rhodopen nachweisen. Inschriften auf Gefässen und Schmuckstücken wie auf dem Ring aus Ezerovo, die entweder Widmungen oder Verwünschungen darstellen, spielen bei den thrakischen Bestattungsritualen eine wichtige Rolle. Von der Mitte des 4. Jahrhunderts v. Chr. bis zur zweiten Hälfte des 3. Jahrhunderts v. Chr. erlebten die Idee der Unsterblichkeit und die Riten zu deren Erlangung ihren Höhepunkt.

Charakteristisch für diese Zeit war die Anlage der Nekropolen und deren Verbindung mit Heiligtümern und städtischen Zentren, ferner die Errichtung von Anlagen mit drei Grabmälern, die leeren Grabmäler (sog. Kenotaphe), die Vielfalt der Bestattungspraktiken, die Bevorzugung der Körperbestattung sowie der Ritus der Sekundärbestattung und das Begraben von Wagen und Pferd als Abschluss der rituellen Handlungen vor der Fassade der Kenotaphe (Strelča). Die reichen Bestattungen waren jedoch nicht zwangsläufig mit einer bestimmten architektonischen Form des Grabmals verbunden, wie beispielsweise die Hügelgräber mit vergleichbaren Beigaben aus Zlatinica im Kreis Jambol und dem Mogilanska-Hügel in Vraca (vgl. Kat.-Nr. 121) zeigen.

Es ist der Glaube an die Unsterblichkeit, der die ausserordentliche Vielfalt und Vollkommenheit thrakischer Grabmäler hervorgebracht hat. In deren Gestaltung und Ausstattung verschmelzen zudem die alten Traditionen der Mittelmeerraum-Kulturen mit der spätklassischen und hellenistischen Architektur, Skulptur und Malerei.

Die beiden mächtigsten thrakischen Stämme, die Geten im Norden und die Odrysen im Süden, verfügen jeweils über eigene Bestattungsriten.

Die Südthraker in der Ebene von Kazanläk (Nekropole der odrysischen Herrscher), aber auch in Starossel oder Mezek bevorzugten Kuppelbauten für ihre Grabanlagen; Gräber mit rechteckigen Grundrissen und Satteldächern hingegen gab es kaum. Selten wurden diese drei architektonischen Elemente miteinander verbunden. Die An-

Der Goldring von Ezerovo; Ende 5. Jh. v. Chr. Auf der beweglichen Platte ist eine thrakische Inschrift in griechischen Buchstaben eingeritzt: ROLISTENEASN / ERENEATIL / TEANESKOA / RAZEADOM / EANTILEZY / PTAMIEE / RAZ. Auf der Seitenfläche steht ELTA. Es gibt verschiedene Deutungen der Inschrift, in der zwei Namen vorkommen, Rolisteneas und Nerenea Tiltea. Sie steht wahrscheinlich im Zusammenhang mit Bestattungsritualen.

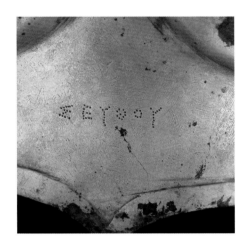

Detail des Helmes mit der Inschrift SEUTHOU (Kat.-Nr. 118 d)

lage unter dem Hügel Ostruša mit einer sarkophagähnlichen Kammer mit Satteldach aus einem monolithischen Steinblock, einem runden und einem rechteckigen Raum stellt eine Ausnahme dar.

Die Innenausstattung der Grabmäler besteht hauptsächlich aus Wandmalereien, die sich an hellenistischen Vorbildern orientieren (Mǎgliž, Alexandrovo, Kazanlǎk) und zusätzlich mit Gold verziert wurden. Dargestellt wurden orphische Inhalte, wie beispielsweise die zentrale Szene mit einer auf dem Thron sitzenden Gattin als Hypostase der Grossen Göttin im Grabmal von Kazanlǎk oder auch die Innendekoration des Grabmals unter dem Hügel Ostruša zeigen.

Das Grabmal unter dem Hügel Goljama Kosmatka bei Šipka illustriert in beeindruckender Perfektion die Vorstellung von der Erlangung der Unsterblichkeit des Herrschers. Die Grabbeigaben enthalten Waffen, ein Kultservice aus Gold, einen goldenen Kranz, eine muschelförmige Schale, eine Silberphiale und einige Henkel, die rituell von den dazugehörenden silbernen Gefässen getrennt worden waren. Auf einigen Beigaben steht der Name des odrysischen Königs Seuthes III. geschrieben (vgl. Kat.-Nr. 118). Skelettreste fehlen jedoch und die symbolische Zergliederung des Körpers wurde offenbar durch die Bestattung eines ausgezeichnet gearbeiteten Bronzekopfes mit dem Porträt des Herrschers ersetzt, welcher zu der lebensgrossen Statue vor dem Eingang des Grabmals gehört hatte.

Für die Bestattungssitten in den nordwestlichen Gebieten der Triballer sei der Mogilanska-Hügel in Vraca als Beispiel angeführt. Unter dem Hügel befindet sich eine Anlage mit drei Gräbern. Sie erhebt sich über einer Krepis (Sockel) und wurde als Heroon genutzt. In einem der Gräber fand man einen Wagen, Reste von zwei Zugpferden und einem Reitpferd, ein Pferdegeschirr, das Skelett einer jungen Frau, Goldschmuck und Toilettenzubehör, Silber- und Goldgefässe, eine Beinschiene und drei Phialen mit der weit verbreiteten Formel «KOTYOS ET BEOY», die eher der Muttergöttin Kotys (Kotito) als dem thrakischen Herrscher Kotys geweiht waren (vgl. Kat.-Nr. 121). Die sterblichen Überreste des Herrschers selbst fehlen.

Im nordöstlichen Thrakien, wo der Gott Zalmoxis herrschte, der «von einer wundersamen Philosophie erleuchtet» und «Sklave» war oder gar ein «Vorläufer von Pytha-

Anlage unter dem Mogilanska-Hügel (Vraca): Plan und Schnitt

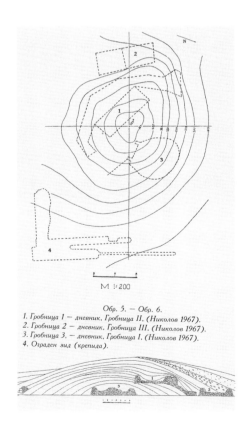

Sveštari, Nekropole: Grab unter dem Ginina-Hügel, Blick in die Grabkammer mit dem Karyatidenfries

goras» (vgl. Herodot IV, 96), praktizierten die Geten komplizierte und ausgefeilte Bestattungsrituale. Sie bevorzugten die, gemäss Platon, vollkommenste Form des Grabmals mit Tonnengewölbe. Reine Kuppelbauten waren jedoch selten und lagen hauptsächlich an der Küste. Besonders interessant ist das Grabmal beim Dorf Ivanski im Gebiet von Šumen, in dem Goldappliken eines Pferdegeschirrs gefunden wurden (vgl. Kat.-Nr. 109). Das Grabmal einer Frau mit Satteldach aus dem Dorf Smjadovo ist das erste Grab, in dem eine Inschrift in griechischer Sprache entdeckt wurde: «Gonimasedze, Frau des Seuthes». Die Inschrift hat man mit dem getischen Herrscher Dromihaites, dem Sieger über Lysimachos und dessen Schwiegersohn, in Verbindung gebracht.

Die rituell beigesetzten Geschirrsets in den Nekropolen der getischen Oberschicht zeigen, dass diese eine wichtige Rolle im Mysterienkult spielten (Borovo, Kat.-Nr. 136). Die konsequent hierarchische Ordnung der Welt, die sich auch auf die Bestattungsriten und Grabarchitektur auswirkt, widerspiegelt die astralen Aspekte der Unsterblichkeitserlangung. Sie lassen sich in den Nekropolen des getischen Kultzentrums Sborjanovo nachvollziehen, dem Ort, der nach der Neunten Karte des Geografen Ptolemaios mit «Dausdava», der Stadt der Wölfe, gleichzusetzen ist. Die räumliche Anordnung der Gräber folgt der kosmischen Ordnung und verrät umfassende astronomische Kenntnisse. Die enge Bindung der getischen Bestattungsrituale an den Kreislauf der Natur und des Kosmos wird in verschiedener Hinsicht deutlich: Die einzelnen Hügelgruppen entsprechen Sternbildern (Grosser Hund, Orion, Löwe, Schütze u. a.). Die Hügel wurden über Bestattungen von Menschen, Pferden und Hunden, Altären oder Silbergefässen aufgeschüttet und belegen einen abgeschlossenen rituellen Bestattungszyklus.

Die jüngsten wissenschaftlichen Ergebnisse werfen ein neues Licht auf die verschiedenen Etappen der Hügelaufschüttung und das Phänomen der zahlreichen und in ganz Thrakien entdeckten «geplünderten Gräber». Diese stehen wahrscheinlich in Verbindung mit geheimen Riten der Unsterblichkeitserlangung, über die Herodot im Zusammenhang mit den Geten berichtet. Man fand heraus, dass die Hügelaufschüttung immer in drei Phasen erfolgte. Parallel dazu fanden die Bestattung, die Sekundärbestattung von einzelnen Knochen, Opferdarbringungen und weitere Rituale statt. In der letzten Etappe wurde der Eingang zugeschüttet. In der ersten Phase achtete man besonders auf die Form der Aufschüttung – diese sollte idealer-

Grab von Sveštari: Karyatidenfries in der Grabkammer, Detailansichten der Figuren

weise eiförmig sein. Darin kam die orphische Idee von der Eiform des Kosmos zum Ausdruck. Anschliessend wurde sie mit einer Kalkschicht überzogen. Wahrscheinlich hängen die verschiedenen Phasen der Hügelaufschüttung mit der alten Vorstellung zusammen, dass die Seele sich vom Körper löste, durch eine reinigende Schicht in die Atmosphäre gelangte und sich schliesslich im Kosmos auflöste. Die Verbindung zur astralen Unsterblichkeit wird auch durch die Ausrichtung des bedeutendsten Grabmals der Nekropole Sveštarska belegt, dessen Achse mit der Richtung der Wintersonnenwende am Ende des 4. Jahrhunderts v. Chr. zusammenfällt.

Das Grabmal von Sveštari ist in mancherlei Hinsicht einzigartig, vor allem aber wegen des gelungenen Zusammenspiels zwischen Architektur, Skulptur und Malerei. Die zehn Karyatiden, in hohem Relief mit stark individualisierten Gesichtszügen wiedergegeben, symbolisieren die Grosse Muttergöttin. Die gemalte Szene über dem Bett des Herrschers zeigt den Akt der Heroisierung: Der König empfängt den Kranz der Unsterblichkeit aus den Händen der Grossen Göttin. Die vor dem Bett des Herrschers errichtete Ädikula trennte den heiligsten Bereich, der mit dem Mysterium der Unsterblichkeitserlangung verbunden war, vom übrigen Raum ab. Dieses überaus seltene architektonische Detail kann mit Altarschranken verglichen werden und ist möglicherweise deren Prototyp. Die Grabmäler waren so angelegt, dass man sie für die Sekundärbestattung der Knochen und die Rituale der Erlangung der Unsterblichkeit, die die Vergöttlichung des Verstorbenen begleiteten, leicht betreten konnte. Deshalb kann man diese Anlagen als Grab-Tempel bezeichnen, eine Zwischenstufe zwischen Grabmal und Sakralraum (den man betreten kann).

Grab von Sveštari, Nordwestlünette: Der König empfängt den Kranz der Unsterblichkeit aus den Händen der Grossen Göttin

Das Grabmal von Sveštari und die beiden benachbarten kleineren Grabmäler mit den einzigartigen Türen, die sich sowohl nach innen als auch nach aussen öffnen lassen, stellen eines der vollkommensten Grabensembles der hellenistischen Zeit im gesamten Mittelmeerraum dar. Die symbolhafte Darstellung der heiligen Triade findet Parallelen in grossen und überraschend weit entfernt gelegenen religiösen Zentren des Mittelmeerraums wie in Süditalien, in Alexandrien in Ägypten und im späthellenistischen Palästina (Marescha, Herodes-Grab in Jerusalem).

Die Herdstellen aus Lehm *(escharai)*, die hauptsächlich in getischen Grabmälern entdeckt wurden, stellen eine weitere Besonderheit dar. Diese kultischen Feuerstellen, die in der zweiten Hälfte des 1. Jahrtausends v. Chr. unter den Thrakern, Skythen, Kelten und Germanen bekannt waren, hatten indes einzig bei den Geten eine Funktion im Zusammenhang mit dem Bestattungsritual und waren offenbar ein Zeichen für den religiösen Status des Bestatteten. Chemische Analysen von anthropologischem Material aus Sborjanovo ergaben, dass die Nachfahren von Orpheus und Zalmoxis, das heisst die Geten, Lacto-Vegetarier waren. Ein weiteres Kennzeichen der Zugehörigkeit zu orphischen Gesellschaften war ein Ring aus Eisen oder aus drei verschiedenen Metallen.

Gerade bei den Geten lässt sich auch die Vorstellung des freiwilligen Todes nachweisen. Herodot erwähnt die rituelle Tötung und das freiwillige Selbstopfer «der geliebten Frau» (V, 5). Dass diese Praxis bei den Geten durchaus verbreitet war, lässt sich durch Spuren eines scharfen Gegenstandes auf dem Schädel einer begrabenen jungen Frau im Grabmal von Sveštari nachweisen. Ein anderes Symbol für das freiwillige Selbstopfer und die Zugehörigkeit zur Aristokratie ist der Hund oder der Wolf (in der Metamorphose des Kriegers zum Wolf). Als Mittler zwischen den zwei Welten wurde er immer in der mittleren Etappe der Hügelaufschüttung geopfert.

Die Nekropole von Dausdava beim heutigen Sborjanovo gewährt uns einen aufschlussreichen Einblick in die Kosmogonie der Thraker, in die orphische Lehre der Unsterblichkeit in ihrer pythagoreischen Ausformung und in den Mythos von Orpheus' Tod. Die Teile seines von den Mänaden zerrissenen Körpers wurden an verschiedenen Orten begraben. Jene Knochen, die mit Sonnenlicht in Berührung kamen, gewannen zerstörerische Kraft. Seine Lyra, die nach Zeus' Willen in den Himmel geschleudert wurde, verwandelte sich in ein Sternbild. Ob Bezüge zu Sternbildern nur hier nachgewiesen werden können oder ob sie auch für andere Nekropolen in Thrakien gelten, ist Gegenstand von Untersuchungen. Die Forschungsergebnisse der getischen Nekropolen bestätigen jedoch eine lange Tradition in dieser Hinsicht. Bei den Geten gab es nämlich immer einen Priester-Propheten, der besonderen Einfluss auf die Könige ausübte. Für die enge Bindung der Geten an den Kult würde auch die Herkunft ihres Namens: *goetes* = Propheten sprechen.

Der Glaube an die Unsterblichkeit, die Rituale zu deren Erlangung sowie die Architektur waren eine Konstante des geistigen Lebens der Thraker und blieben auch wäh-

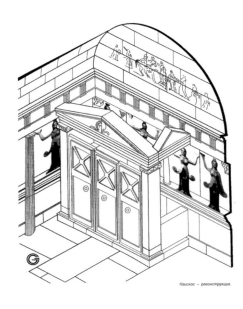

Grab von Sveštari: Rekonstruktion der Aedikula in der Grabkammer

Grab von Sveštari: Plan der Anlage

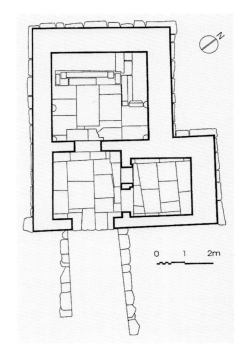

rend der römischen und spätantiken Epoche als «angeborene Weisheit» erhalten. Die materielle Ausführung der Grabanlagen hing von den politischen und ökonomischen Möglichkeiten ihrer Träger ab. Dass nach der Mitte des 3. Jahrhunderts v. Chr. in Thrakien keine Hügelnekropolen für die gesellschaftliche Elite mehr errichtet wurden, legt nur auf den ersten Blick die Vermutung nahe, dass sich die Glaubensvorstellungen grundlegend geändert hätten. Die spärlichen Befunde weisen auf eine Fortsetzung der Bestattungssitten mit der Leichenaufbahrung, Sekundärbestattungen und rituelle Handlungen an Kultstätten hin. So wurden in römischer Zeit monumentale Grabmäler in der Tradition der megalithischen und hellenistischen Architektur weiterhin dort errichtet, wo die Thraker noch das politische Leben dominierten (vgl. das Grabmal bei Babovo, Kreis Russe, das Kuppelgrab bei Malko Tărnovo im Strandžagebirge, das Grabmal mit zentraler Säule in Pomorie).

Da die Thraker im Mysterium der Unsterblichkeit Träger eines besonderen Wissens waren, spielten sie, besonders die Geten, eine wichtige Rolle bei der Verbreitung der Unsterblichkeitslehre. Deshalb ist es nicht erstaunlich, dass die orphischen Ideen, die bereits im 3. Jahrhundert v. Chr. nach Ägypten und Alexandrien vorgedrungen waren, weite Verbreitung in den Werken der Philosophen und Schriftsteller römischer Zeit fanden. Dass auch in Alexandrien und Palästina Grabmäler entstanden, die äusserlich den getischen ähnlich sind, unterstreicht nochmals, dass auch gebaute Formen bestimmte Ideen zum Ausdruck bringen können. Für die Gelehrten von Alexandria gab es keinen Zweifel, dass auch die keltischen Druiden die Idee der Unsterblichkeit von den Geten, den Priestern des Zalmoxis, übernommen hatten. Auf diese Weise fand die Lehre der Unsterblichkeit ihre Verbreitung. Sie war zwar eng an die Kultur und Rituale der Thraker gebunden, aber sie vermochte dennoch eine geistige Grundlage für das gesamte frühe Europa zu schaffen.

Verwendete Literatur:
Agre 2006; Archibald 1998; Dana – Ruscu 2000; Domaradzki 1997; Fol 1986;
Fol – Chichikova – Ivanov – Teofilov 1986; Ganeva 2005; Georgieva 1995; Gergova 1992;
Gergova 1995 a; Gergova 1996; Gergova 1997; Gergova 1998; Gergova 2000; Gergova 2004;
Gergova 2006 a; Gergova 2006 b; Gergova 2007; Gotsev 1998; Harrison 1980; Kitov 1995;
Kitov 1999; Kitov 2004; Kitov 2005 a; Kuzmanov 2005; Mikov 1954; Porozanov 1989;
Qualiotti 1998; Rousseva 2000; Sîrbu 2006; Stibbe 2002; Tonkova 2003; Torbov 2005;
Valcheva 2000; Valeva – Gergova 2000; Valeva 2005; Zlateva – Kuzmanov – Kuleff –
Djingova – Gergova 2003.

Die Religion der Thraker

Ivan Marazov

Trotz ihrer tausendjährigen Geschichte besassen die Thraker keine eigene Schrift. Die wenigen Inschriften, die sich auf thrakischen Denkmälern finden, sind mit griechischen Buchstaben geschrieben und selten hat jemand die Botschaft in thrakischer Sprache transkribiert. Die schriftlichen Quellen über die thrakische Religion sind ausschliesslich von Autoren überliefert, die einer fremden Kultur angehörten, nämlich von Griechen, Römern und Byzantinern. Es lässt sich nur sehr schwer beurteilen, inwieweit ihre Angaben aus erster Hand stammen und in welchem Mass sie sich an die ethnografische Realität im alten Thrakien halten. Ausserdem sind diese Quellen weit von einer systematischen Darlegung der Information entfernt, sie sind sogar äusserst spärlich und fragmentarisch. Für die Forscher kommt erschwerend hinzu, dass die zahlreichen thrakischen Stämme kaum einheitliche mythologische Vorstellungen und somit auch kein einheitliches religiöses System von Kulten und Riten entwickelt haben. Das unbeständige politische Leben auf dem riesigen thrakischen Gebiet hat kein förderliches Klima zur Überwindung von Unterschieden geschaffen, so dass die Thraker sich nur sehr beschränkt als ethnische und kulturelle Gemeinschaft verstanden.

Die schriftlose Kultur der Thraker hat ihre geistigen Botschaften hauptsächlich in Form von künstlerischen Darstellungen auf Denkmälern aller Art festgehalten. Genau dort finden sich die authentischsten Hinweise der religiösen Vorstellungen dieses Volkes. Die Deutung dieser Darstellungen schafft allerdings neue Probleme. Die lokalen Künstler «übersetzten» und «illustrierten» den mündlich tradierten Mythos nicht, sondern sie schufen parallel zur mündlichen und kultisch-rituellen Überlieferung der mythologischen «Erzählungen» eine autonome visuelle Sprache. Ihre Bildersprache folgt ebenfalls den Gesetzmässigkeiten des Heldengesangs und den Regeln, nach denen die Sänger ihre epischen Lieder gestalteten. Der Inhalt der Bilder und Szenen erschliesst sich nicht durch das erzählerische Kontinuum, die Handlung oder Mimik, sondern durch die gegenseitigen Beziehungen der Figuren innerhalb der Bilder. Die soziale bzw. mythologische Funktion der anonymen Figuren wird oft mehr durch ihre Attribute als durch ihr Verhalten bestimmt. Häufig ist die Darstellung von menschlichen Figuren zugunsten von Tieren, Pflanzen oder architektonischen Elementen eingeschränkt, was die Deutung zusätzlich erschwert. Der Vergleich zwischen den Schrift- und Bildquellen erscheint unumgänglich, beschert uns aber erneut Überraschungen: Es besteht keine Übereinstimmung zwischen den beiden Ausdrucksformen. So kommt der seit Herodot bekannte Mythos vom getischen Helden/Gott Zalmoxis beispielsweise in der Ikonografie der thrakischen Kunst überhaupt nicht vor. Nicht weniger erstaunlich ist die Tatsache, dass das Bild der weiblichen Gottheit das thrakische Pantheon weitgehend dominiert. Darin kommt die Zugehörigkeit der Thraker zum indoeuropäischen Sprach- und Kulturkreis zum Ausdruck. Die Kunstdenkmäler wecken den Eindruck, dass die Anwesenheit der Gottheiten eher die Herrschaftsideologie stützt als Bezüge zum Mythos herstellt. Dies lässt sich dadurch erklären, dass im antiken Thrakien die Kunst nicht in den Bereich des öffentlichen Kultes gehörte, sondern den Bedürfnissen der Königsideologie diente. Als System hat sie sich wohl kaum von der Mythologie unterschieden und weist deshalb den Prüfungen, die der Held bzw. der Stammvater der Dynastie zur Erlangung der Königswürde durchlaufen muss, einen zentralen Platz zu. Die Kunst dient dazu, die göttliche Abstammung des Herrschers zu legitimieren. Ihre Funktion beschränkt sich auf den aristokratischen Mysterienkult, sie stützt die Idee der Gotteserwähltheit der Elite. All diese Besonderheiten der thrakischen Kunst erschweren die Deutung des bildlich umgesetzten «Textes» beträchtlich, besonders wenn man an die Vorliebe der griechischen Kunst für eine realitätsgetreue Darstellungsweise denkt.

Das Pantheon

Nach Herodot sollen die Thraker nur drei Gottheiten verehrt haben: *Ares, Dionysos* und *Artemis* (V, 7). Der «Vater der Geschichtsschreibung» erwähnt allerdings auch noch weitere Götter: *Artemis Basilea, Zalmoxis* und *Gebeleizis*. Von anderen antiken Autoren und aus epigrafischen sowie ikonografischen Denkmälern erfahren wir die Namen und bildlichen Darstellungen von weiteren in Thrakien verehrten Gottheiten wie *Bendis* und *Kotys, Jambadule, Hera* und *Athena*, den «zerynthinischen» Gottheiten, *Apollon, Dionysos, Zeus Zbelturdos*, den *Kabiren* usw. Ob diese zahlreichen Götter zu einem einzigen Pantheon gehört haben oder jeder Stamm seine eigenen Götter verehrt hat, bleibt fraglich. Das Problem der Identifizierung der thrakischen Gottheiten wird im Weiteren durch die Tatsache erschwert, dass die fremden Schriftsteller sie mit griechischen Namen bezeichnet haben. Deshalb finden wir nur in seltenen Fällen rein thrakische Bezeichnungen vor. Die Ikonografie, die meistens direkt aus der griechischen Kunst übernommen ist, hilft uns deshalb auch nicht weiter beim Versuch, die dargestellten Gottheiten zu benennen. Die thrakische Religion lässt sich nicht nach dem Vorbild der griechischen, deren Pantheon von individualisierten Göttern geprägt wird, rekonstruieren. Erfolgversprechender erscheint der Ansatz, das Wesen der Gottheiten zu suchen wie es in den schriftlichen, epigrafischen und bildlichen Quellen zum Ausdruck kommt.

Ares ist die vielleicht am klarsten fassbare Figur im thrakischen Götterhimmel (vgl. Kat.-Nr. 185). Sogar die Griechen glaubten, Thrakien sei seine Heimat. Die antiken Autoren charakterisieren die Thraker als die kühnsten und tapfersten Volksstämme der damaligen Welt. Für die lokale Aristokratie war das Kriegswesen das Feld, auf dem sie ihr Können und ihre Überlegenheit demonstrieren konnten. Der Odrysenkönig Teres I. soll behauptet haben, er gleiche seinem Stallknecht, wenn er nicht im Kampf sei. Auch die Zweikampfszenen auf den Wandmalereien in Grabmälern des 3. Jahrhunderts v. Chr. spiegeln das epische Ideal von Mut und Tapferkeit wider. Der griechische Philosoph Lykophron nennt den Kriegsgott des thrakischen Stammes der Krestonen *Kandaon*.

Die Etymologie des Namens *Kandaon* – «Hundewürger» – lässt sich auf die hundeartige Erscheinungsform des Kriegsgottes zurückführen. Auch seine Darstellung nimmt Bezug auf seinen Namen: Auf zwei Bronzematrizen beispielsweise erscheint er als geflügelter Kentaur, der auf seinen Schultern einen erwürgten Wolf oder Hund trägt. Auch thrakische Stämme und Städte (*Kandavia*) sowie lokale legendäre Helden (*Lykurgos, Harpalyke* u.a.) beziehen sich durch ihre Namen auf den Kriegsgott *Kandaon*. Die Hinweise zur Rolle des Wolfes bzw. Hundes reichen aus, um hier den Ritus der Hundemetamorphose für junge Krieger zu vermuten. Der spätere odrysische Herrscher Seuthes II. verglich sich mit «einem Hund, der den Blick auf die Tafel» des Königs Medokos geheftet hielt. Nach der Initiation verlangte er eine Kampftruppe, um als Mann die Gebiete seines Vaters zurückzuerobern. Der Kriegergürtel ist ein Attribut, das jeder Jüngling nach seiner Initiation bekommt, deshalb wird der Hund als Emblem auf vielen Gürtelschnallen wie z. B. jenen aus Lukovit dargestellt. «Mann» war gleichbedeutend mit «Krieger», deshalb betrachtete man im Kampf gezeigte Schwäche als symbolische Umwandlung des Geschlechts: König Orolos bestrafte seine ängstlichen Krieger, indem er ihnen befahl, «ihre Frauen so zu bedienen, wie sie vorher von ihnen bedient wurden». Die Kriegssitten der Thraker bestanden aus Waffentänzen mit Schwertern, Pfeil und Bogen, Speeren sowie aus Kämpfen von Mann zu Mann, von Pferd zu Pferd oder Hund zu Hund sowie aus Opferungen von Pferden und Männern. Die mythischen Vorbilder dieser rituellen Praktiken sehen wir auf einer Reihe von Appliken aus dem Schatzfund von *Letnica* (vgl. Kat.-Nr. 146).

Dionysos hielt man in der ganzen Antike für eine thrakische Gottheit. Bereits in der «Ilias» (6, 128–140) wurde die beschämende Situation beschrieben, wie sich der Gott vor der Verfolgung des edonischen Königs *Lykurgos* ins Meer rettete. *Lykurgos* jagte *Dionysos* nicht mit einer Waffe, sondern mit einem «Ochsenstachel», weil der Gott vermutlich von seiner Fähigkeit Gebrauch gemacht hatte, sich in verschiedene Tiere verwandeln zu können (in diesem Fall in einen Stier oder Ziegenbock). Vielleicht fassen wir in diesem Zeugnis eine Anspielung auf antike Kalenderbräuche (z. B. die Vertreibung des alten Jahres). In der «Odyssee» (9, 39–61; 196–211) schenkt der kikonische Herrscher *Maron*, Sohn des *Dionysos, Odysseus* einen schweren Wein, mit dem er den Kyklopen *Polyphemos* berauscht. In der thrakischen Ikonografie kommen der Gott und sein Thiasos (Mänaden und Satyrn) hauptsächlich auf kostbaren Gefässen vor. Es ist deshalb nicht erstaunlich, dass der wichtigste Gott der Thraker als Getränk oder Gewächs erschien, waren doch die Thraker als das trinkfreudigste Volk des Altertums bekannt. Aber *Dionysos* hatte auch eine Funktion in der königlichen Ideologie: Seine Wirkungsstätte war berühmt als Orakelheiligtum, das die grossen Könige oft in Anspruch nahmen. So behauptet Diodor, dass der Gott, als er durch Thrakien gezogen sei, eine eigene Dynastie begründet habe: Er setzte den Thraker *Charops* als König ein, auf ihn folgte sein Sohn *Oiagros*, der mythische Vater des

Kanne aus dem Schatzfund von Borovo (Kat.-Nr. 136 a): Dionysische Szene

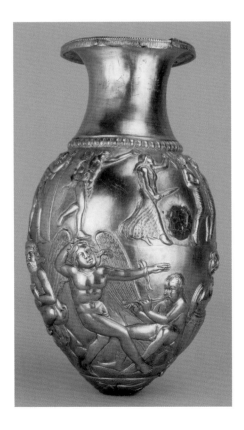

Orpheus. Die Attribute des *Dionysos* tauchen auch als Motive der königlichen Münzprägung Thrakiens auf. Ferner wird in der Inschrift aus *Seuthopolis* das dortige Dionysos-Heiligtum erwähnt.

Apollon wird bereits in der «Ilias» und «Odyssee» als ein den Thrakern nahe stehender Gott beschrieben. Man kennt bei den Thrakern Namen mit der Wurzel *Aulu-/Ablu-*, die als lokale Bezeichnung von *Apollon* gedeutet werden. Möglicherweise war *Apollon* den Thrakern auch in seiner Metamorphose als Wolf («*Lykaios*») als Beschützer der Initiationsriten bekannt. Als Verkörperung von *Helios*, der Sonne, als «dem am meisten verehrten Himmelskörper der Pferde liebenden Thraker», erscheint er auf dem rechten Türflügel im Grabmal «Goljama Kosmatka». Auch auf dem sog. Apollon-Service aus Rogozen ist er von Sonnenstrahlen eingefasst auf vier Phialen dargestellt. An der Lippe der eiförmigen Kanne aus demselben Service findet sich eine griechische Inschrift «KOTYS APOLLONOS PAIS» (*Kotys* Sohn/Diener des *Apollon*). Wahrscheinlich stellt sich der odrysische Herrscher Kotys I. hier als Sohn und Diener des Gottes vor. Die Inschrift auf der Rogozener Kanne zeigt, dass die Mysterien des Apollon königlichen Charakter hatten. In Delphi war der Gott mit dem Beinamen *Sitalkas* bekannt, welcher dem Namen des odrysischen Königs Sitalkes entspricht sowie der Bezeichnung eines Lieds, das Sieger nach der Schlacht sangen. Die Beliebtheit *Apollons* auf den thrakischen Weihreliefs römischer Zeit bestätigt, dass er einer der alten thrakischen Götter war, obwohl Herodot ihn nicht als Mitglied im Pantheon nennt.

Die *Kabiren* gehören zu den wichtigsten Göttern in der Herrschaftsideologie der Thraker. Die Gottheiten von Samothrake werden in der Inschrift von Seuthopolis erwähnt. Gemäss dieser Inschrift war das Hauptheiligtum am Hof von Seuthes III. den Grossen Göttern geweiht. Die Silbervasen aus dem Schatz von Borovo sind ein Kultservice, das für die Verwendung bei der Einweihung in ihre Mysterien bestimmt war (Kat.-Nr. 136). Auf der kleinen Kanne ist ein exemplarischer Moment des Mysterienkults dargestellt: Die *Hierogamie* – die «Heilige Hochzeit» – zwischen den *Kabiren* und *Megale Thea*, der Grossen Göttin. Den Inschriften auf den Gefässen von Rogozen zufolge lag der Tempel der Götter in der Stadt Beos. Das früheste Denkmal, auf dem die *Dioskuren* und die *Kabiren* gleichgesetzt werden, ist die rotfigurige Hydria aus dem Hügel «Bašova Mogila» (Kat.-Nr. 125 f). Auf der Hydria sind die griechischen Wörter *komos* und *koas* ausgeschrieben. Damit wird das Festmahl sowie der oberste Priester der Mysterien bezeichnet. Nachdem der *mystes*, der Eingeweihte also, die heiligen Gegenstände (griechisch *hiera*) gesehen und berührt hatte, erlangte er sakrales Wissen. Diese mystische Stufe des *epoptes* (Sehender) wird bildlich durch die riesigen Augen auf den thrakischen Prunkhelmen zum Ausdruck gebracht. «Durchblick» ist also eine Metapher für Wissen. Wahrscheinlich ist das Motiv des Übergangs von der Blindheit zu wahrem Sehen, der Metapher für den Prozess der Erlangung mystischen Wissens, mit der Rolle des Jägers *Orion* im Kultkalender von Samothrake in Verbindung zu bringen. Der geblendete Held lässt sich von *Kedalion*, der auf seinen Schultern sitzt, der aufgehenden Sonne entgegenführen. *Helios'* Strahlen «öffnen die Augen» des riesigen Jägers, heilen ihn also von seiner Blindheit.

Die Beherrschung geheimen Wissens, durch die man besondere Einweihung in die Mysterien erlangt, ist ein grundlegendes Element in der Königsideologie. Deshalb pflegten die thrakischen Könige den Mysterienkult in besonderem Masse. Sie waren *paides* – Kinder im mystischen Sinn und Diener – der Götter *Apollon, Dionysos, Zalmoxis* und der *Kabiren*. Die Erlangung dieses Wissens durch Einweihung war der Elite vorbehalten. Dies bezeugt etwa Herodots Bericht über die Gäste, die *Zalmoxis* in sein *andron* (Empfangsraum, Speisesaal) eingeladen hat: nur «die ersten Bürger». In den Anlagen unter den Hügeln, in den Grabmälern also, wurden auch Rituale der königlichen Mysterien gefeiert. Auf den Türflügeln der runden Kammer im Hügel von «Goljama Kosmatka» sehen wir *Medusa* (links) und *Helios/Apollon* (rechts). In der Zeit, in welcher der Herrscher sich vor der Welt «versteckte» (nach dem Beispiel des *Zalmoxis*), stieg er ins Jenseits (*katabasis*, «in die Tiefe») zur *Gorgo-Medusa* hinab, um auf rituelle Weise zu sterben, und danach, einer Auferstehung gleich (*anodos*, «Aufstieg»), (als *Orion*) zu *Helios* empor, um die Welt mit dem erlangten Wissen/ Licht zu «betrachten».

Die kostbaren Gefässe mit Inschriften sind nicht nur rituelle und diplomatische Geschenke der odrysischen Herrscher an die übrigen thrakischen Fürsten, sondern gleichzeitig Teil der Rituale, mit denen sie ihre hohen Gäste in die königlichen Mysterien der *Kabiren* oder *Apollons* einweihten. Die Mächtigen haben sich der Religion bedient und vielleicht behauptet Herodot deshalb, die Könige hätten – anders als das Volk – vor allem *Hermes* verehrt.

Die weibliche Gottheit nimmt einen wichtigen Platz in den religiösen Vorstellungen der Thraker ein. Aus den Schriftquellen kennen wir allein die Rituale an den Feiertagen der *Bendis* in Athen. Sie fanden nachts statt und bestanden aus einem Wettreiten, bei dem sich die Epheben brennende Fackeln weiterreichten. Die Sieger brachten der Göttin Wein und Salböl dar, wie auf einem Relief aus dem Piräus zu sehen ist. Der Sinn dieses Wettkampfs bestand darin, neue Mitglieder in die soziale Gemeinschaft einzuführen: Die jungen Männer stellten dabei alle in der Reitkunst erworbenen Fähigkeiten unter Beweis. Auf den Münzen des bithynischen Königs Nikomedes III. trägt die Göttin Waffen, weshalb sie mit Athena gleichzusetzen ist. Ebenso wie *Athena* ist *Bendis* zwar «Kriegerin», aber auch «Spinnerin», was zugleich ihren jungfräulichen Status definiert. Auf einer silbernen Beinschiene aus Zlatinitsa-Malomirovo ist eine thronende Göttin mit einer grossen Spindel in der Hand dargestellt. Die Spindel ist hier nicht nur das «Werkzeug», mit dem die Göttin der Unterwelt die «Schicksalsfäden» webt, sondern auch ein Hilfsmittel, um jene Frauen zu bestrafen, die die Verbote missachteten, an bestimmten Tagen «weiblichen Tätigkeiten» nachzugehen. Die Etymologie des Götternamens ist leicht aus der Wurzel

Goljama Kosmatka, Türflügel mit Helioskopf

Kanne aus dem Schatzfund von Rogozen:
Göttin auf einem Löwen reitend (Kat.-Nr. 120 e)

Kanne aus dem Schatzfund von Rogozen:
Göttin mit Bogen auf einem Wagen sitzend
(Kat.-Nr. 120 d)

bhedh- (verbinden) nachzuvollziehen. Das stellt sie in die Reihe der «bindenden Gottheiten», die durch diese Fähigkeit aber auch lösen oder trennen und jenen, die ihre rituellen Verbote missachten, Kraft und Können wegnehmen können.

Die Feiern zu Ehren der Kotys hatten ausgesprochen orgiastischen Charakter mit lauter Triangel- und Trommelmusik sowie schrillen Flötenklängen; Fackeln erhellten die nächtlichen Feste. Zum Ritual gehörten wahrscheinlich auch Sprünge ins Meer und Baden. Auch das Sich-Verkleiden (Travestie) war eines dieser Übergangselemente von einer Umgebung in eine andere, d. h. von einem Status in den anderen. Und das «Stiergebrüll», das geheimnisvoll durch die Räume hallte, erinnert an die Gegenüberstellung der Göttin mit einem Stier, wie sie z. B. auf einem der Rogozener Kännchen (Kat.-Nr. 120 a) und auf dem Emblem auf dem Boden des Kessels von *Gundestrup* dargestellt ist.

In der thrakischen Kunst kommen zahlreiche weibliche Gottheiten vor, die wir leider nicht benennen können. Vielleicht wurde die geflügelte Göttin mit Hunden als die hundefressende Göttin *Hekate* gedeutet, der die alten Griechen auch einen thrakischen Ursprung nachsagten. Die doppeldeutige Gestalt der auf einem Löwen reitenden Göttin wird auf einer anderen Kanne aus dem Schatzfund von Rogozen mit Attributen ihres ambivalenten Wesens gekennzeichnet: Frisur und Kleidung entsprechen einer Matrone, Pfeil und Bogen hingegen gehören zum jungfräulichen Wesen. Auf einer dritten Kanne sind diese Attribute auf zwei Göttinnen verteilt, die auf einem von geflügelten Pferden gezogenen Wagen sitzen. In dieser Bildtradition werden die mythischen Grundmuster der Handlung beibehalten und kommen so in der rituellen Praxis zur Anwendung. Die Kanne mit der Darstellung von Stier und Göttin gehört zu einem Service, das auch Phialen umfasst, auf denen sich Frauenköpfe, Palmetten oder Lotosblüten sowie Stierköpfe und Eicheln abwechseln. Wahrscheinlich wurde dieses Service im Kult verwendet, der mit der Verehrung der weiblichen Gottheit verbunden ist.

Auch die Ikonografie der Königsideologie greift die Gestalt der Göttin auf, denn der Held vollbringt seine Taten und Prüfungen unter ihrem Schutz. Aus ihren Händen empfängt er die Insignien der Macht (Waffe und Becher) und geht mit ihrer Tochter, der Vertreterin der Göttin auf Erden, die Ehe ein. Der von Athenaios beschriebene «Akt der Gotteslästerung», dem Kotys I. beigewohnt hat, gibt uns eine Vorstellung vom kultischen Ritual, in dem der Herrscher die heilige Hochzeit mit der Göttin feiert. Während des Gelages in einer seiner Residenzen gab der odrysische König bekannt, dass sich die Göttin *Athena* mit ihm vermählt habe. Zwei Waffenträger, die er ins Schlafzimmer zur Kontrolle schickte, ob die Göttin tatsächlich gekommen sei, konnten keine positive Antwort geben und wurden vom König mit einem Pfeil getötet. Erst der Dritte berichtete, dass sie ihn längst erwarte. Die Hierogamie mit der Göttin, der Personifikation der Erde, ist ein Akt der Legitimation des Herrschers als rechtmässiger Besitzer des Reiches.

Detail des Bechers von Rogozen (Kat.-Nr. 120 c) in Umzeichnung (nach Nikolov 1988)

Ausgangspunkt der Priestergestalt im thrakischen Kult war der Herrscher. Es gibt kaum Angaben darüber, dass es bei den Thrakern wie etwa bei den Kelten eine Priesterklasse gegeben hätte. Wir lesen von musizierenden, weiss gekleideten Priestern bei den Geten, über asketische Sekten der *Ktisten* und *Kabnobaten*. Auf den Denkmälern sehen wir einen Krieger-Priester mit konischem Helm (*pilos*), der ein Opfer darbringt (z.B. auf den Wangenklappen des goldenen Helms aus Kotsofeneshti, Rumänien). Die bikonischen, mit Fabeltieren verzierten Gefässe wurden wahrscheinlich zum Trinken eines halluzinogenen Getränks bei Schamanenriten benutzt. Der achtbeinige «Hirsch/Pferd» schlägt semantisch den Bogen zur schamanischen Tradition und bestätigt eine solche Funktion des Bechers (vgl. Kat.-Nr. 120 c). Das Ritual, das «unsterblich» macht und von Herodot für den *Zalmoxis*-Kult beschrieben wird, weist direkte Parallelen zu altiranischen schamanischen Praktiken auf. Der Unterschied besteht darin, dass «der Gesandte» des getischen Gottes in die Luft geschleudert wurde, sodass er in drei Speere fiel, der persische Held dagegen wurde mit drei Speeren beworfen. Da weitere Analogien zur Religion des alten Iran überaus häufig sind, stellt sich die Frage, ob sie vom gemeinsamen indoeuropäischen Erbe, auf dem die Kultur der Perser und Thraker fusst, herrühren oder ein Resultat des verstärkten Einflusses der Magier auf die religiösen Vorstellungen und Praktiken der europäischen Völker sind.

Die thrakische Religion kann beim derzeitigen Forschungsstand nur auf der Basis der ständig zunehmenden Fundstücke aus Hügelgräbern und Schatzfunden sowie durch die Erforschung der zahlreichen Felsheiligtümer rekonstruiert werden. Natürlich standen die Thraker bei der Bildung und bildlichen Fixierung ihrer religiösen Vorstellungen unter starkem Einfluss der Griechen, der Perser und der Skythen, aber die Religion ist ein umfassendes System, das jede Neuerung verarbeitet, adaptiert und integriert. Die griechischen Autoren erkannten die federführende Rolle der Thraker im Hinblick auf die Entstehung der Mysterienkulte, welche die Griechen ihrerseits übernahmen: *Orpheus, Thamyris, Musaios* und *Eumolpos* werden im Mythos als «thrakische» Sänger dargestellt, die in die Mysterien einführen. Der kulturelle Austausch ist wechselseitig und bereichert die religiösen Glaubensvorstellungen aller daran Beteiligten.

Verwendete Literatur:
Agre 2006; Archibald 1998; Burkert 1985; Burkert 1987; Burkert 1993; Burkert 2003; Cole 1984; Daumas 1998; Detienne 1977; Detienne 1986; Detienne 1998; Detschev 1976; Eliade 1972; Georgiev 1975; Gignoux 1983; Hemberg 1950; Jeanmaire 1978; Kerényi 1978; Kitov 2005 a; Marazov 1991; Marazov 1996; Marazov 2000 a; Marazov 2005 a; Montepaone 1990; Nagy 1990; Otto 1969; Rohde 1928; Schachter 1986; Schachter 2003; Tomaschek 1980; Von Rudolf 1999.

Die Religion der Thraker

Die thrakische Kultur während der hellenistischen Zeit

Milena Tonkova

Die thrakische Kultur entwickelte sich während der hellenistischen Epoche – zwischen dem Ende des 4. und dem 1. Jahrhundert v. Chr. – ausserordentlich dynamisch. Gegen Ende des 4. und während des frühen 3. Jahrhunderts v. Chr. kam es durch die engen Kontakte mit der griechischen Welt zu einer neuen Blüte der thrakischen Kunst und Kultur. Während der zweiten Hälfte des 3. und der ersten Hälfte des 2. Jahrhunderts v. Chr. wurde der griechische Einfluss spürbar schwächer: Die Thraker orientierten sich um und richteten ihren Blick vermehrt auf die Kunst Zentraleuropas. Im Laufe des 1. Jahrhunderts v. Chr. drangen dann erste Werke der frührömischen Kunst allmählich nach Thrakien vor.

Während der frühhellenistischen Zeit kam es also zu einer erneuten grossen Blüte der thrakischen Kultur in allen Bereichen. Die zahlreichen kulturellen Errungenschaften der beiden vorhergehenden Jahrhunderte werden mit dem fruchtbaren griechischen Einfluss in Verbindung gebracht, denn in dieser Zeit wurde Thrakien Teil der griechischen *koiné*. Allmählich setzte nun eine Dezentralisierung der Macht ein, der Reichtum nahm zwar zu, wurde aber lediglich innerhalb der wachsenden aristokratischen Schicht umverteilt. Die Siedlungsweise erreichte ein höheres Niveau, was sich in allen Bereichen widerspiegelte: Nicht nur erfolgte jetzt eine intensive Urbanisierung des Landes, sondern auch die Zahl der Tempel und anderer religiöser Denk-

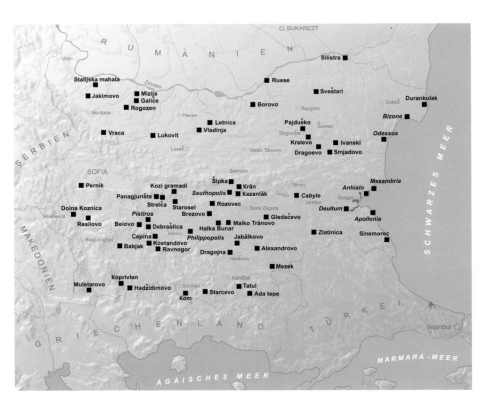

Thrakien in hellenistischer Zeit
© Atanas Kamenarov

mäler nahm zu gleich wie die monumentalen Grabstätten mit wertvollen Beigaben. Parallel dazu erfolgten grosse Fortschritte im Städtebau und in der Architektur, in der Anlage von Gräbern sowie in der Wandmalerei, der Toreutik und der Goldschmiedekunst.

Zahlreiche Kunsterzeugnisse waren von griechischen Vorbildern geprägt. Zur Ausbreitung der hellenistischen Kultur kam es nicht allein durch Warenimporte, sondern auch durch die Griechen selbst, für deren Anwesenheit es im Herzen Thrakiens zahlreiche Belege gibt. Der hellenistische Einfluss war vielseitig, aber nicht von langer Dauer. Dies zeigt sich insbesondere daran, dass sich durch neue Ausdrucksmittel der eigenständige Charakter der expressiven thrakischen Kunst nun viel stärker herausbildete. Seit dem Beginn des 3. Jahrhunderts v. Chr. wurde Thrakien vermehrt von der keltischen Latène-Kultur geprägt. Schriftliche Quellen berichten von der Gründung eines keltischen Reiches auf thrakischem Gebiet mit der Hauptstadt Tylis. Im östlichen Thrakien fand man bei archäologischen Untersuchungen eindeutige Belege für die Präsenz der Kelten in dieser Region.

Die hellenistische Kultur war in erster Linie eine städtische. Dieses Phänomen galt auch für Thrakien. Die Zahl der lokalisierten Siedlungen mit städtischem Charakter nimmt deshalb stetig zu. Die thrakische Stadt Helis, die bei Isperich in der Ludogo-

Kabyle: Stadtgebiet, Akropolis und Felsheiligtum

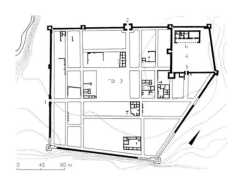

Seuthopolis: Plan der Stadtanlage

rie in Nord-Bulgarien entdeckt worden ist, gilt als Hauptstadt des Getenkönigs Dromichaites. Auch die Stadt Seuthopolis, deren Überreste heute auf dem Grund des Stausees Koprinka bei Kazanläk liegen, war vom König Seuthes III. im Jahr 320 v. Chr. als Hauptstadt des odrysischen Reiches gegründet worden. Die an einer der Schleifen des Flusses Tundža gegründete Stadt Kabyle wird in der berühmten Inschrift von Seuthopolis mit dem Herrscher Spartokos in Verbindung gebracht; auch sie erhielt später den Charakter einer Polis. Das am oberen Lauf des Flusses Maritsa gelegene Pistiros wird in einer in der Umgebung gefundenen Inschrift als *emporion* bezeichnet. Auch Philippopolis (Plovdiv) weist seit dieser Zeit deutliche städtische Merkmale auf. Ein weiteres städtisches Zentrum existierte auf dem Hügel Krakra bei Pernik. Besonders aufschlussreich für die frühhellenistische Siedlungsweise im Tal des Flusses Mesta ist eine bei Koprivlen freigelegte Ortschaft. Die hellenistische Nekropole bei Muletarovo in der Region von Petrič verweist indirekt auf eine weitere wichtige Siedlung in dieser Gegend, die leider noch nicht erforscht werden konnte.

Von den genannten Zentren besassen nur Kabyle, Pistiros und Koprivlen eine weiter in die Vergangenheit zurückreichende Geschichte. Bei den übrigen handelte es sich um hellenistische Neugründungen. Sie alle hatten trotz ihrer Unterschiede auch Gemeinsamkeiten: Alle verfügten über ein Befestigungssystem und wiesen einen ähnlich angelegten Stadtkern auf mit repräsentativ ausgestatteter Platzanlage (Agora), Strassen, öffentlichen Gebäuden, Privathäusern und Kultstätten. In allen fanden sich Spuren handwerklicher Produktion und Hinweise auf einen aktiven kulturellen Austausch, die ein Zeugnis für den Reichtum ihrer Bewohner sind.

Das vollständigste Bild einer hellenistischen Stadt in Thrakien liefert Seuthopolis, das im Tal von Kazanläk am oberen Lauf des Flusses Tundža liegt. Während des 20. Jahrhunderts wurden hier 50 Jahre lang archäologische Forschungen durchgeführt, was in der thrakischen Archäologie bis zum heutigen Tag eine der grössten Kraftanstrengungen darstellt. Die Stadt von Seuthes III. hatte eine Ausdehnung von fünf Hektaren und ist nach einem bestimmten Plan angelegt worden. Sie war durch eine Wehrmauer befestigt, welche mit vier quadratischen Türmen und mit einem Bollwerk verstärkt war. Im nördlichen Teil der Stadt liess Seuthes III. eine Zitadelle errichten, die ihm als persönliche Residenz diente. In ihr befand sich auch die Kultstätte, in der die Grossen Götter verehrt wurden. Vermutlich gehörte auch die neu entdeckte Siedlungsanlage in der Gegend von Chalka Bunar bei Gorno Belevo im Kreis Čirpan in den Machtbereich des Seuthes. Bekannt wurde diese Siedlung durch die Entdeckung von fünf Öfen, die darauf schliessen lassen, dass dort Keramik hergestellt wurde.

Die Blüte der meisten städtischen Zentren im Inneren Thrakiens fällt in die Zeit zwischen dem Anfang und der Mitte des 3. Jahrhunderts v. Chr. Danach verfielen sie allmählich (Helis) oder verloren nach und nach bis zum Ende des 3. Jahrhunderts

Chalka Bunar: Töpferöfen in der thrakischen Siedlung der hochhellenistischen Zeit

Luftaufnahme der Kultgrube aus dem 5.–3. Jh.
v. Chr. bei Malko Tărnovo (Region Chirpan)

v. Chr. ihren städtischen Charakter und ihre zentrale Bedeutung (Pistiros und Seuthopolis). Die Veränderungen in der Siedlungsstruktur südlich des Balkangebirges in der Flussebene der Maritsa werden mit dem Erscheinen der Kelten zu Beginn des 3. Jahrhunderts v. Chr. und mit den daraus resultierenden wesentlichen Veränderungen in der ökonomischen Neuorientierung der Region in Zusammenhang gebracht.

Es gibt zahlreiche Belege für in der frühhellenistischen Zeit neu entstehende Kultstätten oder Tempel in den Städten und für Heiligtümer in der Ebene sowie im Gebirge. Inschriften, die in Kabyle, Seuthopolis, Pistiros und Helis entdeckt worden sind, geben Aufschluss darüber, welche Gottheiten man in diesen Städten verehrte: Darin sind Tempel und Heiligtümer des Dionysos, der Artemis Phosphoros und des Apollon erwähnt. Erforscht ist einzig der Tempel der Grossen – ausschliesslich thrakischen – Götter in Seuthopolis. In ihm befindet sich ein grosser, mit Ornamenten geschmückter Altar-Opferherd (*eschara*) aus Ton, dessen Wände mit farbigem Putz überzogen sind. Derartige Opferherde werden mit den in Thrakien in frühhellenistischer Zeit weit verbreiteten Mysterienkulten in Verbindung gebracht. Sie kommen in fast allen Gebäuden von Seuthopolis und Kabyle vor sowie auch in den Kultstätten von Pistiros und Chalka Bunar, in denen ferner Kultgruben und Opferschalen für Asche zutage kamen.

Auch ausserhalb der Siedlungen blieb es weiterhin üblich, Kultstätten auf Felsen, in Form von Kultgruben und bei Quellen anzulegen. Die Kultgruben umfassen ganze Felder mit Hunderten von Vertiefungen, die für rituelle Zwecke ausgehoben wurden, und gehören zu jenen Heiligtümern, die zahlenmässig in den Ebenen Thrakiens am häufigsten sind. In den Kultgruben wurden verschiedene Gottheiten verehrt, die man für das Wohlergehen der Gesellschaft verantwortlich hielt. In den ins Erdreich eingetieften Gruben, die oftmals die Form von Gefässen hatten, wurden den Göttern ver-

Tatul (östliche Rhodopen): Felsheiligtum

schiedene Gaben dargebracht, darunter auch Menschenopfer. Im Laufe der frühhellenistischen Epoche verloren die grossen Kultgruben bei Malko Tărnovo, Jabălkovo und Gledačevo im Gebiet der Maritsa ihre Bedeutung und verfielen allmählich, ganz ähnlich wie die städtischen Zentren dieser Gegend. In anderen Gebieten Thrakiens konnte hingegen eine Kultkontinuität nachgewiesen werden. Die Kultgrube bei Koprivlen beispielsweise wie auch die dortige Siedlung existierten während der gesamten hellenistischen Zeit. Nördlich des Balkangebirges, im Gebiet der Geten und Triballer, erfuhren kultische Zentren dieses Typs während des Hellenismus ihre grösste Blüte. Dies gilt für das grosse Heiligtum bei Stalijska Machala im Bezirk von Lom wie auch für die neuentdeckte Siedlung bei Russe. Auch die Thraker, die in unmittelbarer Nachbarschaft griechischer Poleis lebten, übten dieselben kultischen Praktiken aus. Dies lässt sich u. a. anhand des Heiligtums bei Durankulak und der thrakisch-griechischen Stadt Bizone beim heutigen Kavarna belegen.

Tatul (östliche Rhodopen): aus dem Felsen geschlagene Opfergrube im Felsheiligtum

Auch zahlreiche Felsheiligtümer aus frühhellenistischer Zeit konnten lokalisiert werden, die aufschlussreiche Erkenntnisse über die Organisation des Kultes und die dort dargebrachten Opfergaben lieferten. Wie sich feststellen liess, waren die meisten von ihnen umfriedet; besser erforscht sind die dazugehörenden Altäre aus Stein und Ton, die Sammelstellen für Opfergaben sowie die Kultgruben. Die Opfergaben umfassten alle erdenklichen Gebrauchsgegenstände des Menschen: Metallobjekte wie Schmuckstücke, Waffen oder Münzen sowie reich verzierte Kultgefässe.

Die meisten erforschten Heiligtümer liegen in den östlichen Rhodopen, beispielsweise in Ada Tepe bei Krumovgrad, bei Tatul in der Gegend von Kărdžalij und auf dem Gipfel Kom. Viele Kultstätten entdeckte man allerdings auch in den zentralen und in den westlichen Rhodopen. Die Forscher richteten ihre Aufmerksamkeit auch auf die Kultstätten im Gebiet von Velingrad in der Stadt Kleptuza und bei den Dörfern Kostandovo und Dokovo (bei der Stadt Cepina), bei Belovo und Debrăština im Gebiet von Plovdiv. Am auffälligsten ist die Masse von Fundmaterial im Heiligtum bei Babjak, welches während des gesamten 1. Jahrtausends v. Chr. und auch noch während der römischen Epoche in Betrieb war. Eine wichtige Anlage mit vermutlich

Demir-Baba-Teke: islamisches Heiligtum, das über einer thrakischen Kultstätte errichtet wurde

kultischem Charakter befand sich ferner auf dem Gipfel des Berges Dragojna. Aber nicht nur in den Rhodopen kommen immer mehr Einträge von Kultstätten auf den archäologischen Karten hinzu, sondern allmählich auch in den anderen Regionen Thrakiens. Eines der wichtigsten Heiligtümer nördlich des Balkangebirges wurde bei «Demir-Baba-Teke» im archäologischen Park Sborjanovo bei Isperich entdeckt. Das Heiligtum liegt an einem bewaldeten Berghang. Sowohl die Felsen wie auch die dort reich sprudelnde Quelle wurden verehrt. Das Heiligtum war von einer Mauer umgeben und wies verschiedene Kultbauten auf. Bei den archäologischen Untersuchungen kamen auch mehrere Kultgegenstände zutage, darunter ein Altar-Opferherd aus Lehm mit einer in der Mitte hervortretenden Ausbuchtung, die an einen Omphalos erinnert.

Der aristokratische Charakter der thrakischen Gesellschaft zeigt sich am deutlichsten an den Grabmälern, die ein Zeugnis für die umfassende Machtfülle und den Reichtum der Adligen sind. So finden sich im Herrschaftsgebiet der Odrysen und Geten zahlreiche monumentale Grabstätten. Deren Architektur lehnt sich an die griechische Formensprache an, auch wenn die Ausstattung der Gräber oftmals eklektisch und vom hellenistischen Vorbild weit entfernt war. Wichtiger Bestandteil der Dekoration war die Wandmalerei, die in dieser Zeit eine wahre Blüte erlebte. Die Malereien in den Gräbern von Sveštari, Kazanlăk und Alexandrovo zeigen thrakische Motive, die allerdings stilistisch an griechische Vorbilder anknüpfen. Es wird vermutet, dass es sogar eine eigene thrakische «Malschule» gab.

Zu einer Konzentration dieser monumentalen Grabstätten mit reicher Ausstattung kam es insbesondere in den Gebieten um die Zentren der politischen Macht. Die meisten dieser Gräber liegen in der Ebene des Flusses Struma. Bis heute wird diese Gegend mit der Nekropole bei Duvanlij aus klassischer Zeit in Verbindung gebracht. Aber auch aus der frühhellenistischen Epoche (ab der 2. Hälfte des 4. Jh. v. Chr.) sind in dieser Region prachtvolle Grabanlagen erhalten. Darunter fallen vor allem ein monumentales Grab im Četinjova-Hügel sowie ein mit verschwenderischem Reichtum ausgestattetes Grab im Pejčova-Hügel, in der Nekropole von Strelča, auf. Offensichtlich befand sich in der Ebene von Kazanlăk um Kazanlăk, Krăn, Šipka und Šejnovo ein weiteres wichtiges Bestattungszentrum, das aus Dutzenden von Grabanlagen besteht. Darunter sticht die gewaltige Aufschüttung des Ostruša-Hügels hervor, in dem sich eine interessante architektonische Anlage um einen grossen monolithischen Sarkophag befindet. Die Decke der Grabkammer ist mit Malereien ausgestattet.

Zu den bedeutendsten Entdeckungen in diesem Gebiet gehören zweifellos die aussergewöhnlich reichen Grabanlagen im Kleinen Hügel bei Šipka und das Grab Seuthes' III. im Hügel Goljama Kosmatka in der Nähe von Seuthopolis. Die Grabbeigaben umfassten u. a. die Insignien der Macht: mehrere Zepter, einen goldenen Kranz und einen goldenen Ring mit einem Stempelsiegel, das eine Investitur-Szene wiedergibt, silberne Beinschienen und einen Helm, zahlreiche Schmuckstücke, wertvolle Gefässe aus Silber und Gold sowie aus Griechenland importierte Tongefässe und Waffen (vgl. Kat.-Nr. 118). Unter den Waffen befindet sich ein Eisenschwert mit einem mit Gold inkrustierten Griff, das als eines der herausragenden Beispiele der antiken Waffenschmiedekunst gilt. Vor der Fassade der Grabanlage im Hügel Goljama Kosmatka fand man den ausserordentlichen Kopf einer Bronzestatue, die den König selbst darstellte.

Am unteren Lauf der Maritsa war ein weiteres Machtzentrum entstanden, dessen Aristokratie zumindest teilweise in der Aleksandrovo-Grabanlage, in einem reichen Grab bei Simeonovgrad und einer Grabanlage im Maltepe-Hügel bei Mezek bestattet wurde. Während der Forschungsarbeiten der letzten Jahre wurde bei Zlatinica im

Sveštari, Nekropole: Grab unter dem Ginina-Hügel (Ginina Mogila), Blick in die Grabkammer (Ende 4. / Anfang 3. Jh. v. Chr.)

Gebiet Elchovo ein aussergewöhnlich reiches Grab entdeckt. Unter einer gewaltigen Hügelaufschüttung stiess man auf einen grossen Schatzfund bestehend aus Schmuckstücken, Waffen und Machtinsignien wie einem goldenen Kranz, einem Ring mit Stempelsiegel und einer Beinschiene mit der Darstellung der Grossen Göttin.

Reiche Gräber gab es auch im Tal des Flusses Struma: Schmuckstücke aus Gold und ein originelles Set von verzierten Silberappliken für ein Pferdegeschirr kamen bei den Dörfern Dolna Koznica und Resilovo im Gebiet von Kjustendil zutage.

Weniger zahlreich sind die Denkmäler, in denen sich die Macht der triballischen Herrscher manifestiert, dafür aber von sehr grosser Bedeutung. In den drei Grabanlagen im berühmten Mogilanska-Hügel bei Vraca wurden ein vierrädriger Streitwagen und reiche Grabbeigaben gefunden: ein Lorbeerkranz aus Gold, eine silberne Beinschiene, auf der die thrakische Grosse Göttin dargestellt ist, Waffen, wertvolle Gefässe aus Bronze und griechische Vasen (vgl. Kat.-Nr. 121). Ein goldenes Ännchen mit Darstellungen thrakischer Götter bringt uns die Glaubenswelt der Thraker näher und ist zugleich ein Zeugnis für die grosse Kunstfertigkeit der thrakischen Toreuten (Kat.-Nr. 121 a).

Auch die hellenistischen Herrscher der getischen Gebiete haben eindeutige Spuren ihrer Macht hinterlassen: Dazu gehören das berühmte Grab von Sveštari mit den Karyatiden – ein zentrales Denkmal des Weltkulturerbes –, die Gräber im Hügel Nr. 13 und weitere reich ausgestattete Gräber der Nekropole der getischen Hauptstadt Helis. Die kleineren Machtzentren in dieser Region konnten aufgrund einer monumentalen Grabanlage und verschiedener reicher Gräber im Gebiet von Šumen und Tărgovište in den Ausläufern des Balkangebirges sowie in der Umgebung von

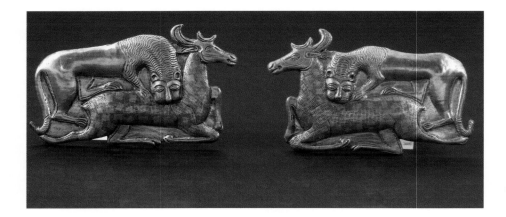

Appliken mit Tierkampfgruppen, Schatz von Lukovit (Kat.-Nr. 147)

Appliken mit Reiterdarstellung, Schatz von Lukovit (Kat.-Nr. 148)

Russe lokalisiert werden. Nicht allein die Angehörigen der thrakischen Aristokratie besassen Schmuckstücke aus Gold, sondern auch der Schmuck ihrer Pferde war aus Gold. Dies belegen die reichen Funde von Pferdegeschirrschmuck im Grabhügel bei Kralevo (vgl. Kat.-Nr. 135) und in der Grabanlage bei Ivanski (vgl. Kat.-Nr. 109). Ein thrakischer Aristokrat namens Seuth hatte für seine geliebte Gattin eine kleine, geschmackvolle Grabanlage errichten lassen, die jetzt im Museum von Šumen ausgestellt ist.

Das getische Gebiet weist eine weitere Besonderheit auf. In dieser Region fand man in der Ebene des Flusses Kamčija nämlich Spuren keltischer Stammesverbände. Aus deren geplünderten Nekropolen stammen vermutlich die Schmuckstücke mit dem charakteristischen pseudofiligranen Dekor und die im keltischen Stil verzierten Appliken, die sich heute in den Sammlungen der Museen in Šumen und Varna befinden.

In Thrakien häufen sich also die Schätze frühhellenistischer Zeit. Die meisten von ihnen sind im Gebiet zwischen der Donau und dem Balkangebirge, das von Triballern, Moesiern und Geten bewohnt war, entdeckt worden. Die Silberschätze von

Granitovo, Belogradčik, Stalijska Machala, Lom und Vladinja bei Loveč aus der zweiten Hälfte des 4. Jahrhunderts v. Chr. bestehen hauptsächlich aus schweren Armreifen und sternförmigen Fibeln, die vermutlich für kultische Zwecke bestimmt waren. Auch der bisher grösste Schatzfund stammt aus dem Gebiet der Triballer: Der Schatz von Rogozen besteht aus 165 zum Teil vergoldeten Silbergefässen, die verschiedene stilistische Einflüsse – triballische, getische, odrysische und griechische – aufweisen (vgl. Kat.-Nr. 120). Möglicherweise handelt es sich bei diesem Fund, einem sog. Hortfund, um den Staatsschatz eines thrakischen Herrschers oder um in Sicherheit gebrachte Opfergaben aus einem grossen thrakischen Heiligtum. Man vermutet aber auch, dass es sich beim Schatz von Rogozen wie auch bei zahlreichen anderen aus silbernen Gegenständen bestehenden Hort- und Einzelfunden um der Erde anvertraute Opfergaben für die thrakische Grosse Göttin handeln könnte. Zu einer weiteren berühmten Gruppe gehören die Schatzfunde von Lukovit und Letnica, die kostbaren Schmuck für Pferdegeschirre enthalten (vgl. Kat.-Nr. 147-148 bzw. 146). Auf vergoldeten Silberappliken sind mythologische Szenen mit den bedeutendsten Prüfungen des thrakischen Reiter-Herrschers dargestellt.

Nicht weniger berühmt ist der Schatz von Borovo im Bezirk Russe, der aus vergoldeten Silberrhyta besteht, die mit Pferde-, Stier- und Sphinxprotomen versehen sind (Kat.-Nr. 136 b-e). Das dazugehörende Kännchen-Rhyton gibt uns einen Einblick in die Mysterienkulte und rituellen Praktiken der thrakischen Glaubenswelt (Kat.-Nr. 136 a).

Im Gebiet der Odrysen kam der weltbekannte Schatz von Panagjurište zutage, der Rhyta, eine Phiale und andere Gefässe aus Gold umfasst, die mit ziselierten Figuren verziert sind (vgl. Kat.-Nr. 137).

Schatz von Panagjurište (Kat.-Nr. 137)

Grab von Kazanläk: Malereien in der Kuppel
(Ende 4. / Anfang 3. Jh. v. Chr.)

Für das frühhellenistische Thrakien war diese Art der künstlerischen Gestaltung besonders typisch. Die Darstellungen sind im griechischen Stil ausgeführt und verschiedene Untersuchungen belegen, dass sie wahrscheinlich in der Gegend um den Bosporus entstanden sind.

Insgesamt erfuhr die Gestaltungsvielfalt der thrakischen Kunst während der frühhellenistischen Zeit eine enorme Steigerung: Man begann nun auch menschliche Figuren darzustellen. Unter dem Einfluss griechischer Kunstwerke erhielten die thrakischen Götter und Herrscher eine deutliche Gestalt, auch ihre Heldentaten, Rituale sowie die Zeichen ihrer Macht wurden bildlich umgesetzt. In den Grabanlagen von Kazanläk und Sveštari sind Szenen einer Investitur sowie einer Bestattungsfeier bzw. eines Hochzeitsrituals wiedergegeben. Ausser der Göttin, dem Herrscher und seiner Gemahlin sind auch Krieger, Diener wie auch Details aus dem Alltag des Herrschers dargestellt. In der Grabanlage von Alexandrovo ist eine rituelle Jagdszene des Herrschers zu sehen.

Mit der Darstellung des Menschen wird in frühhellenistischer Zeit auch das Porträt in die Kunst eingeführt: Beispiele hierfür sind das schöne und stille Erhabenheit ausstrahlende Antlitz einer Frau im zentralen Fries der Grabanlage in Kazanläk oder

das Porträt einer jungen Thrakerin im Grab des Ostruša-Hügels. Die Porträtkunst hat im meisterhaft geglückten Bronzebildnis Seuthes' III. aus der Grabanlage im Hügel Goljama Kosmatka grösste Perfektion erlangt.

Die Entwicklung auf dem Gebiet der Schmuckmode in Thrakien widerspiegelt die Dynamik der Epoche. Besonders beliebt waren griechisch inspirierte Schmuckstücke aus Gold: Ohrringe mit filigranem Dekor, Halsketten aus Perlen, schlangenförmige Armreife und Ringe mit Stempelsiegeln. Für den Dekor bevorzugte man Tiermotive (vgl. Kat.-Nr. 135). Bei der Ausführung kamen die verschiedensten Techniken wie Ziselierung, Filigran, seltener Granulation, Email- und Halbedelsteineinlagen zur Anwendung. Auch Kränze aus Gold kamen auf. Obwohl er allmählich aus der Mode kam, war der Brustschmuck für rituelle Gewänder immer noch gefragt. Goldene Ringe mit Stempelsiegeln, auf denen der Reiter-Herrscher und die Grosse Göttin abgebildet waren, blieben die Insignien der odrysischen Aristokratie, während Bronze- und Eisenringe mit Szenen aus der griechischen Mythologie eher in den stark hellenisierten städtischen Zentren populär waren. Bei den Bestattungsritualen wurden, abermals nach hellenistischem Vorbild, Kränze aus Bronze oder aus Ton verwendet. Gewänder mit Knöpfen, die oftmals aus Gold gearbeitet waren, kamen in Mode. Mit der Ankunft der Kelten im thrakischen Gebiet tauchen nun auch die ersten Schmuckstücke im keltischen Latène-Stil auf: Der goldene Torques aus Gorni Cibăr (Bezirk Montana, Kat.-Nr. 102), die Schmuckstücke aus Bronze aus dem Nordosten Thrakiens sowie viele weitere Erzeugnisse wurden unter dem Einfluss dieses Stiles hergestellt.

Ab der zweiten Hälfte des 3. Jahrhunderts v. Chr. wird der Einfluss der hellenistischen Kunst weniger deutlich, da hellenistische und lokale Elemente einer Symbiose gleich miteinander verschmolzen wurden. Hellenistisch geprägt blieb die Kultur in den Küstenregionen, wo die griechischen Kolonien weiterhin auf den Kunstgeschmack ihrer thrakischen Umgebung einwirkten. Im Inneren Thrakiens sah es dagegen anders aus. Es war eine Zeit des Übergangs und der Umorientierung auf andere ästhetische Normen. Der griechische Einfluss wurde spürbar schwächer, obwohl die späthellenistische Kunst weiterhin hervorragende Werke hervorbrachte.

Es gab zudem merklich weniger Städte. Von den bis anhin bekannten Siedlungen blieben Kabyle, Philippopolis und Koprivlen sowie die Ortschaft, die mit der Nekropole bei Muletarovo in Verbindung gebracht wird, erhalten. Das Weiterbestehen der dynastischen Zentren der Triballer, Geten, Odrysen und Bessen kann anhand religiöser Anlagen und reicher Kriegergräber nachgewiesen werden.

In einigen der führenden odrysischen Zentren im Süden Thrakiens gibt es weiterhin Belege für die Existenz einer starken Aristokratie, obwohl die Funde bezüglich Anzahl und Prunk viel bescheidener sind als jene aus der frühhellenistischen Zeit. Kabyle blieb zumindest bis zur zweiten Hälfte des 2. Jahrhunderts v. Chr. eine blühende Stadt, d.h. solange sie ihre engen Kontakte zu Zentren im östlichen Mittelmeerraum sowie am Schwarzen Meer aufrechterhalten konnte (vgl. Kat.-Nr. 129-131). Ein reiches Hügelgrab aus dem 1. Jahrhundert v. Chr. gilt als Beweis dafür, dass es zu jener Zeit in dieser Region noch immer eine mächtige aristokratische Schicht gab. Dasselbe gilt für die Ebene von Kazanlǎk. Das überzeugendste Argument für die anhaltende Herrschaft der lokalen Dynastien liefert die Grabanlage im Sašova-Hügel bei Jasenovo, deren Entstehung ins frühe 2. Jahrhundert v. Chr. datiert wird. In ihr ist ein Krieger bestattet worden, dem man seine ganze Waffenausrüstung sowie reiche Geschenke mit ins Grab gegeben und dabei auch ein Pferd geopfert hatte. Gräber mit Waffen- und Schmuckbeigaben kamen auch bei Krǎn und bei Dolno Sachrane zutage. Die Ohrringe von Krǎn und die Fibel aus dem Sašova-Hügel (Kat.-Nr. 139) sind aus Gold und widerspiegeln den Prunk der damaligen Zeit. Man bringt sie zum einen mit einer Vielzahl von Erzeugnissen in Verbindung, die den Latène-Stil nachahmen; zum anderen glaubt man in ihnen einen Widerhall der keltischen Präsenz im Inneren Thrakiens zu erkennen bzw. betrachtet sie als ein Resultat des kulturellen Einflusses aus den peripheren Gebieten Thrakiens.

Um Koprivlen im Südwesten Thrakiens hielt sich lange Zeit ein mächtiges Herrschaftszentrum. Als Belege hierfür dienen die Grubenkomplexe, die beim Stadtheiligtum entdeckt wurden sowie reiche Kriegergräber aus dem 3. und 2. Jahrhundert v. Chr. in den westlichen Rhodopen und in der Ebene des Flusses Mesta. Es handelt sich dabei zumeist um Flachgräber, die als Beigaben Helme des «Thrakischen Typs», ein Set aus sechs Torques, Knieschienen, Speere, ein langes gerades Schwert und ein

Krummmesser enthielten. Die Heiligtümer in den Rhodopen erlebten eine Blütezeit. Die Weihgaben, die beispielsweise in das Heiligtum bei Babjak dargebracht
wurden – Waffen, Schmuck, Werkzeuge für den Bergbau, verzierte Kultkeramik,
Münzen – werden als Indiz für die wirtschaftliche Prosperität dieser thrakischen
Region gewertet. Auch in der Kunst kam es zu grossartigen Errungenschaften. Als
ein Beispiel für den Reichtum dieser Gegend dient der Schatz von Ravnogor mit
seinen silbernen Appliken, auf denen in Hochrelief Büsten von Göttern dargestellt
sind (vgl. Kat.-Nr. 157). Der Einfluss der Schmuckwerkstätten in den Städten an der
nahen ägäischen Küste macht sich bei den Motiven, der Ikonographie und der stilistischen Ausprägung der Darstellungen bemerkbar. Allein schon der Verwendungs-
zweck der Appliken als Zierde von Pferdegeschirren verleiht dem Fund jedoch thrakischen Charakter.

Zahlreiche Kriegergräber hat man auch in den Gebieten der Triballer entdeckt.
Der thrakische Krieger-Reiter trug einen Speer, ein Krummmesser und ein
Schwert, einen Schild, seltener ein Panzerhemd und Sporen. Sein Pferd war offenbar nicht geschmückt, in den Gräbern kam lediglich einfaches Zaumzeug zum
Vorschein. Einzelne Elemente der Waffenausrüstung lassen keltischen Einfluss er-
ahnen, betrachtet man aber das Gesamtbild, so bleibt der typisch thrakische Charakter erhalten. Als Beleg für das Vorhandensein einer reichen thrakischen Oberschicht gelten auch die Fortschritte auf dem Gebiet der Toreutik und der
Goldschmiedekunst. In diese Zeit werden die Schätze von Galiče und Jakimovo
im Bezirk Montana datiert. Sie umfassen konische Gefässe aus Silber und Schalen
mit Darstellungen der bedeutendsten thrakischen Gottheiten, des göttlichen
Thrakischen Reiters und der Grossen Göttin. Die Motive und der Stil sind thrakisch, der Einfluss der späthellenistischen Kunst macht sich einzig in der Ausführung der Büsten in Hochrelief bemerkbar. Die interessanten silbernen Schmuckstücke, die mit im heutigen Rumänien zutage gekommenen dakischen Silberarbeiten
aus der Zeit zwischen dem 1. Jahrhundert v. Chr. und dem 1. Jahrhundert nach
Chr. verwandt sind, wurden an verschiedenen Stellen im Donaugebiet entdeckt.
Stilistisch zeigen sie sowohl südthrakische wie auch spätkeltische Einflüsse und
tragen somit Merkmale der Toreutik und Goldschmiedekunst eines ausgedehnten
Gebietes, das sich über fast ganz Europa erstreckte. Die Wechselbeziehungen zwischen Thrakern und Kelten, die durch eine komplizierte Koexistenz miteinander
verbunden waren bzw. durch kurzlebige Kontakte miteinander in Berührung
kamen, spiegeln sich also deutlich in thrakischen Metallerzeugnissen und in der
Keramik wider, die unter dem kulturellen Einfluss der Kelten entstanden waren.
Gegen Ende der hellenistischen Zeit machten sich in der thrakischen Kultur allmählich erste Einflüsse der frührömischen Kunst bemerkbar, die mit den ersten
Importen italischer Waren wie erlesene Schmuckstücke und Gefässe ihren Anfang
genommen hatten.

Anchialo (Pomorie):
Grabhügel und Innenansicht

Die thrakischen Herrscher an der Schwarzmeerküste demonstrierten also ihre Macht und ihren Reichtum während der gesamten hellenistischen Epoche. Die reichen Grabbeigaben, darunter hervorragende Erzeugnisse der griechischen Toreutik und Goldschmiedekunst, führen uns vor Augen, in welch enger Verbindung sie zu den griechischen Küstenstädten standen. Als Belege hierfür dienen reiche Hügelgräber bei Bizone (Kavarna) und Odessos (Varna) aus der ersten Hälfte des 3. Jahrhunderts v. Chr., bei Sinemorec (3. / 2. Jh. v. Chr.) wie auch die berühmte Grabanlage einer Thrakerin aus dem 1. Jahrhundert v. Chr. bei Anchialo (Pomorie).

Verwendete Literatur:
Bouzek – Domaradzki – Archibald 1996; Bouzek – Domaradzka 2005; Bozkova – Delev 2002; Dimitrov 1961; Domaradzki 1980; Domaradzki 1994; Fol – Cicikova – Ivanov – Teofilov 1986; Getov 1990; Kitov 2001; Kitov – Tonkova 1996; Kitov 2005 d; Marazov 1996; Marazov 2005 b; Mikov 1954; Popov 2002 a; Stoyanov v. a. 2006; Theodossiev 2000; Tonkova 1997; Torbov 2005; Velkov 1990.

Thrakien während der römischen Zeit

Pavlina Ilieva

Thrakien und Rom kamen gegen Ende des 1. Jahrtausends v. Chr. näher miteinander in Berührung: Die neue vereinheitlichende Zivilisation des römischen Weltreiches und das, was die Thraker von ihrer Individualität und ihrer traditionellen Kultur bewahren konnten, prallten aufeinander.

Durch die unaufhaltsame militärische Expansion Roms während des 1. Jahrhunderts n. Chr. wurden die vorher unabhängigen thrakischen Gebiete in die römischen Provinzen *Thracia* (Thrakien) und *Moesia* (Mösien) umgewandelt. Für viele der hellenistischen Städte in Thrakien begann eine neue Etappe der Entwicklung, während an anderen Orten neue römische Städte gegründet wurden. In ihnen liessen sich zusammen mit Vertretern der lokalen Bevölkerung auch zahlreiche Umsiedler aus anderen Teilen des Römischen Reiches nieder, wobei Zuwanderer aus Kleinasien und aus dem Osten für diese Städte eine besonders wichtige Rolle spielten. In vielen Fällen handelte es sich hierbei um Handwerker, die auf der Suche nach neuen Arbeitsmöglichkeiten waren. Selbstverständlich verfügten sie nicht nur über handwerkliches Können, sondern brachten auch die künstlerischen Traditionen aus ihren Heimatorten mit. Die meisten von ihnen stammten aus der hellenistischen Welt. Die ethnische Vielfalt in den beiden neuen Provinzen war bereits zuvor beträchtlich, unter der römischen Herrschaft nahm sie weiter zu. Es siedelten sich neue Bevölkerungsgruppen an: Die einen strömten aus dem Norden herbei, die anderen wurden planmässig von den Römern umgesiedelt. Sie sollten als Bauern das fruchtbare, aber aus verschiedenen Gründen entvölkerte Land bearbeiten. Zusammen mit den neuen Stadtbewohnern – Veteranen und Zivilisten – erschienen Daker, Sarmaten und Goten. Die römischen Beamten und Magistraten liessen sich in den alten Städten nieder. Die römische Militärorganisation hatte den neuen Zuwanderern aus den östlichen Provinzen Vergünstigungen angeboten, um sie sowohl in die alten wie auch in die neu entstehenden Städte zu locken. Es handelte sich hierbei hauptsächlich um Händler und Handwerker, die vorwiegend aus Syrien und Kleinasien stammten. In den beiden Provinzen entstanden zahlreiche Werkstätten, in denen Statuetten aus Bronze für kultische Zwecke oder Schmuck und Appliken für Pferdegeschirre gefertigt wurden; im Weiteren stellte man Möbel und Truhen her: Produkte, die jene der übrigen römischen Provinzen qualitativ übertrafen. Die Meister hielten weiterhin an den ihnen vertrauten Stilrichtungen und ikonographischen Traditionen der hellenistischen Kunst fest, wobei sie jedoch auch Elemente der römischen Kunst übernahmen. Viele von ihnen blieben aber weiterhin den thrakischen Traditionen ihrer Heimat treu.

Die in das grosse Römische Reich einverleibten thrakischen und makedonischen Gebiete wurden von der Entwicklung der römischen Kultur mitgerissen. Von grosser Bedeutung war der Strassenbau. Als erstes galt es, Strassen entlang der Donaugrenze *(limes)* anzulegen wie auch einen Weg, der die Halbinsel diagonal von

Singidunum (Belgrad) bis Byzantion (Istanbul) durchquerte. Ein anderer führte von Dyrrhachium (heute Durrës in Albanien) im adriatischen Küstengebiet direkt bis Byzantion. Von grosser Bedeutung waren auch andere Strassen, deren Bau zunächst weniger dringlich schien: Montana – Marcianopolis, Oescus – Trimontium, Singidunum – Thessalonica, Scupi – Trimontium sowie der Weg an der Schwarzmeerküste. Die erste Strasse, die von den Römern innerhalb der Balkanhalbinsel angelegt wurde, ist die insgesamt 1100 km lange *Via Egnatia*. Eine direkte Verbindung zwischen den Gebieten am mittleren Lauf der Donau und Kleinasien bot ein diagonaler Weg, der die Balkanhalbinsel von Nordwesten nach Südosten durchzog. Es ist nicht auszuschliessen, dass diese Strasse bereits lange vor dem Beginn der römischen Herrschaft in diesen Gebieten genutzt worden war, als ein offizieller Weg galt sie nunmehr unmittelbar nach der Annektierung des thrakischen Vasallenstaates im Jahre 45 n. Chr. Die Strassen waren von so guter Qualität, dass sie noch während des gesamten Mittelalters genutzt werden konnten.

Die erste römische Stadt, die im Inneren des Landes entstand, wurde an einem strategisch wichtigen Standort errichtet: Deultum beim heutigen Dorf Debelt im Gebiet von Burgas. Der römische Kaiser Trajan (Marcus Ulpius Traianus 98–117) trieb auf dem Gebiet des heutigen Bulgarien den Städtebau voran. Unter seiner Herrschaft wurden viele thrakische Siedlungen zu Städten umgewandelt wie Serdica

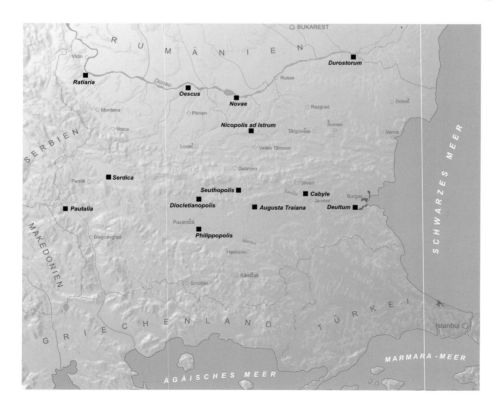

Das römische Thrakien
© Atanas Kamenarov

(heute Sofia) und Pautalia (heute Kjustendil). Diesen Orten wurden weitgehende Rechte eingeräumt, ausserdem erhielten sie nach dem Namen des Kaisers die zusätzliche Bezeichnung Ulpia. Die an der Mündung der Mesta gelegene Stadt Nicopolis ad Nestrum wie auch Anchialos (heute Pomorie) wurden erneuert. Unter Trajan wurden zudem einige neue Städte gegründet: Plotinopolis bei Dimotika erhielt ihren Namen nach Plotina, der Gattin Trajans. Es entstanden Traianopolis bei Dede Agač, Augusta Traiana (Stara Zagora) und die nach Marciana, der Schwester Trajans, benannte Stadt Marcianopolis. Der römischen Militärpraktik entsprechend wurden grosse Garnisonszentren errichtet, die als Lager dienten und dann in befestigte Städte umgewandelt wurden, in denen sowohl Frauen und Kinder lebten wie auch Händler *(canabae)*, die ausserhalb der Stadtmauern untergebracht waren. Auch aus dem Dienst entlassene Veteranen siedelte man hier an.

Charakteristisches architektonisches Merkmal aller in römischer Zeit entstandenen Städte war die planmässige Anlage. Das System von *cardo* und *decumanus* (Nord-Süd- bzw. West-Ost-Achsen) fand in verschiedenen Varianten Anwendung. Die Hauptachsen *(cardo* und *decumanus maximus)*, die in der Regel die vier Hauptstadt-tore miteinander verbanden, kreuzten sich im Forum.

Die Römer nutzten die bereits von den Thrakern entdeckten Mineralquellen und errichteten zahlreiche Heilbäder. Eine grosse städtische Thermenanlage, die während der römischen Epoche in Thrakien entstanden war, wurde in Varna (einst Odessos) freigelegt. Auch an Stellen, wo sich Heilquellen befanden, wurden römische Städte erbaut, so Serdica (heute Sofia) und Augusta (heute Hissar). Die Berühmtheit der Mineralquellen war eng mit dem Leben in den römischen Städten verknüpft. Gut erforscht ist das römische Bad in Trimontium (heute Plovdiv), wo Becken, Wasserleitungen und Heizungsanlagen gefunden wurden, die den hohen Ausbaustandard des Bades zum Ausdruck bringen. Die reich ausgeschmückten Fussböden, die auf zwei Ebenen in *opus vermiculatum* und in *opus tessellatum* angelegt sind, zeigen eine Meereslandschaft und geometrische Ornamente. Bäder wurden ferner bei den Mineralquellen in der Nähe von Stara Zagora (Augusta Traiana),

Villa Armira: Mosaikfussboden

in Kjustendil (Pautalia) und in Pleven (Oescus) entdeckt; letztere nehmen eine Fläche von über 700 Quadratmetern ein. Man stiess dort auch auf eine der grössten römischen Villen, die auf einer Gesamtfläche von 2100 Quadratmetern mit prachtvollen Mosaiken verziert und mit einer Boden- *(hypocaustum)* und einer Wandheizung ausgestattet war.

In der Nähe der Städte entstanden oft Villen und Gutshöfe: Eine der am besten erforschten römischen Villen ist die Villa Armira (bei Ivajlovgrad), die zwei voneinander getrennte Bereiche, einen Wohn- und einen Wirtschaftstrakt, aufweist. Das grosse Wohnhaus mit vielen Räumen um den von Säulen umgebenen Innenhof, in dessen Mitte sich ein Wasserbecken befindet, ist besonders aufwändig ausgestattet. Die Fussböden weisen *opus vermiculatum* auf. In einem der grössten Räume befindet sich ein Mosaik, das wie ein Teppich wirkt und sich aus vielen kleinen Feldern zusammensetzt, auf denen mythologische Szenen zu sehen sind. Darunter sind auch Darstellungen der beiden Kinder des Villenbesitzers wie auch ein Porträt von ihm selbst, das seine Gesichtszüge besonders lebendig wiedergibt. Das Peristylium um das Becken herum war vermutlich mit Skulpturen des Hermes geschmückt.

In der Nähe von Čatalka (bei Augusta Traiana) entdeckte man eine grosse Villa aus römischer Zeit sowie eine aus drei Gebäuden bestehende Anlage. Bei zwei von ihnen gibt es deutliche Hinweise auf eine landwirtschaftliche Nutzung: Es handelt sich also um die *partes rusticae*. Der Besitzer dieser Villa war ein Thraker, der zwar die römische Lebensweise angenommen hatte, wohl aber den Bräuchen des thrakischen Glaubens treu geblieben war, was aus den Grabmälern um das landwirtschaftliche Gut herum abzuleiten ist. Über den Gräbern waren nämlich Hügel aufgeschüttet worden. Die Villa bei Čatalka gilt als ein Beispiel für ein thrakisches Landgut, das nach römischem Vorbild angelegt wurde.

Dass die Thraker auch weiterhin Bräuche ihrer Vergangenheit pflegten, belegen die Streitwagen, die in den Gräbern von Aristokraten unter Hügelaufschüttungen zutage kamen, wie auch die Opfergaben in den Heiligtümern: Statuetten und Marmorreliefs (vgl. beispielsweise Kat.-Nr. 177, 179, 180, 184, 189 und 190).

Über Jahrhunderte hinweg füllten thrakische Krieger die Gladiatorenkasernen in Rom. Sie wurden dort als Kämpfer einer eigenen Kategorie zugewiesen und trugen bis zu den unter dem Kaiser Caligula durchgeführten Reformen der Gladiatorenspiele weiterhin ihre traditionelle Kleidung und Waffen. Danach wurden die Gladiatoren aufgrund ihrer Waffen in die Kategorien «leicht» und «schwer bewaffnete» Kämpfer eingeteilt. Es lag auf der Hand, dass die Gladiatorenkämpfe in den römischen Provinzen Mösien und Thrakien innerhalb kurzer Zeit sehr beliebt wurden. Zahlreiche Denkmäler, die in Thrakien während der römischen Epoche entstanden, liefern Hinweise auf Gladiatoren: Meist handelt es sich um Ankündigungen bevorstehender Spiele oder um Grabstelen.

Die offizielle römische Staatskunst beeinflusste natürlich die thrakischen künstlerischen Tendenzen und Schulen, schränkte jedoch deren Individualität in keiner Weise ein. Dank des heute bekannten Materials kann der Charakter der lokalen Traditionen von jeder einzelnen der zahlreichen römischen Provinzen genau bestimmt werden. Besonders gut liess sich dies in den Gebieten der Thraker verfolgen, die immer unmittelbare Kontakte zur griechischen Kunst pflegten und so schliesslich zu einem Teil der hellenistischen Welt geworden waren.

Es war nur selbstverständlich, dass Kunst und Kunsthandwerk fortan von römischen Tendenzen durchwirkt waren. Diese verbreiteten sich im ganzen Imperium Romanum. Heute haben wir die Möglichkeit, die zahlreichen Porträts, die während der römischen Herrschaft entstanden, dank bestimmter Merkmale relativ genau zu datieren. So wurden zum Beispiel seit der ersten Hälfte des 1. Jahrhunderts n. Chr.

Matrize mit der Darstellung eines Reiters aus der Umgebung von Razgrad (Kat.-Nr. 169)

Statuette des Herakles aus Berkovica (Kat.-Nr. 174)

Statuette der Nike aus Karnobat (Kat.-Nr. 175)

Porträts junger Aristokraten aus dem Julisch-Claudischen Hause als Modelle für Gewichte verwendet.

In der Kunst der gesamten Antike kam immer wieder ein grosses Interesse an in der Ferne lebenden Völkern zum Ausdruck. In der attischen Vasenmalerei tauchten bereits im 6. Jahrhundert v. Chr. Darstellungen von Persern, Skythen und Thrakern auf (vgl. Kat.-Nr. 116 und 117), wobei die Künstler ihre genauen Kenntnisse über die traditionellen Kleidungsstücke dieser Völker unter Beweis stellten. Während der römischen Zeit interessierten sich auch die Künstler in Thrakien für die «fremden» Völker, die an den Rändern des Reiches lebten. Die entsprechenden Darstellungen sollten möglichst realitätsnah sein. Charakteristisch für die römische Porträtkunst war die Wiedergabe der individuellen Gesichtszüge, was auch bei der Darstellung von Schwarzafrikanern wie Nubiern und Vertretern anderer fremder Völker zum Tragen kam.

Einen wesentlichen Teil der Produkte aus thrakischen Werkstätten bildeten in römischer Zeit vermutlich die Kleinplastiken aus Bronze. Eine grosse Anzahl von Matrizen wurde in der Umgebung von Abritus (Razgrad) entdeckt. Auf diesen Matrizen erscheinen Götter aus dem griechisch-römischen Pantheon: Zeus, Hera, Artemis, Herakles sowie die Grosse Göttin, die einer interessanten östlichen Ikonographie folgt und auch mit einem Adler und Akanthus-Blättern verziert ist. Auf drei Matrizen ist ein Reiter dargestellt (vgl. Kat.-Nr. 169). Die stilistischen Unterschiede in der Ausführung sind deutlich zu sehen. Die Götter stehen in Nischen mit verzierten Giebeln und füllen mit ihren Körpern die rechteckigen Felder in ganzer Höhe aus. Die Tiere, die sie begleiten, sind im Verhältnis zu den göttlichen Gestalten bedeutend kleiner. Jede Gottheit ist mit einer Opferschale abgebildet.

Statuette eines Reiters aus Drumochar
(Kat.-Nr. 183)

Zahlreiche Statuetten wurden gruppenweise in den Ruinen antiker Heiligtümer entdeckt. Die bisherigen Forschungsergebnisse lassen den Schluss zu, dass diese Heiligtümer gegen Ende der Bronzezeit entstanden waren und bis zur Aufgabe der heidnischen Kulte in Gebrauch waren, d. h. bis die christliche Lehre von Konstantin dem Grossen (nach 313) zur Staatsreligion erhoben wurde bzw. Theodosius der Grosse im Jahr 394 n. Chr. ein Edikt erliess, nach dem die heidnischen Bräuche fortan verboten waren und die alten Heiligtümer nicht mehr benutzt wurden. Das vorhandene Material lässt lediglich eine Präzisierung in dem Sinn zu, dass es vor einem gewissen Zeitpunkt entstanden sein muss *(terminus ante quem)*. Dies wirkt sich auf die bis heute übliche Datierung von in Thrakien gefundenen Bronzegegenständen aus, die in die spätrömische Zeit (3.–4. Jahrhundert) angesetzt werden.

Der Reiter (oder genauer der Heros-Reiter) von Deultum (Burgas) sowie jener von Drumochar (Kjustendil) werden der letzten «heidnischen» Phase in Thrakien zugeordnet. Der erste gehört zu jenem Heros-Typus, der in einem rituellen Gestus dargestellt wurde, während der zweite, der die gleichen Kleider trägt und eindeutig aus derselben Epoche stammt, einen kriegerischen Heros verkörpert (vgl. Kat.-Nr. 183).

In römischer Zeit hielten sich die Künstler bei der Anfertigung von Kopien stärker an die Vorgaben des Originals, als es die Künstler der vorhergehenden Epochen getan hatten.

In der Kult- und Votivplastik wurden verstorbene Menschen, Götter sowie deren Begleiter dargestellt; diese Werke haben sich als die zuverlässigsten Quellen für die Kenntnisse über Religion, Kunst und Kultur Thrakiens während der römischen Zeit erwiesen.

Ein grosser Teil der Denkmäler und der meist in Bronze geschaffenen Werke der Plastik, die im Landesinneren vor allem in der Nähe von Städten entdeckt wurden

– wie u. a. in Philippopolis (Plovdiv), Kabyle (Jambol), Augusta Traiana (Stara Zagora), Pautalia (Kjustendil), Nicopolis ad Istrum (Nikjup), Novae (Svištov) und Ulpia Oescus (Gigen) –, ist vermutlich auch an diesen Orten entstanden.

Eine bedeutende Menge an Bronzefunden kam in den Städten, die während der römischen Epoche zur Blüte gelangt waren, und in deren Nekropolen zutage. Die Bronzewerke, die in verschiedenen städtischen Zentren entdeckt wurden, tragen allgemeine, übereinstimmende Merkmale, die darauf schliessen lassen, dass sie am selben Ort geschaffen wurden. Schriftliche Quellen stützen diese These ebenfalls. Es ist bekannt, dass in diesem Teil des Römischen Reiches, zu dem die von den Thrakern bewohnten Gebiete gehörten, Waffenkammern und Prägestätten existierten. Der Ruhm thrakischer Meister, die Bronze bearbeiteten, fand gar Eingang in die römische Literatur; von Helmen, die Thraker hergestellt hatten, berichtet auch Claudius Goticus. Ferner bezeugen die epigraphischen Denkmäler aus römischer Zeit die Errichtung von Statuen aus Stein oder aus Bronze und geben Hinweise auf Meister der Bildhauerkunst und Metallurgie, die Kupfer und Bronze, Silber und Gold bearbeiteten. So werden in Inschriften ein χαλκεύς (Schmied, Kupferschmied, Goldschmied) und ein χαλκοϲυπος (Kupferschmied, Schmied) genannt. Sie arbeiteten im 3. bis 4. Jahrhundert in Serdica (Sofia). Belegt ist ferner die Tätigkeit von drei Bildhauern aus dem 2. Jahrhundert im blühenden römischen Zentrum Pautalia, in Odessos und in Montana.

Aus dem Tal des Flusses Struma, das einer der wichtigen Wege war und Thrakien mit der Kultur des Mittelmeerraumes verband, stammt ein Meisterwerk aus Bronze, dessen Vorbild in der vorklassischen Epoche geschaffen worden ist: die Zeusstatuette aus dem Dorf Priboj bei Pernik (Kat.-Nr. 179).

Die römische Bronzeplastik (1. bis 4. Jahrhundert) brachte hauptsächlich Kaiserporträts hervor, die neue, für den römischen Stil typische Elemente enthielten. In diesen Werken ist aber auch der Nachhall der hellenistischen Tradition zu spüren. Unter den Porträts beeindruckt besonders der bronzene Kopf des Kaisers Gordian III. (238–244), der als Beweis für die hohe fachliche Qualität der Werkstätten gilt, die sich auf thrakischem Gebiet, vor allem um Nicopolis ad Istrum, befanden.

Die Kunst des Praxiteles lässt sich hervorragend an zwei Werken aus dem 1. bis 2. Jahrhundert nachvollziehen, die einer von ihm im 4. Jahrhundert v. Chr. geschaffenen Statue nachempfunden sind. Es handelt sich hierbei einerseits um den vergoldeten Bronzekopf einer überlebensgrossen Kultstatue, welche den göttlichen Schutzpatron von Serdica (Sofia), Apollon, darstellt (Kat.-Nr. 176) und andererseits um die Statuette des Apollon aus Augusta Traiana (Stara Zagora, Kat.-Nr. 177).

Die antiken Bronzeplastiken, die zum Inventar alter thrakischer Heiligtümer gehörten sowie in Grabanlagen, Ruinen und auf dem Gebiet städtischer Zentren, die in der zweiten Hälfte des 1. Jahrtausends v. Chr. und in römischer Zeit eine besondere Blüte erlebten, entdeckt wurden, sind Teil eines reichen Kulturerbes, das die einstigen Bewohner des heutigen Bulgarien hinterlassen haben: die Thraker.

Statuette des Zeus aus Priboj (Kat.-Nr. 179)

Kopf einer Statue des Kaisers Gordian III. (238–244 n. Chr.); Nationales archäologisches Institut mit Museum, Sofia

Kopf des Apollon (Kat.-Nr. 176)

Dank der Metallobjekte ist eine ganze Welt von Göttern und Helden, Figuren aus der Mythologie und Fabelwesen, von Menschen und von Elementen aus Flora und Fauna erhalten. Die Kult- und Votivstatuetten der Götter und Heroen geben einen Einblick in die Kunst und die Glaubenswelt jener Menschen, die sie erschaffen haben und sie verehrten. Die Figürchen und Appliken, mit denen Gegenstände des Alltags verziert wurden, wie auch die kunstvolle Ausführung dieser Gegenstände – Spiegel, Gefässe, Kandelaber, Möbelstücke, Wagen u. a. – reflektieren die Kultur und die Ästhetik derer, die sie angefertigt wie auch jener, die sie benutzt haben.

Seit der Mitte des 3. Jahrhunderts setzte im Römischen Reich eine ganze Reihe von grundlegenden Veränderungen in den Bereichen des politischen, wirtschaftlichen und geistigen Lebens ein. Aufgrund der andauernden und sich verstärkenden Expansionen nördlicher Völkerstämme wurden Handwerk und Handel erheblich eingeschränkt. Charakteristisch für diese Zeit ist die Tatsache, dass zahlreiche autonome Münzstätten in Mösien und Thrakien in den Jahren zwischen 250 und 255 das Prägen von Bronzemünzen einstellten. Der Grund hierfür dürfte sein, dass sie keine Kontakte mehr zu den Gebieten mit Metallvorkommen unterhalten konnten. Darum benutzte man alte Metallgegenstände immer weiter oder schmolz sie ein. In der gleichen Zeit traten die bis dahin offiziellen griechisch-römischen Kulte in Konkurrenz zu verschiedenen östlichen Religionen sowie insbesondere zur neuen christlichen Lehre. In der bildenden Kunst brach eine neue stilistische Ära an: die Spätantike.

Statuette des Apollon (Kat.-Nr. 177)

Zeittafel nach Christus

15   Die römische Provinz *Moesia* (Mösien) wird eingerichtet. Sie erstreckt sich über einen grossen Teil des heutigen Nord-Bulgarien und Ost-Serbien.

45   *Thracia* (Thrakien) wird römische Provinz.

313   Konstantin der Grosse erlässt in Mediolanum (Mailand) ein Edikt, in dem er das Christentum als gleichberechtigte Religion im Römischen Reich anerkennt.

330   Die Hauptstadt des Römischen Reiches wird von Rom nach Konstantinopel verlegt.

Verwendete Literatur:
Boucher 1971; Charles-Picard 1969; Coleman 2006; Dimitrov 1937; Dimitrova – Milcheva 2006; Filov 1925; Ilieva 1994; Ilieva 1999; Ilieva 2000 a; Ilieva 2000 b; Kaufmann-Heinimann 1998; Thompson – Wycherley 1972; Velkov 1969.

Münzen und Münzprägung auf dem Gebiet des heutigen Bulgarien vom 5. Jahrhundert v. Chr. bis zum 5. Jahrhundert n. Chr.

Dočka Aladžova

Auf dem Gebiet des heutigen Bulgarien, das geographisch günstig und am Kreuzweg zwischen Kleinasien und Europa liegt, waren während 2700 Jahren Münzen verschiedener Herkunft und unterschiedlichen Werts in Umlauf. Erklärungen für dieses Phänomen gibt es viele, doch war der Hauptgrund hierfür zweifelsohne der natürliche Reichtum Thrakiens. Seit der Antike erregte dieser Reichtum das Interesse von Händlern und war die Ursache für das Aufkommen und die Entwicklung von Kontakten zwischen nahen und fernen Stämmen und Staaten, aus denen schliesslich wechselseitige Handelsbeziehungen hervorgingen. Dazu gehörten naturgemäss Waren- und Geldströme.

Zweifellos trugen die griechischen Kolonien, die im 7. Jahrhundert v. Chr. im Gebiet der nördlichen Ägäis und an der Schwarzmeerküste gegründet worden waren, zur Entwicklung des Handels und folglich des Geldmarktes bei. Zur Sicherung eines regen Austausches mit der Bevölkerung im Hinterland begann man in einigen Kolonien an der Ägäisküste bereits in der zweiten Hälfte des 6. Jahrhunderts v. Chr. eigene Silbermünzen verschiedenen Werts zu prägen.

Zur gleichen Zeit brachten auch die thrakischen Stämme der Derroner und Orestai wie auch andere, nicht näher zu benennende thrakische Stämme ihre eigenen Münzen in Umlauf. Die Derroner siedelten beim Dizoron-Gebirge (heute Kruša-Gebirge

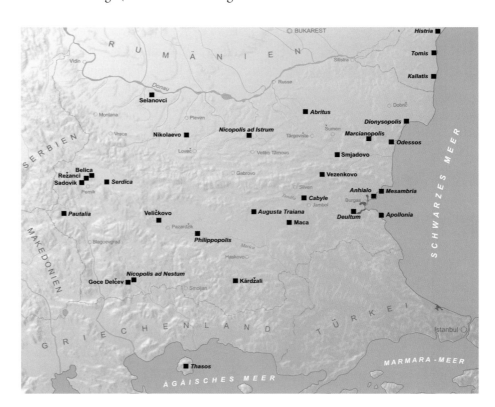

Prägestätten und Fundorte von Münzen

© Atanas Kamenarov

in Makedonien), die Orestai lebten östlich davon. Da die Thraker keine Schrifttradition kannten, sind die Namen der beiden erwähnten Stämme nur aufgrund der griechischen Inschriften auf ihren Münzen überliefert. Die Münzen mit den eingeprägten Namen gelten als Hinweis auf die gesellschaftliche und wirtschaftliche Entwicklungsstufe dieser Stämme. Dabei ist klar, dass die Geldstücke eine Voraussetzung für die Entstehung von Handelskontakten waren. Als Grundlage und Vorbedingung für diese Entwicklung sorgte der Umstand, dass die Derroner am Dizoron-Gebirge über reiche Metallvorkommen verfügten. Dies erlaubte ihnen, schwere Silbermünzen mit einem Gewicht von über 40 Gramm mit dem Nennwert von Dekadrachmen (bzw. von Tetrastateren nach dem thrakisch-makedonischen Münzsystem) zu prägen. Aus zehn solcher Münzen setzt sich ein bemerkenswerter Schatz zusammen, der beim Dorf Veličkovo bei Pazardžik entdeckt wurde (vgl. Kat.-Nr. 152–154). Die ästhetische Gestaltung dieser Münzen zeugt zum einen vom hohen Niveau der Münzstätten bei den Derronern, zum anderen belegt dieser Fund, dass die Derroner mit Stämmen, die am oberen Flusslauf der Maritsa siedelten, Handelsbeziehungen unterhielten. Der grosse wissenschaftliche Wert dieser Münzen besteht auch darin, dass sie bis heute den einzigen sicheren Beleg für die Existenz dieses thrakischen Stammes darstellen.

Den Münzprägungen der Thraker ist es zu verdanken, dass auch die Namen der Orestai und Titenoi überliefert wurden, zudem sind aber auch Münzen eines unbekannten thrakischen Stammes entdeckt worden. Die Darstellungen auf ihnen stehen im Zusammenhang mit der Verehrung des Gottes Dionysos und zeigen auch dessen Gefolge: Mänaden und Silene. Münzen der Orestai kamen beim Dorf Sadovik im Bezirk Pernik zutage. Schatzfunde, die Münzen eines anonymen Stammes enthalten, konnten im Gebiet von Goce Delčev, am Fluss Vladajska wie auch im Bezirk Sofia und anderenorts geborgen werden.

Münzen der erwähnten thrakischen Stämme bleiben bis heute jedoch relativ selten, was vermuten lässt, dass sie möglicherweise nur bei besonderen Anlässen in Umlauf gebracht wurden. Im Landesinneren Thrakiens verwendete man verschiedene Zahlungsmittel, darunter auch so genannte «ausländische» Münzen. Sehr früh kamen durch Handelskontakte Statere der Stadt Kyzikos nach Thrakien. Diese bestanden aus Elektron (natürliche Gold-Silberlegierung) und galten als universelles Zahlungsmittel. Einige Schatzfunde mit Münzen aus Kyzikos, die an den Ufern des Flusses Maritsa im Gebiet Pazardžik und Chaskovo zutage kamen, belegen, dass der Fluss als wichtiger Handelsweg zwischen dem Zentrum Thrakiens und der Peripherie des Balkans diente. Um den Warenaustausch mit Thrakien zu fördern, begannen mehrere Kolonien an den Küsten der nördlichen Ägäis (Ainos, Abdera und Maroneia) eigene Münzen zu prägen. Der Umstand, dass sich die ersten beiden Kolonien an den Mündungen der Flüsse Maritsa und Mesta befinden, stützt die These, dass man die Wasserläufe als Haupthandelswege nutzte. Die Münzen dieser Prägestätten wa-

Münze des thrakischen Stammes der Derroner aus dem Schatz von Veličkovo (Kat.-Nr. 153)

ren wohl hauptsächlich für den Handel mit den thrakischen Stämmen bestimmt. Interessant ist die Tatsache, dass die ersten Münzen Abderas, die aus dem letzten Viertel des 6. Jahrhunderts v. Chr. stammen, einen grossen Nennwert hatten und, ähnlich wie die Silbermünzen der Derroner, 30 Gramm wogen. Münzen dieser Stadt umfasst ein Hortfund, der in der Gegend der Stadt Kărdžali entdeckt wurde, was als ein weiterer Beweis dafür gelten darf, dass die Münzen aus Abdera schon früh im Inneren Thrakiens in Umlauf waren.

Die Stadt Maroneia begann gegen Mitte des 5. Jahrhunderts v. Chr. eigene Münzen zu prägen. Ihre Tetradrachmen und Bronzeprägungen waren im Hinterland Thrakiens in regem Umlauf. Dies lässt sich durch zahlreiche Funde solcher Münzen in den östlichen Rhodopen und entlang der Maritsa nachweisen.

Im 4. Jahrhundert v. Chr. wurden im Gebiet Thrakiens vor allem Münzen der Insel Thasos gehortet. Diese befindet sich unweit der thrakischen Küste. In Bulgarien konnten generell viele Hortfunde mit Münzen dieser Insel geborgen werden, darunter ein Fund am unteren Lauf der Maritsa, der aus 180 kleinen Münzen besteht.

Nach 180 v. Chr. prägte Thasos eine grosse Menge Tetradrachmen, die das Landesinnere Thrakiens geradezu überfluteten: Auf bulgarischem Territorium entdeckte man bisher 150 solcher Münzen.

Aufgrund ihrer grossen Beliebtheit wurden diese Münzen während der hellenistischen Epoche auch international als Zahlungsmittel anerkannt. Die Thraker hatten sich so an den Umgang mit den Tetradrachmen von Thasos gewöhnt, dass sie, als deren Fluss nach Thrakien zu stagnieren begann, eigene Silbermünzen in Umlauf brachten, die Nachahmungen der Geldstücke von Thasos waren.

An der westlichen Schwarzmeerküste gründeten Übersiedler, die aus Kleinasien und von einigen Inseln des Mittelmeeres kamen, im 7. bis 6. Jahrhundert v. Chr. mehrere Kolonien, darunter auch die Stadt Apollonia (heute Sozopol), die bald zu einem bedeutenden Handelszentrum aufstieg, in dem bereits zu Beginn des 5. Jahrhunderts v. Chr. kleine Silbermünzen (Drachmen) in Umlauf waren. Auf der Vorderseite ist eine Swastika (Symbol der Sonne), auf der Rückseite ein Anker dargestellt. Bald danach folgten Tetrobolen, auf deren Vorderseite ein Gorgonenhaupt mit weit geöffnetem Mund, spitzen Zähnen und herausgestreckter Zunge sowie mit Haaren, die Schlangen gleichen, erscheint. Im 4. Jahrhundert v. Chr. prägte Apollonia eigene grosse Silbermünzen (Tetradrachmen), in den nachfolgenden Jahrhunderten auch Bronzemünzen.

Eine weitere gut entwickelte Kolonie war Mesembria (heute Nessebăr), wo seit der zweiten Hälfte des 5. Jahrhunderts v. Chr. eigene Münzen geschlagen wurden. Es handelte sich hierbei um kleine Silbermünzen (Diobolen), auf deren Vorderseite ein korinthischer Helm im Profil, auf der Rückseite ein Rad mit vier Speichen dargestellt ist, zwischen denen die ersten vier Buchstaben des Stadtnamens stehen.

Im Laufe des 3. bis 1. Jahrhunderts v. Chr. gelang es Mesembria, Apollonia wirtschaftlich zu überflügeln. Dies zeigt sich am deutlichsten an den Münzprägungen Mesembrias: Es gab nun nach dem Vorbild der Statere Alexanders des Grossen imitierte Goldmünzen sowie Tetradrachmen aus Silber, die ebenfalls Nachahmungen der Münzen dieses Herrschers waren. Eine weitere Kolonie an der westpontischen Küste war die Stadt Odessos (heute Varna), die erst verhältnismässig spät (2.–1. Jh. v. Chr.) Münzen zu produzieren begann, dafür aber gleich eine grosse Zahl von Tetradrachmen aus Silber, wiederum Kopien von Münzen Alexanders des Grossen. Für den lokalen Bedarf stellte man auch grosse Bronzemünzen her, auf denen der thrakische Gott Darzalas, der in der Stadt besonders verehrt wurde, abgebildet war.

Die in grossem Umfang produzierenden Münzstätten der genannten Städte sind durch viele und gleichzeitig reiche Schatzfunde belegt. Nördlich von Odessos lag an der Küste eine ganze Reihe von Siedlungen, die sich lebhaft am Handel mit den Gebieten im Landesinneren beteiligten. Zu ihnen gehörten Dionysopolis (heute Balčik), Kallatis, Tomi, Istros (die drei letzten Städte befinden sich heute in Rumänien), die während der hellenistischen Epoche mit der Prägung von eigenen Bronzemünzen begannen, wobei Istros bereits seit dem 4. Jahrhundert v. Chr. eigene Silbermünzen herstellte.

Im Inneren Thrakiens war das antike Kabyle (im Gebiet des heutigen Jambol) die einzige Stadt, in der in hellenistischer Zeit eigene Münzen geprägt wurden. Es handelte sich hierbei um Tetradrachmen, die den Münzen von Alexander dem Grossen nachempfunden waren, sowie auch um eigens für die Stadt entworfene Silbermünzen. Alle diese Münzen weisen eine für diese Stadt charakteristische Darstellung auf: Artemis mit zwei langen Fackeln.

Aufgrund ihrer hohen Qualität erreichten die Tetradrachmen von Kabyle wie auch die von Mesembria und Odessos Märkte, die weit ausserhalb der Grenzen der Balkanhalbinsel lagen.

Die Eroberungspolitik der makedonischen Herrscher Philipp II. (356–336 v. Chr.) und Alexander der Grosse (336–323 v. Chr.) im Nordosten war darauf angelegt, die östliche Hälfte der Balkanhalbinsel ins makedonische Reich zu integrieren. Die wirtschaftliche Folge davon war, dass auf Thrakiens Märkten Münzen dieser beiden Herrscher aus Gold, Silber und Bronze in Umlauf kamen. Schnell setzten sie sich als das alleinige Zahlungsmittel durch und verdrängten die Münzen der Handelskolonien an der westlichen Schwarzmeer- und Ägäisküste. Auf dem heutigen bulgarischen Gebiet konnten zahlreiche Schatzfunde, die Gold- und Silbermünzen Philipps II. und Alexanders des Grossen enthalten, geborgen werden. Bemerkenswert sind die Funde von Režanci bei Pernik, die aus Münzen Philipps II. und solchen des paionischen Herrschers Patraos bestehen, sowie die vom Dorf Maca bei Nova Zagora mit Tetradrachmen Alexanders des Grossen, Lysimachos' und anderer Herrscher.

Als diese Münzen nicht mehr ausreichten oder aber aus irgendeinem Grund nicht mehr in Umlauf waren, begannen die Stämme, die im Donaugebiet siedelten, die Tetradrachmen Philipps II. zu imitieren. An der nördlichen Grenze des heutigen Bulgarien hat man Münzen dieser Art gefunden. Während der zweiten Hälfte des 4. Jahrhunderts v. Chr. kursierten auf dem Gebiet Bulgariens auch Tetradrachmen aus Silber zweier Herrscher des westlich von Thrakien gelegenen Paioniens, von Lykeios (356–335 v. Chr.) und Patraos (335–315 v. Chr.). Solche Münzen konnten mit dem grossen Schatzfund von Belica bei Brežnik geborgen werden.

Münze des Seuthes III. (ca. 324–280 v. Chr.), Bronze

Für den Geldmarkt Thrakiens hellenistischer Zeit (3.–1. Jh. v. Chr.) war die grosse Vielfalt unterschiedlicher Münzen und ihrer Nominalwerte bezeichnend. Die Handelsbeziehungen zwischen den Thrakern und den griechischen Kolonien wirkten sich auch anregend auf die Entwicklung des Waren- und Geldaustausches innerhalb der thrakischen Stämme selbst aus. Der erste odrysische Herrscher, der eigene Münzen (Drachmen und Diobolen aus Silber von kleinem Nominalwert) prägen liess, war Sparadokos (450–424 v. Chr.). Später, gegen Ende des 4. Jahrhunderts v. Chr., brachten die beiden Herrscher Amadokos I. und Teres II. eigene Münzen, die die gleiche Prägung aufwiesen, in Umlauf. Die in Bulgarien am häufigsten gefundenen thrakischen Münzen sind jene des Herrschers Seuthes III. (324–300 v. Chr.), die es in unterschiedlichen Nominalwerten gibt und die verschieden gestaltet sind.

Münzen liessen auch die thrakischen Herrscher Hebryzelnis, Ketriporis, Adaios, Sroios, Rhoimetalkes I. und dessen Nachfolger prägen. Unter Rhoimetalkes III. verloren die thrakischen Gebiete endgültig ihre Unabhängigkeit. Dies wirkte sich auf das Erscheinungsbild und auch auf die Menge der Münzen aus, da der Einfluss der Münzprägungen römischer Herrscher bereits deutlich spürbar wurde.

Über den Handel gerieten in hellenistischer Zeit Silber- und Bronzemünzen der Seleukiden in die Gebiete des heutigen Bulgarien. Im Südosten des ehemaligen Thrakien kamen Tetradrachmen der syrischen Herrscher Seleukos I. Nikator (312–289 v. Chr.), Antiochos I. (293–281 v. Chr.), Seleukos III. (226–223 v. Chr.), Antiochos III. (223–187 v. Chr.) u. a. zutage.

Geographisch und chronologisch gehören zu dieser Gruppe von Münzen auch bestimmte Tetradrachmen, die besser als Cistophoren bekannt sind (wegen der Darstellung einer *cista mystica* auf ihrer Rückseite) und die in Handelsstädten Kleinasiens wie Pergamon, Milet, Apollonia und anderen in Umlauf waren. Andere Münzen, die nach Thrakien eingeführt wurden und deren überlieferte Menge beachtlich ist, sind römische Denare. Sie flossen über die gleichen Handelswege, über die auch die Drachmen der Städte Dyrrhachium (Durrës in Albanien) und Apollonia (an der Adria) ihren Weg nach Thrakien gefunden hatten. Hortfunde mit römischen Denaren konnten bisher auf dem heutigen bulgarischen Territorium zwischen der Donau und dem Balkangebirge entdeckt werden, wobei sich die meisten Funde im Gebiet um die Stadt Vidin konzentrieren.

Silbermünze: römischer Denar republikanischer Zeit

Silbermünze: Denar des Kaisers Antoninus Pius
(138–161 n. Chr.)

Mit der Eroberung Thrakiens durch die Römer im Jahre 45 n. Chr. und seiner Umwandlung in eine römische Provinz fanden auf dem heutigen bulgarischen Gebiet römische Münzen aus Gold, Silber und Bronze Verbreitung. Fünf Jahrhunderte lang blieben sie dort das einzige gültige Zahlungsmittel. Die neue politische Situation wirkte sich auch auf die Münzstätten der Handelsstädte an der westlichen Schwarzmeerküste aus, denen das Prägen eigener Münzen fortan untersagt war.

Die Darstellungen auf den römischen Münzen waren nach bestimmten Normen festgelegt. Ihre Vorderseite ziert die Abbildung des Kaisers unter Angabe seines Namens und seiner offiziellen Titel, auf der Rückseite sind Szenen aus seinem Leben, eine Gottheit und anderes mehr jeweils mit einer entsprechenden Inschrift festgehalten.

Die kaiserzeitlichen Denare sind die im heutigen Bulgarien am häufigsten gefundenen Münzen der Antike. Unter den Schatzfunden beeindruckt besonders jener von Devnja, der 60'000 Münzen umfasst. Bemerkenswert ist auch der Schatzfund vom Dorf Nikolaevo bei Pleven, zu dem ausser Münzen auch Schmuckstücke und Gegenstände aus Gold und Silber gehören.

Aufgrund des beschränkten Geldvolumens, das in den östlichen römischen Provinzen in Umlauf war, wurde von der Zentralgewalt einer Reihe von alten Städten und neu gegründeten Kolonien unter bestimmten Bedingungen die Erlaubnis erteilt, eigene Bronzemünzen zu prägen, allerdings mit der Auflage, den entsprechenden römischen Herrscher darauf abzubilden.

Im 1. Jahrhundert n. Chr. wurde vier Städten auf der Balkanhalbinsel dieses Recht zuerkannt, darunter auch Philippopolis (heute Plovdiv). Seit der Mitte des 2. Jahrhunderts n. Chr. erhielten auch Städte der römischen Provinzen *Moesia* (Mösien) und *Thracia* (Thrakien) auf dem Gebiet des heutigen Bulgarien dieses Privileg zugesprochen: Nicopolis ad Istrum (beim Dorf Nikjup im Bezirk Veliko Tărnovo), Marcianopolis (am Fluss Devnja im Bezirk Varna), Odessos (Varna), Dionysopolis (Balčik), Serdica (Sofia), Pautalia (Kjustendil), Nicopolis ad Nestrum (Dorf Gărmen im Bezirk Goce Delčev), Philippopolis (Plovdiv), Augusta Traiana (Stara Zagora), Anchialos (Pomorie), Deultum (in der Nähe von Sredec im Bezirk Burgas).

Auf der Vorderseite dieser Münzen, die im Auftrag der städtischen Verwaltung geprägt wurden, ist die obligatorische Abbildung des Kaisers, alleine oder mit Mitgliedern seiner Familie bzw. mit einer Gottheit, zu sehen. Auf der Rückseite sind der Kaiser, Figuren von Gottheiten, Personifikationen abstrakter Begriffe, geographische Elemente wie Flüsse oder Gebirge, lokale Denkmäler der Architektur oder Skulpturen dargestellt. Schatzfunde mit solchen Bronzemünzen sind über das gesamte bulgarische Territorium verstreut, die berühmtesten darunter stammen u. a. aus dem Fluss Devnja im Bezirk Varna sowie aus Smjadovo bei Šumen.

Mit der endgültigen Aufteilung des Römischen Reiches in einen östlichen und westlichen Reichsteil (nach dem Tode des Kaisers Theodosius im Jahre 395) fiel das Ge-

Bronzemünze des Kaisers Caracalla, geprägt
von der Stadt Augusta Traiana (212–217 n. Chr.)

Goldmünze des Kaisers Theodosius II.
(402–450 n. Chr.)

biet des heutigen Bulgarien an Ostrom. Dieses Gebiet geriet im 4. bis 5. Jahrhundert unter den Druck jener Stämme, die nördlich der Donau siedelten. Als diese sich nach Süden hin ausbreiteten, war es deren Plünderungen ausgesetzt. In diese Zeit werden Dutzende kleiner und grosser Münzhortfunde datiert. Einer davon, beim Dorf Selanovci bei Orjachovo entdeckt, beeindruckt aufgrund seines umfangreichen Bestandes an Kupfermünzen. Schatzfunde mit Goldmünzen kamen beim Dorf Vezenkovo bei Burgas (leider nur bruchstückhaft) zutage, ein Fund mit 835 *solidi* konnte bei Abritus (Razgrad) geborgen werden.

Verwendete Literatur:
Božkova 1999; Draganov 2000-2001; Filov 1920; Gerasimov 1937; Gerasimov 1978; Jurukova 1976; Jurukova 1992; Karajotov 1992; Karajotov 1994; Mušmov 1912; Prokopov 2006; Stoyanov 1982; Tačeva 2006; Vladimirova-Aladžova 2005.

Katalog

Der Anfang Europas

1 Anthropomorpher Kopf

Ton, H. 5,6 cm

Siedlungshügel Kapitan Dimitrievo, Peštera

Frühneolithikum, erste Hälfte des 6. Jahrtausends
v. Chr., Kultur Karanovo I

Museumssammlung Peštera, Inv.-Nr. 658

Zylindrischer Kopf, in einen zylindrischen
Hals übergehend. Das Gesicht ist stilisiert
wiedergegeben, die Nase plastisch modelliert,
die Augen sind als Striche eingekerbt. Über
der Nase und auf beiden Seiten des Kopfes
sind zickzackförmige Linien eingeschnitten.
Braune Oberfläche. D. A.

Literatur: Nikolov u. a. 1999, 73 Taf. 4, 4.

2 Anthropomorphe Figur

Ton, H. 4,4 cm, L. 9,8 cm

Prähistorische Siedlung Kovačevo, Sandanski

Frühneolithikum, erste Hälfte des 6. Jahrtausends
v. Chr., Kultur Karanovo I

Regionalhistorisches Museum Blagoevgrad,
Inv.-Nr. 1.1/2146

Flacher, brettartiger Oberkörper über stark
ausgeprägtem Gesäss und zwei Beinen. Der
Oberkörper geht unmittelbar in den stark
stilisierten Kopf über. Zwei horizontale
Ritzlinien geben die Augen an, die Nase ist
plastisch modelliert. Die Arme sind leicht
angedeutet. Die Hüften schmückt ein zick-
zackförmiges Ornament. M. G.-K.

Publiziert auf dem Deckel des Sammelbandes:
Lichardus-Itten u. a. 2002.

3 Anthropomorphe Figur

Ton, H. 3,4 cm

Siedlungshügel Kapitan Dimitrievo, Peštera

Frühneolithikum, erste Hälfte des 6. Jahrtausends
v. Chr., Kultur Karanovo I

Museumssammlung Peštera, Inv.-Nr. 890

3

Leicht nach vorn geneigte weibliche Gestalt
mit ausladendem Gesäss, kompakt modellierten unteren Gliedmassen und kegelförmigen
Armen. Der Kopf ist schwach konisch, das
Gesicht schematisch gearbeitet. Die Nase ist
plastisch modelliert, die Augen sind als Striche wiedergegeben. Gelbbraune Oberfläche.
D. A.

Literatur: Nikolov u. a. 1999, 73 Taf. 4, 2.

4 Weibliche Figur

Ton, H. 3,9 cm

Siedlungshügel Kapitan Dimitrievo, Peštera

Spätneolithikum, zweite Hälfte des 6. Jahrtausends
v. Chr., Kapitan-Dimitrievo-Kultur

Museumssammlung Peštera, Inv.-Nr. 252

Die Beine sind konisch, das Gesäss ausla-
dend, der Oberkörper flach modelliert; der
Kopf ist teilweise gebrochen, die plastisch
modellierte Nase aber erhalten. Der Oberkörper und der untere Teil der Figur bilden

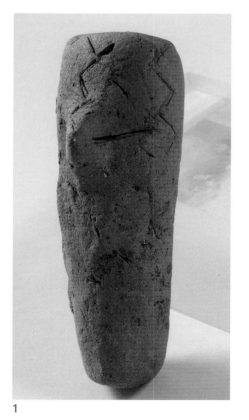

1

2

4

5 Anthropomorphe Figur (Hermaphrodit)

Ton, H. 7,3 cm

Siedlungshügel Kapitan Dimitrievo, Peštera

Spätneolithikum, zweite Hälfte des 6. Jahrtausends v. Chr., Kultur Karanovo III-IV

Museumssammlung Peštera, Inv.-Nr. 451

Aufrecht stehender, anthropomorpher Körper. Die Beine sind leicht gespreizt; schmale Taille, ovaler Oberkörper mit kurzen, ausgebreiteten Armen; der Kopf fehlt. Die Figur weist sowohl männliche Geschlechtsmerkmale wie auch eine weibliche Brust auf. Graubraune Oberfläche.   D. A.

Literatur: Nikolov u. a. 1999, 74 Taf. 5, 3.

7

einen rechten Winkel. Die Vulva ist deutlich angegeben. Graubraune Oberfläche.   D. A.

Literatur: Nikolov u. a. 1999, 74 Taf. 5, 8.

6 Sitzende weibliche Figur

Ton, H. 18,6 cm, B. 8,1 cm

Offene Siedlung Drama-Gerena, Drama, Jambol

Spätneolithikum, Ende des 6. Jahrtausends v. Chr., Kultur Karanovo III

Regionalhistorisches Museum Jambol, Inv.-Nr. I 3204

Zylindrischer Kopf und Hals, flacher, rhombenförmiger Oberkörper und leicht angewinkelte Beine. Nase, Ohren und Brust sind deutlich angegeben.   I. I.

Literatur: Lichardus u. a. 2000, 111 Abb. 42.

7 Torso einer weiblichen Figur

Marmor, H. 3,4 cm, T. 1,2 cm, B. 2,9 cm

Siedlungshügel von Kazanläk

Spätneolithikum, zweite Hälfte des 6. Jahrtausends v. Chr., Kultur Karanovo III

Historisches Museum «Iskra», Kazanläk, Inv.-Nr. 301

Elegant gearbeitete anthropomorphe Statuette mit an den Körper gepressten Armen: Ein Arm liegt auf der Brust, der andere auf dem Bauch. Durch Einkerbungen sind die Finger wiedergegeben. Die Rückseite ist ebenfalls ausgearbeitet.   D. A.

Literatur: Katinčarov 1969; Katinčarov 1994.

5

6

8

9

10 Anthropomorphes Gefäss

Ton, H. 25 cm, max. ∅ 18 cm

Frühneolithische Siedlung Malo Pole, Gradešnica,
Krivi Dol, Frühneolithikum, erste Hälfte des 6. Jahrtausends v. Chr., Kultur Gradešnica-Kărča

Regionalhistorisches Museum Vraca,
Inv.-Nr. A 2020

Bauchiger, bikonischer Körper mit langem,
zylindrischem Hals, plastisch modellierter
Nase und eingeschnittenen Augen. Die po-
lychrome Zeichnung gibt die anatomischen
Details wie die Haartracht wieder. Hellbeige
Oberfläche.   G. G.

Literatur: Nikolov 1974, Taf. 14.

**8 Stark stilisierte anthropomorphe
    Figur**

Ton, H. 8,1 cm

Siedlungshügel Gălăbnik, Radomir

Frühneolithikum, erste Hälfte des 6. Jahrtausends
v. Chr., Kultur Kremikovci-Gruppe

Regionalhistorisches Museum Pernik,
Inv.-Nr. A I 297

Plastisch modellierte Nase, horizontal eingeritzte Augen. Dekor aus eingekerbten Linien
und eingestochenen Punkten.   A. B.

Literatur: Pavuk – Čochadžiev 1984, 210 Abb. 16, 3.

9 Anthropomorphes Webgewicht

Ton, H. 10,1 cm, T. 6,1 cm

Frühneolithische Siedlung Chokejna Ploštadka,
Pernik

Frühneolithikum, erste Hälfte des 6. Jahrtausends
v. Chr., Kultur Kremikovci-Gruppe

Regionalhistorisches Museum Pernik,
Inv.-Nr. A I 118

Elliptischer Körper mit eingeritztem netz-
artigem Ornament. Runde Öffnung am oberen Ende, darüber plastisch modellierte Nase,
horizontal eingekerbte Augen und geritztes
Kopfhaar. Hellbraune Oberfläche.   A. B.

Literatur: Čochadžiev 1983, 52 Abb. 33, 1.

10

11 Anthropomorphes Gefäss

Ton, H. 16 cm, max. ∅ 10,4 cm,
∅ der Mündung 5,4 cm
Siedlungshügel von Kazanläk, Mittelneolithikum,
Mitte des 6. Jahrtausends v. Chr.,
Kultur Protokaranovo III
Historisches Museum «Iskra», Kazanläk,
Inv.-Nr. 656

Kugelförmiger Körper mit langem, relativ
schmalem Hals, der an der Gefässmündung
nach aussen gezogen ist. Das modellierte Gesicht sitzt unmittelbar unter der Mündung;
Nase und Augen sind in Relief wiedergegeben, die Augenbrauen eingeritzt. Auch Arme,
Brust und Vulva sind in Relief angedeutet.
Ein Arm zeigt nach oben, der andere weist
auf die Vulva. Graubraune Oberfläche.
Literatur: Nikolov 1999, 1–12.   D. A.

12 Anthropomorphes Gefäss

Ton, H. 27 cm, ∅ des Bodens 10 cm
Siedlungshügel von Jasatepe, Plovdiv
Spätneolithikum, Ende des 6. Jahrtausends v. Chr.,
Kultur Karanovo IV
Regionales archäologisches Museum Plovdiv,
Inv.-Nr. I-69

Durch zwei Röhren, die sich im oberen Teil
vereinen, wird stark stilisiert ein menschlicher
Körper dargestellt. Von den Gesichtszügen ist
nur die Nase plastisch wiedergegeben.   B. K.
Literatur: Detev 1959, 13 Abb. 16.

13 Bauchiges Gefäss

Ton, H. 15,5 cm
Frühneolithische Siedlung Chokejna Ploštadka,
Pernik
Frühneolithikum, erste Hälfte des 6. Jahrtausends
v. Chr., Kultur Kremikovci-Gruppe

13

Regionalhistorisches Museum Pernik,
Inv.-Nr. A I 176

Abgeflachte, kugelige Form mit nach oben
gezogenem Mündungsrand. In roter Farbe
aufgemalter Dekor aus Dreiecken, die mit
Netzmuster gefüllt sind und einem «Frucht-
barkeitskranz». Hellbraune Oberfläche. A. B.
Literatur: Čochadžiev 1983, 52 Abb. 23, 9.

11

12

14 Schale

Ton, H. 20 cm, ∅ der Mündung 24 cm
Neolithische Siedlung Rakitovo, Pazardžik
Frühneolithikum, erste Hälfte des 6. Jahrtausends
v. Chr., Kultur Karanovo I
Regionalhistorisches Museum Pazardžik,
Inv.-Nr. 2795
Kugeliger Körper mit knapp angedeutetem,
zylindrischem Hals und niedrigem, hohlem
Fuss. Dekor im so genannten Rakitovo-Stil,
cremefarbig auf dunkelrotem Grund. S. T.-I.
Literatur: Macanova 2003, Abb. 3, 1.

15 Schale

Ton, H. 13 cm, max. ∅ 18,5 cm
Frühneolithische Siedlung Malo Pole, Gradešnica,
Krivi Dol
Frühneolithikum, erste Hälfte des 6. Jahrtausends
v. Chr., Kultur Gradešnica-Kărča
Regionalhistorisches Museum Vraca,
Inv.-Nr. A 2014

16

Halbkugelige Form mit niedrigem Fuss. Der
rote Grund ist mit einem in weisser Farbe
ausgeführten Netzmuster verziert.   G. G.
Literatur: Nikolov 1974, Taf. 3.

16 Kulttisch

Ton, H. 8,9 cm, B. 5 cm
Prähistorische Siedlung Kovačevo, Sandanski
Frühneolithikum, erste Hälfte des 6. Jahrtausends
v. Chr., Kultur Karanovo I
Regionalhistorisches Museum Blagoevgrad,
Inv.-Nr. 1.1/2438
Rechteckiger Tisch auf vier Beinen mit ein-
getieftem Becken. Dekor aus eingekerbten
Dreiecken, die an den Wänden und Beinen
mit beiger Paste ausgefüllt sind.   M. G.-K.
Literatur: Demoule – Lichardus-Itten 1994, Abb. 14, 6.

14

15

17

17 Kulttisch

Ton, H. 9 cm, T. 12 cm
Frühneolithische Siedlung Chokejna Ploštadka,
Pernik
Frühneolithikum, erste Hälfte des 6. Jahrtausends
v. Chr., Kultur Kremikovci-Gruppe
Regionalhistorisches Museum Pernik,
Inv.-Nr. A I 109
Rechteckiger Tisch mit rundem Becken auf
vier anthropomorph geformten Beinen, die mit
eingepunzten Dreiecken verziert sind.   A. B.
Literatur: Čochadžiev 1983, 52.

18 Kulttisch mit Untersatz

Ton, H. 15,8 cm, L. der Seiten 15/14,4/14 cm,
∅ 8,1/6,5 cm
Siedlungshügel «Vierzig Quellen», Asenovgrad
Frühneolithikum, erste Hälfte des 6. Jahrtausends
v. Chr., Kultur Karanovo I
Historisches Museum Asenovgrad, Inv.-Nr. 855
Dreieckiger Tisch mit drei Beinen, der auf
einem hohen, hohlen Fuss in Form eines
Kegelstumpfes ruht. Eingeritzter und inkrus-
tierter Dekor.   H. B.
Literatur: Detev 1968, 9.

18

19 Kulttisch

Ton, H. 6,7 cm, Seitenlänge 12,5 cm
Siedlungshügel Kazanläk
Spätneolithikum, zweite Hälfte des 6. Jahrtausends
v. Chr., Kultur Karanovo III
Historisches Museum «Iskra», Kazanläk,
Inv.-Nr. 139

Dreieckiger Tisch mit leicht eingetieftem Becken auf drei Beinen. Die Aussenseiten sind
mit eingepunzten Ornamenten bedeckt.
Braune Oberfläche.   D. A.
Unpubliziert.

20 Stempel (Pintadera)

Ton, H. 3 cm, L. 7,1 cm
Prähistorische Siedlung Bälgarčevo, Blagoevgrad
Spätneolithikum, zweite Hälfte des 6. Jahrtausends
v. Chr., Kultur Kremenik-Bälgarčevo
Regionalhistorisches Museum Blagoevgrad,
Inv.-Nr. 1.1/125
Längliche viereckige Form, kurzer kegelför-
miger Griff mit einem Loch. Die Unterseite
ist mit einem Reliefmuster verziert, das ein
S-förmiges Ornament bildet.   M. G.-K.
Unpubliziert.

19

20

22

23

21 Doppelstempel (Pintadera)

Ton, H. 3,2 cm, L. 3,5 / 2,8 cm
Siedlung Slatina, Sofia, Grab Nr. 2
Frühneolithikum, erste Hälfte des 6. Jahrtausends
v. Chr., Kultur Kremikovci-Gruppe
Städtisches Unternehmen «Alt Sofia» mit
Historischem Museum Sofia, Inv.-Nr. MIS A 5817
Kurzer, beidseitig elliptisch ausladender Griff.
Auf der Unterseite sind Verzierungen aus
jeweils drei parallelen Zickzacklinien einge-
ritzt. Hellbraune Oberfläche.   E. S.
Literatur: Nikolov u. a. 1991, 3 Abb. 4e.

22 Doppelstempel (Pintadera)

Ton, L. 4,4 cm, B. 2,6 cm
Siedlungshügel Kapitan Dimitrievo, Peštera
Frühneolithikum, erste Hälfte des 6. Jahrtausends
v. Chr., Kultur Karanovo I
Museumssammlung Peštera, Inv.-Nr. 360
Länglicher Körper mit ovalem Querschnitt,
der auf beiden Seiten in ovalen Verbreite-
rungen ausläuft. In die Stempelflächen sind
Ornamente aus parallelen Zickzacklinien ein-
geschnitten. Graubraune Oberfläche.   D. A.
Literatur: Nikolov u. a. 1999, 73 Taf. 4, 8.

23 Stempel (Pintadera)

Ton, H. 3,6 cm, B. 6,1 cm
Siedlungshügel Gäläbnik, Radomir
Frühneolithikum, erste Hälfte des 6. Jahrtausends
v. Chr., Kultur Kremikovci-Gruppe
Regionalhistorisches Museum Pernik,
Inv.-Nr. A I 392
Ovaler Körper mit eingetieftem Ornament
aus geschwungenen Linien.   A. B.
Literatur: Pavuk – Čochadžiev 1984, 210f. Abb. 19, 2.

24 Fünf Perlenketten und ein Verteiler

a. Kette aus scheibenförmigen Steinperlen
   (Kalkstein, Marmor)
b. Kette aus zylinderförmigen Steinperlen
   (Kalkstein, Marmor)
c. Kette aus fässchenförmigen Perlen aus
   Schneckenmuschelschalen
d. Kette aus zylindrischen Perlen aus Mu-
   schelschalen (Dentalium)
e. Kette aus zylindrischen Steinperlen
   (Kalkstein, Marmor)
f. Verteiler einer Kette aus drei aneinander
   befestigten zylindrischen Nephritperlen
$\varnothing$ 0,4–0,5 cm, L. 306 cm; $\varnothing$ 0,3–0,5 cm,
L. 209 cm; $\varnothing$ 0,5–0,17 cm, L. 118 cm;
$\varnothing$ 0,3–0,6 cm, L. 270 cm; $\varnothing$ 0,3–0,5 cm, L. 57 cm;
L. 2,2, D. 0,8 cm
Siedlungshügel Gäläbnik, Radomir
Frühneolithikum, erste Hälfte des 6. Jahrtausends
v. Chr., Kultur Kremikovci-Gruppe
Regionalhistorisches Museum Pernik,
Inv.-Nr. A I 300-3/a; A I 300-3/b; A I 300-3/v;
A I 300-3/g; A I 300-3/z; A I 300-4   A. B.
Literatur: Čochadžiev 1990, 13 Abb. 9, 7; 9, 1; 8,
6; 8, 4; 8, 3.

24 a

24 b

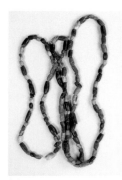

24 c

24 d

24 e

25

25 Zepter

Nephrit, L. 36,4 cm, B. 4.8 cm
Siedlungshügel Gäläbnik, Radomir
Frühneolithikum, erste Hälfte des 6. Jahrtausends
v. Chr., Kultur Kremikovci-Gruppe
Regionalhistorisches Museum Pernik,
Inv.-Nr. A I 310
Längliche elliptische Form mit einem spitzen
Ende. Poliert.   A. B.
Literatur: Kostov – Bakämska 2004, 39 Abb. 1–3.

26 Amulett

Nephrit, L. 4 cm, B. 1,3 cm, ⌀ des Loches 0,4 cm
Siedlungshügel Kazanläk
Mittelneolithikum, Mitte des 6. Jahrtausends
v. Chr., Kultur Protokaranovo III
Historisches Museum «Iskra», Kazanläk, Inv.-Nr. 294
H-förmiges Amulett mit einem Loch in der
Mitte. Die Enden der vier Arme sind durch
seitliche Einkerbungen betont. Ein Element
ist teilweise abgebrochen.   D. A.
Unpubliziert.

26

27 Phallusförmige Objekte

Ton, H. 1,5–4,1 cm, max. B. 2,1–2,6 cm
Neolithische Siedlung Rakitovo, Pazardžik
Frühneolithikum, erste Hälfte des 6. Jahrtausends
v. Chr., Kultur Karanovo I
Regionalhistorisches Museum Pazardžik,
Inv.-Nr. 3797; 3800 a-b; 3803; 3808
Längliche sphärische Körper mit je zwei
hornartigen Enden.   S. T.-I.
Literatur: Macanova 2003, Abb. 4.

28

28 Nachbildungen von Getreide-körnern

Ton, L. zw. 4,2 und 5,8 cm, ⌀ zw. 2,3 und 2,9 cm
Siedlungshügel Kapitan Dimitrievo, Peštera
Frühneolithikum, erste Hälfte des 6. Jahrtausends
v. Chr., Kultur Karanovo I
Museumssammlung Peštera, Inv.-Nr. 1293–1302
Aus zehn Exemplaren bestehender Hortfund. Aus Ton gearbeitet und erst sekundär
gebrannt. Bikonische, gerundete Körper,
meist mit scharfen Spitzen. Schwarz, braun
oder gesprenkelt.   D. A.
Unpubliziert.

27

29

31

32

30

29 Sichel mit Klingen

Horn, Feuerstein, L. 30,7 cm, Stärke 3,2 cm
Siedlungshügel Karanovo, Nova Zagora
Frühneolithikum, erste Hälfte des 6. Jahrtausends
v. Chr., Kultur Karanovo I
Nationales archäologisches Institut mit Museum
Sofia, Inv.-Nr. 3143   S. T.
Literatur: Nikolov 2003, 73 Abb. 13.

30 Löffel

Bein, L. 14,5 cm
Siedlungshügel Kazanläk
Mittelneolithikum, Mitte des 6. Jahrtausends
v. Chr., Kultur Protokaranovo III
Historisches Museum «Iskra», Kazanläk, Inv.-Nr. 37
Griff mit polierter Oberfläche und rundem
Querschnitt. Der stark geglättete Löffel er-
innert an ein unregelmässig geformtes Blatt.
                                                D. A.
Unpubliziert.

31 Axt

Stein (Andesit), L. 19,5 cm, B. 7,2 cm
Frühneolithische Siedlung Pločite, Beljakovec,
Veliko Tärnovo
Frühneolithikum, Ende des 7. Jahrtausends v. Chr.,
Kultur Koprivec-Gruppe
Regionalhistorisches Museum Veliko Tärnovo,
Inv.-Nr. 2475
Trapezförmig mit ovalem Querschnitt, po-
lierte hellgrüne Oberfläche.   N. E.
Unpubliziert.

32 Zepter

Stein (Schiefer), L. 28,7 cm, B. 4,8 cm
Frühneolithische Siedlung Džuljunica-Smärdeš,
Veliko Tärnovo
Frühneolithikum, Ende des 7. Jahrtausends v. Chr.,
Kultur Koprivec-Gruppe
Regionalhistorisches Museum Veliko Tärnovo,
Inv.-Nr. 2678 tom/p
Der obere Teil ist trapezförmig mit Loch
in der Mitte, der untere Teil hat eine zylin-
drische Form mit sich verjüngendem Ende.
Polierte, graugrüne Oberfläche.   N. E.
Unpubliziert.

33

35

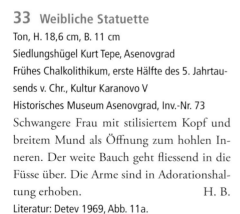

34

33 Weibliche Statuette

Ton, H. 18,6 cm, B. 11 cm

Siedlungshügel Kurt Tepe, Asenovgrad

Frühes Chalkolithikum, erste Hälfte des 5. Jahrtausends v. Chr., Kultur Karanovo V

Historisches Museum Asenovgrad, Inv.-Nr. 73

Schwangere Frau mit stilisiertem Kopf und breitem Mund als Öffnung zum hohlen Inneren. Der weite Bauch geht fliessend in die Füsse über. Die Arme sind in Adorationshaltung erhoben.   H. B.

Literatur: Detev 1969, Abb. 11a.

34 Sitzende weibliche Figur

Ton, H. 19 cm

Prähistorische Siedlung Redutite, Teliš, Červen Brjag

Spätes Chalkolithikum, zweite Hälfte des 5. Jahrtausends v. Chr., Kultur Krivodol

Regionalhistorisches Museum Pleven, Inv.-Nr. 1842

Die Figur sitzt auf einem Thron in Form eines Kegelstumpfes mit einer fünfeckigen Lehne. Stilisiertes Gesicht, die Arme liegen auf dem Bauch.   V. G.

Literatur: Gergov 2000, 101–105.

35 Sitzende weibliche Figur

Ton, H. 25,5 cm

Prähistorische Siedlung Redutite, Teliš, Červen Brjag

Spätes Chalkolithikum, zweite Hälfte des 5. Jahrtausends v. Chr., Kultur Krivodol

Regionalhistorisches Museum Pleven, Inv.-Nr. 3315

Die Figur sitzt in feierlicher Pose auf einem glockenförmigen Thron. Stilisiertes Gesicht, die Arme liegen auf dem Bauch.   V. G.

Literatur: Gergov 2000, 101–105.

36

37

38

37 Anthropomorphes Gefäss

Ton, H. 8,8 cm

Prähistorische Siedlung Redutite, Teliš, Červen Brjag

Spätes Chalkolithikum, zweite Hälfte des 5. Jahrtausends v. Chr., Kultur Krivodol

Regionalhistorisches Museum Pleven, Inv.-Nr. 2004

Das Gesicht ist stilisiert wiedergegeben. Die Augen sind als Striche eingekerbt, die Nase ist plastisch modelliert. V. G.

Unpubliziert.

38 Kopf eines bärtigen Mannes

Ton, H. 9 cm, B. 6,3 cm

Siedlungshügel Drama, Jambol

Spätes Chalkolithikum, zweite Hälfte des 5. Jahrtausends v. Chr., Kultur Karanovo VI

Regionalhistorisches Museum Jambol,
Inv.-Nr. I 522

Das Gesicht weist fast schon individuelle Züge auf. Die Augen und der Mund sind eingekerbt, die plastisch modellierte Nase weist Nasenlöcher auf, der Bart ist mit parallelen Ritzlinien wiedergegeben. Die Brustmuskulatur ist plastisch geformt. Hals und Schultern sind mit eingeritzten Linien verziert. I. I.

Literatur: Bertemes – Iliev 1988, 250 Abb. 194.

39 Anthropomorphe Statuette

Ton, H. 3,45 cm, B. 2,35 cm

Siedlungshügel Drama, Jambol

Spätes Chalkolithikum, zweite Hälfte des 5. Jahrtausends v. Chr., Kultur Karanovo VI

36 Sitzende weibliche Figur

Ton, H. 13,7 cm, B. 9,3 cm

Siedlungshügel Dolnoslav, Asenovgrad

Spätes Chalkolithikum, Ende des 5. Jahrtausends v. Chr., Kultur Karanovo VI

Regionales archäologisches Museum Plovdiv,
Inv.-Nr. D-814

Sitzende weibliche Figur («Mutter-Göttin»), bemalt mit weisser Farbe und rotem Ocker. B. K.

Unpubliziert.

39

Regionalhistorisches Museum Jambol,
Inv.-Nr. I 2949

Schematisch wiedergegebene kauernde menschliche Figur. Der Kopf ist oben flach, das Gesicht stilisiert wiedergegeben. Die Beine sind an den Körper gezogen, der rechte Arm liegt auf den Knien, der linke stützt wie in einer nachdenklichen Pose den Kopf. I. I.

Literatur: Bertemes – Iliev 1988, 250 Abb. 75.

40 Anthropomorphes Gefäss

Ton, H. 14,5 cm, B. 10,8 cm

Siedlungshügel Chotnica, Veliko Tărnovo

Spätes Chalkolithikum, Ende des 5. Jahrtausends
v. Chr., Kulturkomplex Kodžadermen-Gumelnica-
Karanovo VI

Regionalhistorisches Museum Veliko Tărnovo,
Inv.-Nr. 732 tom/p.

Doppelgefäss aus zwei aneinander gefügten
Gefässen mit plastisch modelliertem menschlichem Gesicht. Es stellt eine weibliche Figur
dar, die auf ihrem Kopf ein Gefäss trägt.

41

42

Dekor aus schrägen Ritzlinien. Die hellbraune
Oberfläche ist im oberen Teil poliert, im unteren Teil rau belassen.   N. E.

Literatur: Radunčeva 1974, Abb. 48.

41 Anthropomorphes Gefäss

Ton, H. 30 cm, ⌀ 24,5/30/12 cm

Frühchalkolithische Siedlung Gradišteto,
Gradešnica, Krivi Dol

Frühes Chalkolithikum, erste Hälfte des 5. Jahrtausends v. Chr., Kultur Gradešnica

Regionalhistorisches Museum Vraca, Inv.-Nr. 1427

Topfartiges Gefäss mit nach aussen gezogenem Rand. In der oberen Zone befinden
sich zwei Arme in Adorationshaltung, die
Brust ist stilisiert wiedergegeben. Der Dekor besteht aus eingeschnittenen und weiss
inkrustierten geometrischen Motiven in zwei
horizontalen Friesen. Im Zentrum befindet
sich eine schematische Darstellung (ein Pik-
togramm?).   G. G.

Literatur: Nikolov 1974, Taf. 47.

42 Doppelamulett

Bein, L. 4 cm, B. 0,9 cm

Siedlungshügel Kazanläk

Spätes Chalkolithikum, zweite Hälfte des 5. Jahrtausends v. Chr., Kultur Karanovo VI

Historisches Museum «Iskra», Kazanläk, Inv.-Nr. 306

Aus einem Knochen sind zwei stilisierte
anthropomorphe Figürchen ohne untere
Extremitäten herausgearbeitet, die sich spie-
gelbildlich gegenüberstehen und an ihren
Bäuchen miteinander verbunden sind. Ihre
Köpfe unterscheiden sich. Augen und Mund
sind mit Ritzlinien wiedergegeben. Auf den
Körpern Ritzornamente.   D. A.

Unpubliziert.

40

43

a. Anthropomorphe Figur
Menschliche Figur mit ovalem Kopf und zylindrischem Hals. Die Brust ist plastisch wiedergegeben, der Bauch steht ein wenig vor, die Beine durch Eintiefung in der Mitte herausgebildet. Verziert mit geometrischem, schablonenartigem Ornament. Hellbraune Oberfläche.

b. Gefäss
Bikonische Form, ausladender Mündungsrand. Im oberen Teil befinden sich auf der Oberfläche bogenförmige Kanneluren, die an ihren Kanten mit weiss inkrustierten Ornamenten versehen sind.
M. H.

Literatur: Todorova 1972, Abb. 1–4.

44 Anthropomorphe Figur mit Ohrringen

Bein, Kupfer, L. 8,7 cm, B. 2,5 cm, D. 0,6 cm
Prähistorische Siedlung Stražica, Lepica, Červen Brjag
Spätes Chalkolithikum, zweite Hälfte des 5. Jahrtausends v. Chr., Kultur Krivodol
Historisches Nationalmuseum Sofia, Inv.-Nr. 51294
Fünfeckiger Kopf, rhombenförmige Brust und dreieckiger Unterkörper, der mit Einkerbungen verziert ist. Am Kopf befinden sich zwei Lochpaare, auf der linken Seite sind die Ohrringe aus Kupfer noch erhalten. V. G.
Unpubliziert.

45 Kulttisch

Ton, H. 10 cm, B. 8 cm
Siedlungshügel Kapitan Dimitrievo, Peštera
Spätes Chalkolithikum, zweite Hälfte des 5. Jahrtausends v. Chr., Kultur Karanovo VI
Regionales archäologisches Museum Plovdiv, Inv.-Nr. 2867
Quadratischer Tisch mit eingetieftem Becken auf vier Beinen. Auf einer Seite Protome eines Ziegenbocks, geritzter und inkrustierter Dekor. B. K.
Literatur: Detev 1950, 16 Abb. 30.

44

43 Gefäss und anthropomorphe Figur

Ton, H. 20,1 cm, B. 9,1 cm; H. 12 cm,
∅ der Mündung 8,5 cm
Zufallsfund bei Ausgrabungsarbeiten in der Gegend von Balčik
Mittleres Chalkolithikum, zweite Hälfte des 5. Jahrtausends v. Chr., Phase Varna
Historisches Museum Balčik, Inv.-Nr. 7 und Inv.-Nr. 8

46

46 Anthropozoomorphes Gefäss

Ton, H. 15,3 cm

Siedlungshügel Goljam-Izvor, Razgrad

Spätes Chalkolithikum, zweite Hälfte des 5. Jahrtausends v. Chr., Kulturkomplex Kodžadermen-Gumelnica-Karanovo VI

Regionalhistorisches Museum Razgrad,
Inv.-Nr. 223

Hohler Körper eines Tieres mit vier Beinen. Der Deckel/Kopf trägt menschliche Züge und hat Tierhörner. Dekor aus plastischen und mit Graphit gemalten Elementen. Rote Oberfläche.   M. H.

Literatur: Gaul 1948, Taf. 62, 6.

47 Kopf einer anthropozoomorphen Figur

Ton, H. 4,7 cm, max. B. 10,9 cm

Siedlungshügel Junacite, Pazardžik

Spätes Chalkolithikum, zweite Hälfte des 5. Jahrtausends v. Chr., Kultur Karanovo VI

Regionalhistorisches Museum Pazardžik,
Inv.-Nr. 4899

Kopf mit je einem Loch an beiden Seiten, schnabelförmiger Nase, ausgehöhlten Augen und zwei bogenförmigen Hörnern. Eingeritzter Dekor.   S. T.-I.

Unpubliziert.

45

47

48

49

50

51

Hörner erhalten, dazwischen ellipsenförmige Ritzung, die vermutlich eine Kopfbedeckung darstellen soll.   D. Ch.

Literatur: Černakov 2005, 35f.

49 Zoomorphes Zepter

Stein, L. 14 cm, B. 6 cm

Zufallsfund bei Pod Trite Mogili, Drama, Jambol

Spätes Chalkolithikum, zweite Hälfte des 5. Jahrtausends v. Chr., Kultur Karanovo VI

Regionalhistorisches Museum Jambol, Inv.-Nr. I 1296

Stilisierter Pferdekopf mit ausgeformten Augen und Nüstern. Dekor aus eingeschnittenen Linien.   I. I.

Literatur: Getov 1980.

50 Becher des Typs Krivodol

Ton, H. 7 cm, ∅ der Mündung 9 cm

Siedlungshügel Junacite, Pazardžik

Spätes Chalkolithikum, zweite Hälfte des 5. Jahrtausends v. Chr., Kultur Krivodol

Regionalhistorisches Museum Pazardžik, Inv.-Nr. 3897

Der Becher hat bikonische Form, einen leicht konkaven Boden und zwei vertikale Henkel. Verziert mit linienförmigem Graphitdekor.   S. T.-I.

Macanova 1992, Taf. 4, 2.

51 Askos

Ton, L. 17 cm, B. 14 cm

Siedlungshügel Junacite, Pazardžik

Spätes Chalkolithikum, zweite Hälfte des 5. Jahrtausends v. Chr., Kultur Karanovo VI

Regionalhistorisches Museum Pazardžik, Inv.-Nr. 4305.

Das Gefäss hat die Form eines geschlossenen Schlauches, dessen Verlängerung die ovale Mündung bildet. Der Henkel verbindet Schlauch und Mündung. Der Dekor besteht aus mit Graphit gefüllten Linienkompositionen.   S. T.-I.

Unpubliziert.

48 Deckel eines anthropozoomorphen Gefässes

Ton, H. 4 cm, B. 8,6 cm

Siedlungshügel Russe

Spätes Chalkolithikum, zweite Hälfte des 5. Jahrtausends v. Chr., Kulturkomplex Kodžadermen-Gumelnica-Karanovo VI

Regionalhistorisches Museum Russe, Inv.-Nr. 973

Deckel eines Gefässes oder Teil einer hohlen Figur. Die Augen und Brauen sind eingeritzt, die Ohren plastisch geformt. Teile zweier

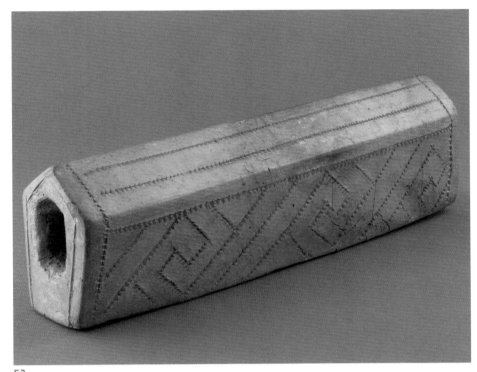

52

53 Modell eines Backofens

Ton, L. 11,8 cm, B. 9,5 cm

Siedlungshügel Drama, Jambol

Spätes Chalkolithikum, zweite Hälfte des 5. Jahrtausends v. Chr., Kultur Karanovo VI

Regionalhistorisches Museum Jambol,

Inv.-Nr. I 4056

Flache, rechteckige Basis, bauchig gerundetes
Dach und leicht nach aussen gewölbte Wände. Dach und Wände sind mit plastischen
Bändern, die Kerben aufweisen, und mit
einem leiterartigen eingeritzten Muster verziert.   I. I.

Literatur: Lichardus u. a. 2000, 73 Abb. 30.

52 Modell eines Hauses

Ton, H. 8,8 cm, L. 19,7 cm

Siedlungshügel Radingrad, Razgrad

Spätes Chalkolithikum, zweite Hälfte des 5. Jahrtausends v. Chr., Kulturkomplex Kodžadermen-
Gumelnica-Karanovo VI

Regionalhistorisches Museum Razgrad,

Inv.-Nr. 3715

Länglicher Baukörper mit Satteldach und
fünfeckigem Querschnitt. Das Gebäude ist
hohl. Auf der Oberfläche Dekor aus eingeritzten Linien, von denen einige mit Kerben
versehen sind. Diese sind vielleicht als An-
deutungen von Konstruktionselementen zu
verstehen. Rotbraune Oberfläche.   M. H.

Literatur: Ivanov 1981, Abb. 48.

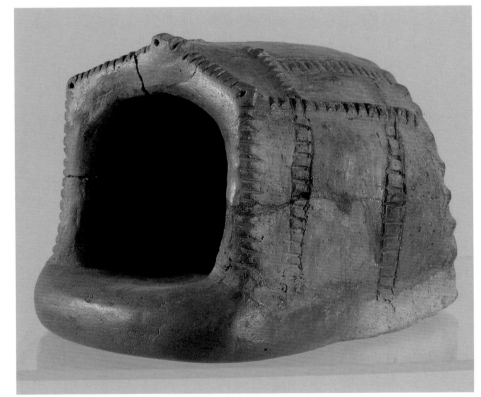

53

54

54 Modell einer Kultanlage

Ton, L. 15 cm, B. 15 cm

Siedlungshügel Drama, Jambol

Spätes Chalkolithikum, zweite Hälfte des 5. Jahrtausends v. Chr., Kultur Karanovo VI

Regionalhistorisches Museum Jambol,

Inv.-Nr. I 3979

Quadratische, flache Basis, die auf vier Beinen ruht, darauf längliches Gebäude mit Satteldach. Am Eingang des Modells befindet
sich ein halbrunder Vorplatz. Im hinteren
Teil des Daches runde Öffnungen. Dekor aus
Bändern mit eingeschnittenem Muster, mit
weisser Paste ausgefüllt.   I. I.

Literatur: Lichardus u. a. 2000, 73 Taf. 15.

55 Tafel mit Piktogrammen

Ton, L. 12 cm, B. 10 cm, D. 1,5 cm

Frühchalkolithische Siedlung Gradišteto,
Gradešnica, Krivi Dol

Frühes Chalkolithikum, erste Hälfte des 5. Jahrtausends v. Chr., Kultur Gradešnica

Regionalhistorisches Museum Vraca,

Inv.-Nr. A 2700

Tafel in Form einer rechteckigen, flachen
Schale, die mit zwei knospenartigen Griffen
versehen ist. Auf beiden Seiten der Tafel sind
Schriftzeichen eingeritzt: auf der Vorderseite
Piktogramme, die von Linien in vier Reihen
oder Spalten geteilt sind, auf der Rückseite
Piktogramme und die stark stilisierte Dar-
stellung eines Menschen.   G. G.

Literatur: Nikolov 1978.

56 Stempel (Pintadera)

Ton, H. 3,3 cm, ⌀ 4,2 cm

Siedlungshügel Karanovo, Nova Zagora

Spätes Chalkolithikum, zweite Hälfte des 5. Jahrtausends v. Chr., Kultur Karanovo VI

Nationales archäologisches Institut mit Museum,
Sofia, Inv.-Nr. 3664

Runde Stempelfläche, verziert mit konzentrischen Kreisen, zylindrischer Griff.   S. T.

Unpubliziert.

57 Stempel (Pintadera)

Ton, H. 5 cm, Länge der Basis 8 cm

Prähistorische Siedlung Pekljuk, Gäläbovci, Sofia

Spätes Chalkolithikum, zweite Hälfte des 5. Jahrtausends v. Chr., Kultur Krivodol

Städtisches Unternehmen «Alt Sofia» mit Historischem Museum Sofia, Inv.-Nr. MIS A 5393

In die längliche, aus sechs strahlenförmigen
Ausläufern bestehende Stempelfläche ist eine
stark schematisierte anthropomorphe Figur
in Gebetspose eingeritzt. Der Stempel hat
einen massiven konischen Griff. Hellbraune
Oberfläche.   E. S.

Literatur: Nikolov 1990 b, 47.

56

55

57

58

58 Amulett

Nephrit, H. 3,2 cm, D. 0,5 cm
Siedlungshügel Russe
Spätes Chalkolithikum, zweite Hälfte des 5. Jahrtausends v. Chr., Kulturkomplex Kodžadermen-Gumelnica-Karanovo VI
Regionalhistorisches Museum Russe, Inv.-Nr. 4397
Stilisierte zoomorphe Figur mit einer Öffnung im Kopf. Sorgfältig geschliffene Oberfläche.   D. Ch.
Literatur: Popov 2002 b, 539. 554.

59 Rhombenförmiger Gegenstand (Amulett?)

Ton, B. 7,5 cm, D. 0,9 cm
Siedlungshügel Russe
Spätes Chalkolithikum, zweite Hälfte des 5. Jahrtausends v. Chr., Kulturkomplex Kodžadermen-Gumelnica-Karanovo VI
Regionalhistorisches Museum Russe, Inv.-Nr. 6004
Rhombenförmiges Täfelchen, auf beiden Seiten Einritzungen, in den vier Ecken jeweils eine Öffnung.   D. Ch.
Literatur: Popov 2002 b, 539. 554.

60 Amulett

Ton, L. 7 cm, B. 6,2 cm
Siedlungshügel Drama, Jambol
Spätes Chalkolithikum, zweite Hälfte des 5. Jahrtausends v. Chr., Kultur Karanovo VI
Regionalhistorisches Museum Jambol,
Inv.-Nr. I 2683
Rhombenförmiges, flaches Täfelchen mit Öffnungen an den Ecken. Auf der Vorderseite Dekor aus eingeschnittenen Linien, die eine Spirale bilden und mit weisser Paste gefüllt sind. Auf der Rückseite leicht eingeritzte Linien.   I. I.
Literatur: Lichardus u. a. 2000, Taf. 16, 4.

60

61 Amulett

Ton, 6,8×7 cm
Siedlungshügel Drama, Jambol
Spätes Chalkolithikum, zweite Hälfte des 5. Jahrtausends v. Chr., Kultur Karanovo VI
Regionalhistorisches Museum Jambol,
Inv.-Nr. I 3370
Flaches Amulett in Form des Buchstabens Omega. Auf der Oberfläche zwei konzentrische Bänder in Kerbschnitt, dazwischen Dreieckmuster in Graphit. Jeweils zwei Öffnungen am Rand des oberen, mittleren und unteren Teils des Amuletts.   I. I.
Literatur: Lichardus u. a. 2000, Taf. 16, 1.

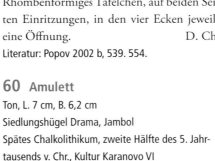

59

61

62 Miniatur-Kultszene

Ton

Siedlungshügel Ovčarovo, Tărgovište

Spätes Chalkolithikum, zweite Hälfte des 5. Jahrtausends v. Chr., Kulturkomplex Kodžadermen-
Gumelnica-Karanovo VI

Regionalhistorisches Museum Tărgovište,
Inv.-Nr. 1459, A-CH, 1-3

Ensemble aus 3 Altären, 4 Priesterinnen-Fi-
guren in Adorationshaltung, 3 niedrigen quadratischen Tischen, 3 Gefässen mit je einem
Deckel, 8 Stühlen mit Lehnen, 3 Trommeln
und 2 Schalen. Die Kultszene ist vermutlich
einem tatsächlich existierenden Heiligtum
nachempfunden. Die Gegenstände weisen
eine hellbraune Oberfläche und einen Dekor
in roter Farbe auf.   M. H.

Literatur: Todorova 1973, 3 Abb. 3.

62

63

63 Modell eines Wohnhauses

Ton, H. 6,5 cm

Siedlungshügel Ovčarovo, Tărgovište

Spätes Chalkolithikum, zweite Hälfte des 5. Jahrtausends v. Chr., Kulturkomplex Kodžadermen-
Gumelnica-Karanovo VI

Regionalhistorisches Museum Tărgovište,
Inv.-Nr. 1460

Das Modell ist oben offen und steht auf vier
Füssen. Im Inneren sind ein Podest und ein
Backofen modelliert. An einer Wand befin-
det sich der Eingang. Auf der Aussenseite
Dekor aus Linien in roter Farbe. Hellbraune
Oberfläche.   M. H.

Literatur: Todorova 1979, Abb. 63.

64

66

67

64 Feuersteinkern (Nukleus) mit Klingen

Feuerstein, L. 17,9–23 cm
Siedlungshügel Topčii, Razgrad
Spätes Chalkolithikum, zweite Hälfte des 5. Jahrtausends v. Chr., Kulturkomplex Kodžadermen-Gumelnica-Karanovo VI
Regionalhistorisches Museum Razgrad,
Inv.-Nr. 356
Kern für Klingen mit beschädigter Oberfläche und Klingen.   S. T.
Unpubliziert.

65 Fünf Pfeilspitzen

Feuerstein, L. 2,4–3,3 cm, B. 1,7–2 cm
Prähistorische Siedlung von Kačica, Veliko Tărnovo
Ausgehendes Chalkolithikum, Anfang des 4. Jahrtausends v. Chr.
Regionalhistorisches Museum Veliko Tărnovo, Inv.-Nr. 1223 tom/p, 1226 tom/p, 1231 tom/p, 1240 tom/p, 1241 tom/p
Dreieckige Form mit konkaver Basis. Wachsgelb.   N. E.
Unpubliziert.

66 Harpunenspitze

Kupfer, L. 9,7, B. 1,4 cm.
Prähistorische Siedlung Redutite, Teliš,
Červen Brjag
Spätes Chalkolithikum, zweite Hälfte des 5. Jahrtausends v. Chr., Kultur Krivodol
Regionalhistorisches Museum Pleven, Inv.-Nr. 1845
Bogenförmige Harpunenspitze mit Bohrungen und gerundeter Spitze. Auf einer Seite widerhakenförmige Verbreiterung.   V. G.
Literatur: Gergov 1987, 48 Abb. 6 a.

67 Axt

Kupfer, L. 25,2 cm, B. 4,5 cm
Prähistorische Siedlung Redutite, Teliš,
Červen Brjag
Spätes Chalkolithikum, zweite Hälfte des 5. Jahrtausends v. Chr., Kultur Krivodol
Regionalhistorisches Museum Pleven, Inv.-Nr. 1844
Zweischneidige Axt mit einander über Kreuz gegenüberstehenden Blättern. Verbreiterung am Schaftloch.   V. G.
Literatur: Gergov 1987, 50 Abb. 9.

68 Axt

Kupfer, L. 10,4 cm
Siedlungshügel von Radingrad, Razgrad
Spätes Chalkolithikum, zweite Hälfte des 5. Jahrtausends v. Chr., Kulturkomplex Kodžadermen-Gumelnica-Karanovo VI
Regionalhistorisches Museum Razgrad,
Inv.-Nr. 107
Flacher Körper mit rechteckigem Querschnitt und einem Loch für den Griff. Die Schneide ist vom Gebrauch etwas stumpf, der Axtkopf ist flach.   M. H.
Unpubliziert.

65

68

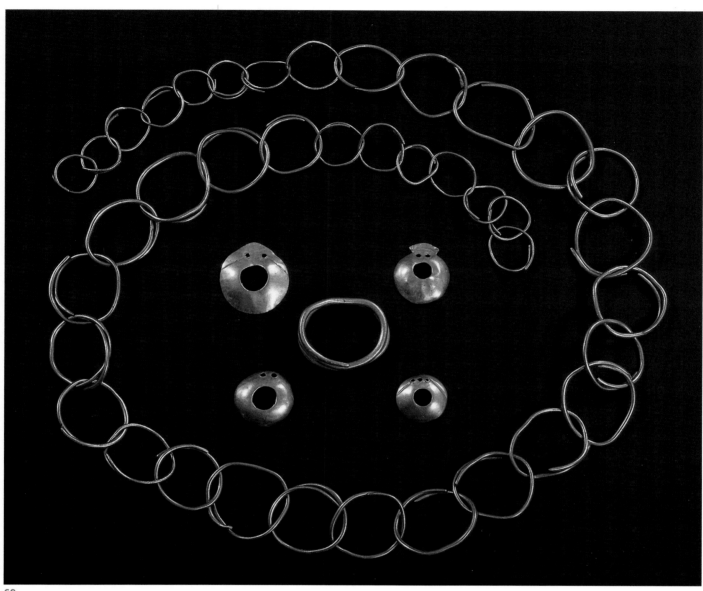

69

69 Der Schatzfund von Chotnica
Gold, 23 Karat, Gesamtgewicht 310 g;
⌀ der Ringe 2,8–3 cm, ⌀ Spiralreif 4,5 cm,
⌀ Amulette 2,5–3,4 cm
Siedlungshügel Chotnica, Veliko Tărnovo
Spätes Chalkolithikum, zweite Hälfte des 5. Jahr-
tausends v. Chr., Kulturkomplex Kodžadermen-
Gumelnica-Karanovo VI
Regionalhistorisches Museum Veliko Tărnovo,
Inv.-Nr. 192–199

Der Schatz besteht aus 39 unterschiedlich
grossen Ringen aus Golddraht (Halskette),
einem aus Golddraht gewundenem Spiralreif
(Armreif?) und vier stark stilisierten anthropomorphen Amuletten aus Goldblech. M. H.
Literatur: Angelov 1959.

70

70 Grab 1 der Nekropole von Varna (Kenotaph)

1972 zufällig bei Bauarbeiten in Varna in einer 1,45 m tiefen, etwa rechteckigen Grube entdeckt, deren Grund mit einer etwa 1 cm dicken Schicht roten Ockers bedeckt war. Zu den Beigaben gehören u. a. 222 Goldgegenstände mit einem Gesamtgewicht von 1092 g.

Spätes Chalkolithikum, zweite Hälfte des 5. Jahrtausends v. Chr., Varna-Kultur
Regionalhistorisches Museum Varna

a. Armreif
Bauchige Form, polierte Oberfläche.
Gold, ⌀ 9,6 cm, 268 g, Inv.-Nr. I 1512

b. Armreif, bauchige Form, polierte Oberfläche.
Gold, ⌀ 9,6 cm, 194,32 g, Inv.-Nr. I 1513

c. Armreif, rundstabig, polierte Oberfläche.
Gold, ⌀ 7,8 cm, 139 g, Inv.-Nr. I 1515

d. Pektorale
Rechteckige Platte mit leicht abgerundeten Ecken. Diese sind mit jeweils zwei Löchern versehen. Seitlich zwei weitere Lochpaare in der Mitte am Rand.
Gold, L. 11,3 cm, H. 10,3 cm, 189 g, Inv.-Nr. I. 1514

e. Kugelförmiges Element mit Öffnung (Perle?).
Gold, ⌀ 2 cm, ⌀ der runden Öffnung 1,3 cm, 25,09 g, Inv.-Nr. I 1518

f. Bikonische Perle
Gold, ⌀ 0,9 cm, 0,545 g. Inv.-Nr. I 1554.

g. Nagel
Runder, leicht gewölbter Kopf; der obere Teil des Schaftes ist gerade, der untere Teil ist spiralförmig gewunden.
Gold, ⌀ 1,8 cm, H. 1,7 cm, 8,164 g, Inv.-Nr. I 1519

h. Spiralförmig gebogenes Band
Goldblech, L. 8,1 cm, B. 1,2 cm, 3,8 g, Inv.-Nr. I 1550

70 d

70 a–b

70 c

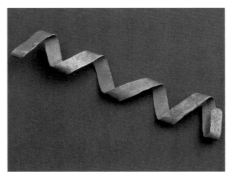

70 h

70 i

70 l

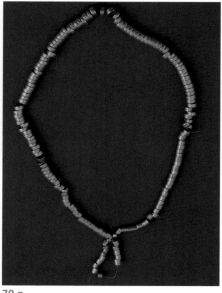

70 n

70 j

i. Sechs Ringe
    Golddraht mit rundem Querschnitt,
    ⌀ 1,7–3,7 cm, Gesamtgewicht 52,12 g,
    Inv.-Nr. I 1520-1522, 1526, 1539, 1553

j. Vier Appliken, halbmondförmig, an den
    Enden gelocht.
    Gold, L. 3,5–3,7 cm, Gesamtgewicht 10,36 g,
    Inv.-Nr. I 1527, 1528, 1551, 1552

70 k

k. Sechs Appliken, trapezförmig mit einem
    bis zwei Löchern.
    Gold, H. 1,2–1,5 cm, Gesamtgewicht 4.88 g,
    Inv.-Nr. I 1529, 1530, 1578-1581

l. 27 Appliken
    Runde, konvexe Form; an den Rändern
    mit je zwei symmetrisch angelegten klei-
    nen Lochpaaren versehen.
    Gold, ⌀ 1,3–2,2 cm, Gesamtgewicht 31,36 g,
    Inv.-Nr. I 1531-1538, 1559-1562, 1565-1573,
    1576, 1577, 1582, 1585, 1757-1759

m. Drei Beschläge
    Aus rechteckigen, zu Ringen gebogenen
    Goldblechstreifen mit gerundeten, sich
    überlappenden Enden. Dienten als Be-
    schläge für einen Bogen aus Holz.
    Gold, ⌀ 3×2,3, 2×1,5, 2,7×2,1 cm, Gesamtge-
    wicht 26,074 g, Inv.-Nr. I 1523-1525

n. Kette aus 169 zylindrischen Perlen
    Gold, ⌀ 0,3–0,5 cm, Gesamtgewicht 31,
    796 g, Inv.-Nr. I 1555

o. Axt
    Bogenförmig gerundet mit leicht verbrei-
    terter dreieckiger Schneide und einem
    Loch für den Griff.
    Kupfer, L. 19,2 cm, ⌀ 2,2×1,7 cm,
    Inv.-Nr. I 1540

p. Endstück
    Zylindrischer Hohlkörper mit halbku-
    gelförmigem oberen Ende und Lochung
    in der Mitte.
    Gold, L. 7,4 cm, ⌀ 2,2 cm, 68,788 g,
    Inv.-Nr. I 1517

70 o–q

q. Endstück
   Zylindrischer Hohlkörper, mit geradem
   unterem Ende.
   Gold, L. 7,2 cm, ⌀ 2,4×2,2 cm, 50,738 g,
   Inv.-Nr. I 1516

r. Axt
   Länglicher Körper, am Schaftloch ver-
   breitert; bogenförmige Schneide, recht-
   eckiger flacher Nacken.
   Kupfer, L. 14,1 cm, ⌀ 2,3×1,8 cm,
   Inv.-Nr. I 1541

s. Zwei Meissel mit rechteckigem Quer-
   schnitt.
   Kupfer, L. 14,6 und 14,3 cm,
   Inv.-Nr. I 1542, 1543

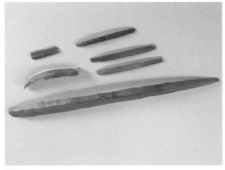

70 v

u. Zwei Pfrieme
   Einer mit rechteckigem, der andere mit
   rundem Querschnitt; spitz zulaufend.
   Kupfer, L. 8,2 und 5,4 cm, Inv.-Nr. I 1545, 1574

v. Sechs Klingen mit trapezförmigem Quer-
   schnitt.
   Feuerstein, L. 6,4–44 cm,
   Inv.-Nr. I 1546-1548, 1565, 1583, 1584

w. Idol
   Stark stilisierte anthropomorphe Figur.
   Am oberen Rand des Kopfes sowie am
   oberen und unteren Ende des rechtecki-
   gen Körpers jeweils drei Löcher.
   Bein, L. 18,6 cm, B. 6,7 cm, Inv.-Nr. I 1549

70 w

x. Kette aus 478 zylindrischen Perlen
   Malachit und Kaolin, ⌀ 0,4–0,6 cm,
   Inv.-Nr. I 1587

y. 1640 Elemente aus Muschelschale (Dentalium)
   L. 1,3–5 cm, Inv.-Nr. I 1558   M. H.

Literatur: Ivanov 1991.

70 s

t. Keil mit rechteckigem Querschnitt und
   bogenförmig gewölbter Schneide.
   Kupfer, L. 14,9 cm, Inv.-Nr. I 1544

70 u

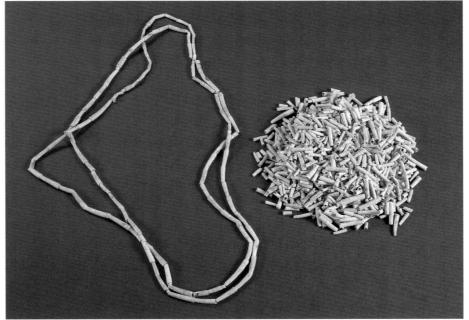

70 x–y

71

73

71 Anthropomorphe Figur

Ton, H. 20,5 cm

Nekropole Orsoja, Lom

Späte Bronzezeit, zweite Hälfte des 2. Jahrtausends
v. Chr., Novo-Selo-Kărna-Kultur

Historisches Museum Lom, Inv.-Nr. 116/11

Hohler, zylindrischer Körper mit ellipsenförmiger, kompakter Brust und zylindrischem
Kopf. Ritzdekor, weiss inkrustiert. Braunrote, glatte Oberfläche.   M. H.

Unpubliziert.

72 Anthropomorpher Anker

Ton, H. 4,1 cm, B. 5,2 cm

Siedlungshügel Junacite, Pazardžik

Frühe Bronzezeit, Anfang des 3. Jahrtausends
v. Chr., Junacite-Kultur

Regionalhistorisches Museum Pazardžik,
Inv.-Nr. 4807

Miniaturanker in Form einer weiblichen Ge-
stalt. Der Kopf ist weg gebrochen, die kurzen
Arme ausgestreckt. Den unteren Teil des
Körpers bildet das Gesäss, das in zwei seitlich
nach oben gestreckte «Beine» übergeht (die
«Flügel» des Ankers), dazwischen Öffnung.
                                            S. T.-I.

Literatur: Macanova 2002, Taf. 1, 5.

73 Vogelförmiges Gefäss mit Deckel

Ton, H. 7 cm

Nekropole Orsoja, Lom

Späte Bronzezeit, zweite Hälfte des 2. Jahrtausends
v. Chr., Novo-Selo-Kărna-Kultur

Historisches Museum Lom, Inv.-Nr. 160

Flacher, kugeliger Körper, konische Mün-
dung. Hals, Kopf, Flügel und Schwanz des
Vogels sind plastisch geformt. Dekor aus
eingeritzten, mit weisser Paste inkrustierten
Motiven. Das Gefäss hat einen konischen
Deckel. Braunrote Oberfläche.   M. H.

Literatur: Filipov 1976, Abb. 42, 2.

74 Schale

Ton, H. bis 6,1 cm, ∅ der Mündung bis 18,6 cm

Hügelnekropole Mednikarovo-Iskrica, Radnevo,
Hügel III, Grab Nr. 2

Frühe Bronzezeit, Mitte des 3. Jahrtausends v. Chr.,
Ezero-Kultur, Phase Michalič

Archäologisches Museum Radnevo, Inv.-Nr. 423

Konischer Körper mit flachem Boden und
nach innen abgeschrägtem Mündungsrand.
Auf der Innen- und Aussenseite eingeritzter
Dekor aus komplizierten geometrischen und
zoomorphen Motiven. Die eingeritzten Lini-
en sind weiss inkrustiert.   S. A.

Literatur: Panajotov – Aleksandrov 1995,
94 Abb. 10.

72

74

75

75 Kanne

Ton, H. 10,7 cm, ⌀ der Mündung 6,5 cm
Siedlungshügel Karanovo, Nova Zagora
Frühe Bronzezeit, zweite Hälfte des 3. Jahrtausends
v. Chr., Ezero-Kultur, Phase Sv. Kirilovo
Nationales archäologisches Institut mit Museum
Sofia, Inv.-Nr. 4881
Bikonischer Körper, zylindrischer Hals, abge-
schrägte Mündung, ein Henkel mit knospen-
förmigem Aufsatz, flacher Boden. Schwarz-
braune, polierte Oberfläche.   S. T.
Unpubliziert.

76

77

76 «Trojanischer Becher» (Depas Amphikypellon)

Ton, H. 16 cm
Prähistorische Siedlung Simeonovgrad, Chaskovo
Frühe Bronzezeit, zweite Hälfte des 4. bis Ende des
3. Jahrtausends v. Chr., Ezero-Kultur
Regionalhistorisches Museum Chaskovo,
Inv.-Nr. 2223
Leicht konischer Körper, trichterförmige
Mündung und gerundeter Boden. Zwei
symmetrische Henkel. Graubraune, glatte
Oberfläche.
Der Becher hat die typische Form des sog.
Trojanischen Bechers. Schliemann bezog den
homerischen Begriff *depas amphikypellon*
auf Gefässe dieser Form, die erstmals bei sei-
nen Grabungen in Troja zutage kamen (Tro-
ja II). Sie sind in der frühen Bronzezeit in
Anatolien, aber auch in Griechenland und
Südosteuropa verbreitet und bezeugen die
weit reichenden Kontakte während dieser
Epoche.   M. H.
Literatur: Georgiev 1981, 3 Taf. 6, 1.

77 Becher vom Typ Junacite

Ton, H. 8,5 cm, ⌀ der Mündung 7 cm
Siedlungshügel Junacite, Pazardžik
Frühe Bronzezeit, zweite Hälfte des 3. Jahrtausends
v. Chr., Junacite-Kultur
Regionalhistorisches Museum Pazardžik,
Inv.-Nr. 4450
Bikonischer Körper mit scharfem Wand-
knick, spitzem Boden und einem Band-
henkel mit einem kleinen Aufsatz über der
Mündung. Der Hals hat die Form eines Ke-
gelstumpfes. Eingeritzter Dekor.   S. T.-I.
Literatur: Katinčarov – Macanova 1993, Abb. 17, 2.

78

80

79 Modell eines Throns

Ton, H. 8,5 cm

Nekropole Orsoja, Lom

Späte Bronzezeit, zweite Hälfte des 2. Jahrtausends
v. Chr., Novo-Selo-Kărna-Kultur

Historisches Museum Lom, Inv.-Nr. 541

Thron mit Sitzfläche auf vier Beinen und Rückenlehne. Eingeritzter, weiss inkrustierter
Dekor. Braunrote Oberfläche.   M. H.

Literatur: Filipov 1978, Abb. 12.

80 Armreif

Bronze, ⌀ 8 cm

Prähistorische Siedlung Michalič, Svilengrad

Frühe Bronzezeit, zweite Hälfte des 4. / Ende des
3. Jahrtausends v. Chr., Ezero–Kultur

Historisches Nationalmuseum Sofia, Inv.-Nr. 42443

Der Armreif ist aus Bronzedraht mit rundem
Querschnitt gearbeitet. Die beiden Enden
münden in flachen, runden Scheiben, die mit
einem Ornament geschmückt sind.   M. H.

Unpubliziert.

81 Schwert

Bronze, L. 55,9 cm

Fundort unbekannt

Späte Bronzezeit, zweite Hälfte des 2. Jahrtausends
v. Chr.

Historisches Nationalmuseum Sofia, Inv.-Nr. 32913

Zweischneidig, Typ Nenzinger, mit verlängerter, blattförmiger Klinge, mit leicht abgerundeten Aussenkanten und zwei symmetrischen Löchern am Rand. Die Klinge geht
in eine fast rechteckige Platte über. Der Griff
ist wie ein Vogelschwanz geformt und hat
zwei Löcher für die Befestigung von Griffplatten.   L. K.

Unpubliziert.

78 Gefäss

Ton, H. 22 cm, max. ⌀ 19 cm

Hügelnekropole Tärnava, Beloslatina, Glavčovska-
Hügel, Grab Nr. 5

Frühe Bronzezeit, 3. Jahrtausend v. Chr.,
Cuocufeni-Kultur

Regionalhistorisches Museum Vraca,
Inv.-Nr. A 2883

Flacher, kugeliger Körper mit hohem, zylindrischem Hals und flachem, ringförmigem
Fuss. Auf der Schulter zwei bogenförmige
Bandhenkel. Dekor aus eingeritzten, weiss
inkrustierten geometrischen Ornamenten,
bemalt mit weisser und roter Farbe. Grauschwarze, glatte Oberfläche.   G. G.

Literatur: Nikolov 1976, 43 Abb. 7 b.

79

81

82 Zweiteilige Gussform für den Kopf eines Zepters

Stein, L. 16,2 cm

Pobit Kamäk, Razgrad

Späte Bronzezeit, zweite Hälfte des 2. Jahrtausends v. Chr.

Regionalhistorisches Museum Razgrad, Inv.-Nr. 1194/ A, B

Auf beiden Teilen ist im Negativ der Kopf eines Zepters mit geradem Griff und spiralförmig eingerolltem Ende eingeschnitten.　　M. H.

Literatur: Hanzel 1976, Taf. 1, 1-2.

83 Gussform für Sicheln

Stein, L. 27 cm, D. 3,5 cm

Zufallsfund, Branica, Charmanlij

Späte Bronzezeit, 16. bis 11. Jahrhundert v. Chr.

Regionalhistorisches Museum Chaskovo, Inv.-Nr. A 574

Gussform aus grünem Stein für bogenförmige Sicheln in fünf verschiedenen Grössen.　　S. I.

Literatur: Aladžov 1997, 31.

83

82

84 Barren

Kupfer, max. L. 72 cm, max. B. 34 cm, 26 kg

Černozem, Elchovo

Späte Bronzezeit, 12. Jahrhundert v. Chr.

Ethnographisches Museum Elchovo, Inv.-Nr. A-458

Barren in Form einer aufgespannten Ochsenhaut mit vier Zungen und einziehenden Seiten, grobe Oberfläche. Auf einer Seite ist mit einem breiten Meissel ein Zeichen in der Form eines doppelten T eingehauen. Dieses lässt sich als Kombination zweier Zeichen der Linear-B-Schrift deuten: *di-deka* (Doppeldeka), wobei es sich wohl um eine Gewichtsangabe handeln dürfte. Der Barren gehört zu einer Gattung, die man als Ochsenhaut- oder Doppelaxtbarren bezeichnet und die man beispielsweise vom vor Ulu Burun (Süd-Kleinasien) untergegangenen Schiff und von anderen Fundorten im östlichen Mittelmeerraum kennt. H. H.

Literatur: Lichardus 2002, 135–184.

85 Kette

Gold, L. 44 cm, 68,79 g

Hügelnekropole bei Däbene, Karlovo

Frühe Bronzezeit, zweite Hälfte des 3. Jahrtausends v. Chr., Junacite-Kultur

Historisches Nationalmuseum Sofia, Inv.-Nr. 50103

Zur Kette gehören drei Arten von Verteilern in unterschiedlichen Grössen und Formen sowie runde Miniaturperlen aus Gold in der Grösse von 1,2 bis 1,8 mm. Nach einer möglichen Rekonstruktion der Kette könnten ursprünglich zwei der Verteiler im Zentrum, zwei seitlich von ihnen und die restlichen beiderseits in insgesamt vier Bändern angeordnet gewesen sein. Zwischen ihnen waren Miniaturperlen in zwei verschiedenen Grössen aufgefädelt. In dieser Zusammensetzung wurden nicht alle Perlen verwendet.

M. H.

Literatur: Christov 2005, 1–4 Abb. 4.

86 Kette

Gold, ⌀ 20 cm, 77,52 g

Hügelnekropole bei Däbene, Karlovo

Frühe Bronzezeit, zweite Hälfte des 3. Jahrtausends v. Chr., Junacite-Kultur

Historisches Nationalmuseum Sofia, Inv.-Nr. 50104

Die Kette besteht aus rechteckigen Verteilern aus Gold mit jeweils drei Löchern an den Längsseiten und runden Perlen mit einem Durchmesser von 3 mm. Nach einer möglichen Rekonstruktion der Kette könnten die Verteiler in regelmässigen Abständen voneinander angebracht gewesen sein, während die Perlen vermutlich in drei Reihen zwischen ihnen aufgefädelt waren. M. H.

Literatur: Christov 2005, 1–4 Abb. 5.

84

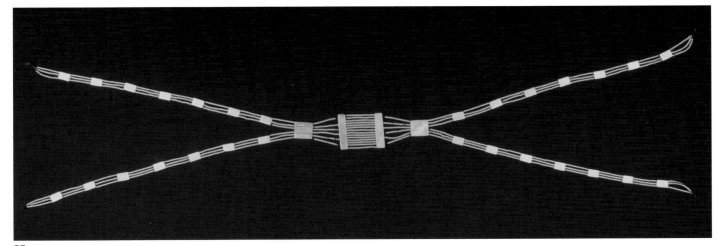

85

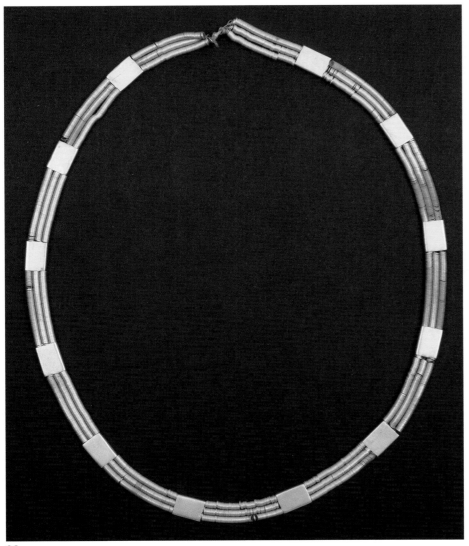

86

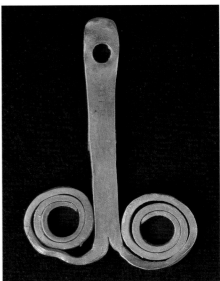

87

87 Applike

Gold, L. 4,3 cm

Prähistorische Siedlung Lăga, Teliš, Červen Brjag

Frühe Bronzezeit, zweite Hälfte des 3. Jahrtausends v. Chr.

Regionalhistorisches Museum Pleven, Inv.-Nr. 4793

Rechteckiges Plättchen, das eine Öffnung zur Befestigung aufweist und in zwei Spiralen endet. V. G.

Unpubliziert.

88 Grabfund

Goljamata Mogila, Ovčarci, Radnevo, Grab Nr. 7

Mittlere Bronzezeit, 21.–17. Jahrhundert v. Chr.

Archäologisches Museum Radnevo, Inv.-Nr. 922 und 928/1-12

Amphora

Ton, H. 24 cm, max. ∅ 23,5 cm

Kugeliger Körper, flacher Boden, kurzer zylindrischer Hals, horizontale Mündung, gerade Lippe und zwei Henkel. Der aufgemalte Dekor besteht aus drei Bändern horizontaler dunkler und weisser Linien auf dem Bauch und einem stilisierten blattähnlichen Motiv aus dunklen Linien auf Hals und Schulter. Gelblich-beige Oberfläche. Auf der Töpferscheibe hergestellt.

88

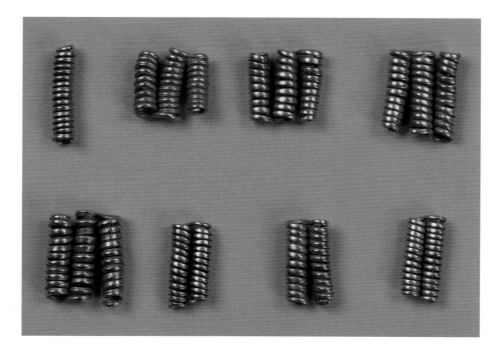

Zwei spiralförmige Anhänger

Golddraht, L. 1,5 cm und 1,45 cm, 0,97 g und 1,24 g

Vier doppelte spiralförmige Anhänger

Golddraht, L. 1,3–1,35 cm, 1,54 g–3,43 g

Fünf dreifache spiralförmige Anhänger.

Golddraht, L. 1,1–1,35 cm, 2,23–3,51 g

Spiralförmiger Schmuck

Golddraht, ∅ 1,3 cm, 4,09 g   S. A.

Unpubliziert.

89 Der Schatzfund von Vălčitrăn

Der Goldschatz aus Vălčitrăn gehört zu den herausragenden Zeugnissen der antiken Toreutik. Die dreizehn Objekte bestehen aus Gold und haben ein Gesamtgewicht von 12,425 kg. Der Schatz wurde im Dezember 1924 gefunden. Seit Januar 1925 befindet er sich im Nationalen archäologischen Institut mit Museum in Sofia.

Über die interessanten Gefässformen des Vălčitrăner Schatzfundes, ihre Ausarbeitung, Bestimmung und Datierung sind in den letzten Jahrzehnten die unterschiedlichsten Meinungen geäussert worden. Die vorgeschlagenen Datierungen erstrecken sich über einen grossen Zeitraum von der mittleren Bronzezeit (2. Jahrtausend v. Chr.) bis zur Zeit der Völkerwanderungen im 5./6. Jahrhundert und die Deutungen reichen von einem gewöhnlichen Trinkservice über einen Satz von Kultobjekten bis zu der Hypothese, dass die Deckel mit Knauf Becken von Schlaginstrumenten (Zimbeln) seien. Heute kann man davon ausgehen, dass der Fund, der aus einer grossen ovalen Schale mit massiven Griffen, einem grossen und drei kleineren Bechern mit je einem Griff,

zwei grossen und fünf kleineren Deckeln mit Knauf und einem dreiteiligen Gefäss besteht, das eiförmig verlängerte und an der einen Seite spitz zulaufende Halbkugeln zeigt, die handwerkliche Blüte im Karpaten-Donau-Raum zwischen der zweiten Hälfte des 14. und dem Anfang des 8. Jahrhunderts v. Chr. belegt. Die archäologischen Materialien aus der Region, in der der Schatz gefunden wurde, sprechen eindeutig dafür, dass die Objekte von einer Bevölkerung mit gleicher materieller und geistiger Kultur benutzt wurden, deren Lebensraum dem heutigen Nordwestbulgarien, Nordostserbien und Südwestrumänien entsprach und die zweifelsohne eine Stammesgemeinschaft innerhalb des thrakischen Volkes bildete. Viel komplizierter und rätselhafter ist die Frage, wer diese kunstvollen Gegenstände anfertigte, wo dies geschah und wozu sie den Thrakern gedient haben mögen. Mit ihren Formen, der Technik und Kunstfertigkeit bei der Herstellung und Verzierung sowie den verwendeten Materialien sind sie ein einzigartiges Phänomen in der Goldschmiedekunst jener Zeit auf der Balkanhalbinsel. Der Schatzfund gilt als vorbildlich für die thrakische Toreutik. Die Da-

tierung bewegt sich heute zwischen der mittleren Bronze- und der frühen Eisenzeit. In der komplizierten Diskussion ist man sich jedoch über zwei Dinge einig: Das verwendete Gold stammt aus dem Karpaten-Donau-Raum, und Bernstein, wie in der Mitte des Bronzekreuzes auf einem der Deckel verwendet, tauchte auf der Balkanhalbinsel erst im 13. Jahrhundert v. Chr. auf. Dies erlaubt, den Schatzfund einer lokalen Werkstatt zuzuordnen und eine Datierung gegen das Ende des 2. bzw. den Anfang des 1. Jahrtausends v. Chr. anzunehmen.

Der Schatzfund von Vălčitrăn wird für die Wissenschaft noch lange ein Rätsel bleiben. Die Elemente der Form und Verzierung, die die örtlichen Goldschmiede verwendet haben, geben Anlass zur Annahme, dass es sich um thrakische Meister handelt. Die Goldschmiedearbeiten aus Nordwestbulgarien und dem Karpaten-Raum zeigen gemeinsame Stilmittel und typische künstlerische Ansätze einer Region, die in der Goldschmiedekunst in der Bronzezeit auf der Balkanhalbinsel führend wurde.

Alle Gefässe des Schatzes bestehen aus derselben Legierung: 88,15% Gold, 9,70% Silber, 1,74% Kupfer und 0,40% Eisen.
Nationales archäologisches Institut mit Museum Sofia

89 a. Dreiteiliges Gefäss

Gold, H. 5,3 cm, L. 23,9 cm, Gewicht 1190 g

Inv.-Nr. 3203

Das Gefäss besteht aus drei blattförmigen Schalen, die durch zwei leicht geschwungene Röhren aus Elektron miteinander verbunden sind. Die Flüssigkeit kann von einer Schale in die andere fliessen. Jedes der drei Gefässe ist mit horizontalen Kanneluren verziert und läuft an einem Ende spitz zu. Die Elektronröhren sind angelötet, das Ornament darauf ist in Niello-Technik ausgeführt.

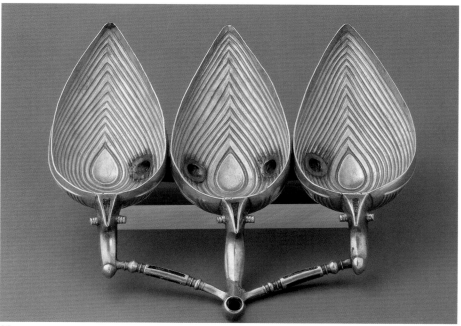

89 a

89 b. Kantharos

Gold, H. 22,4 cm, Gewicht 4,395 kg

Inv.-Nr. 3192

Aus zwei Teilen, mit Silber zusammengelötet. Die beiden Henkel wachsen aus der Lippe empor und sind mit goldenen Nieten auf der Schulter befestigt. Die Henkel sind mit je fünf plastischen Graten verziert. Die äusseren und mittleren Grate sind mit eingeritzten Linien geschmückt, die beiden anderen sind glatt, bilden jedoch zusammen mit dem mittleren Grat am unteren Ende des Henkels ein an einen Fischschwanz erinnerndes Motiv.

89 b

89 c

89 d. Grosser Deckel

Gold, H. 12,6 cm, ⌀ 37 cm, Gewicht 1850 g
Inv.-Nr. 3196

Der Knauf ist kugelförmig mit umlaufenden horizontalen Kanneluren, er endet in einer tordierten konischen Spitze. Die Oberseite des Deckels ist mit spiralförmigen Ornamenten aus aufgelegten Blattsilberstreifen verziert. Der innere Ansatz des Knaufes ist mit Bronze unterlegt. Die Unterseite ist in der Mitte mit einem Bronzekreuz stabilisiert.

89 c. Grosser Deckel

Gold, H. 12,6 cm, ⌀ 36 cm, Gewicht 1755 g
Inv.-Nr. 3197

Der Knauf ist kugelförmig mit umlaufenden horizontalen Kanneluren, er endet in einer tordierten konischen Spitze. Die Oberseite des Deckels ist mit spiralförmigen Ornamenten aus aufgelegten Blattsilberstreifen verziert.

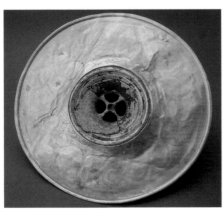

89 d

89 e

89 g

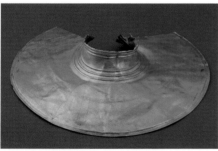

89 i

89 e. Deckel

Gold, H. 11,5 cm, ⌀ 21,5 cm, Gewicht 588 g
Inv.-Nr. 3198
Um die Basis des Knaufes liegen drei konzentrische Perlenkreise. Der innere Ansatz des Knaufes ist mit Bronze verstärkt.

89 f. Deckel

Gold, H. 3,4 cm, ⌀ 21,5 cm, Gewicht 374 g
Inv.-Nr. 3200
Der Knauf, der von den Entdeckern abgetrennt wurde, ist verloren.

89 g. Deckel

Gold, H. 11,6 cm, ⌀ 21,6 cm, Gewicht 462 g
Inv.-Nr. 3199
Ein grosser Teil ist verloren.

89 h. Deckel

Gold, H. 4,8 cm, ⌀ 21,6 cm, Gewicht 300 g
Inv.-Nr. 3201
Ein grosser Teil ist verloren. Der Knauf wurde von den Entdeckern abgetrennt.

89 i. Deckel

Gold, H. 3,1 cm, ⌀ 21,6 cm, Gewicht 207 g
Inv.-Nr. 3202
Ein Teil des Deckels und des Knaufes ist verloren.

89 j. Kyathos

Gold, H. 18,3 cm, ⌀ 16,2 cm, Gewicht 919 g
Inv.-Nr. 3193
Hochgezogener Henkel, der mit einem breiten Grat mit eingeritzten Linien verziert ist. Der Boden ist mit zwei konzentrischen Kreisen geschmückt.

89 k. Kyathos

Gold, H. 8,2 cm, ⌀ 4,5 cm, Gewicht 130 g
Inv.-Nr. 3204
Hochgezogener Henkel, der mit Goldnieten mit konischen Köpfen befestigt ist.

89 l. Kyathos

Gold, H. 8,9 cm, ⌀ 4,9 cm, Gewicht 132 g
Inv.-Nr. 3195
Hochgezogener Henkel, der mit einem breiten Grat mit eingeritzten Linien verziert ist. Der Boden ist mit einem konzentrischen Kreis geschmückt, um den Rand laufen drei parallele Linien. Der Henkel ist mit drei Goldnägeln befestigt.

89 m. Kyathos

Gold, H. 8,2 cm, ⌀ 4,5 cm, Gewicht 130 g
Inv.-Nr. 3194
Hochgezogener Henkel, der mit einem breiten Grat mit eingeritzten Linien verziert ist. Der Boden ist mit einem konzentrischen Kreis geschmückt, um den Rand laufen drei parallele Linien.   P. I.

Literatur: Mikov 1958; Venedikov 1975; Ognenova-Marinova 1978 a, 240-244; Ilieva – Sotirov 2002.

89 k

89 m

Thrakien – das Land des Orpheus

90 Symbolische Bestattung

Kazičane, Kreis Sofia (Zufallsfund), 10.–7. Jahrhundert v. Chr.

Städtisches Unternehmen «Alt Sofia» mit Historischem Museum Sofia

Das Ensemble besteht aus drei Gefässen – je einem aus Ton, Bronze und Gold – und wurde 1969 zufällig bei Grabungsarbeiten entdeckt. An der Fundstelle sind keine Spuren einer Siedlung oder Nekropole nachweisbar. Der Fund kann deshalb als symbolische Bestattung interpretiert werden. Das Tongefäss hatte wahrscheinlich die Funktion einer Urne, dafür spricht auch seine Form. Das Goldgefäss war eine Grabbeigabe; zusammen lagen sie im Bronzekessel. Die drei Gefässe sind unterschiedlich zu datieren: Das älteste ist das Goldgefäss (c), das aus dem frühen 1. Jahrtausend v. Chr. stammt (10./9. Jh. v. Chr.), nur wenig später ist die Tonurne (b) anzusetzen. Der Bronzekessel gehört zum urartäischen Typus (8./7. Jh. v. Chr.) und trug einst plastische Verzierungsteile, wie die unter dem Rand erhaltenen vier Gruppen von je drei Nieten vermuten lassen.　　L. K.

Literatur: Stančeva 1973, 3f.; Fol 1975, 13f.

90

90 a. Kessel
Bronze, H. 24 cm, ⌀ 43 cm
Inv.-Nr. 3012

90 b. Urne
Ton, H. 22 cm, ⌀ 32,6 cm
Inv.-Nr. 3013

90 c. Schale
Gold, H. 14,5 cm, ⌀ 24 cm, Gewicht 1050 g
Inv.-Nr. 3014

90 a

90 b

93

91 Schale

Gold, H. 7,3 cm, ⌀ 11,3 cm, Gewicht 77,27 g
Belene, Kreis Pleven, 12.–10. Jahrhundert v. Chr.
Historisches Museum Pleven, Inv.-Nr. 3898
Die Schale ist halbkugelförmig und aus
einem dünnen Goldblech gefertigt. Die Verzierung mit Buckeln und Rinnen ist typisch
für Tongefässe aus der Übergangszeit zwischen der späten Bronze- und der frühen Eisenzeit. Beim Goldgefäss handelt es sich bis
heute um das einzige bekannte dieses Typus
mit diesem Dekor.
Es wurde 1982 zufällig auf der Donauinsel
Belene gefunden.   P. D.
Literatur: Lazarova 1993, 261ff.

91

92 Becher

Ton, H. 15 cm, ⌀ der Mündung 10,5 cm,
⌀ des Fusses 6 cm, max. ⌀ des Körpers 12,0 cm
Hügelgrab in Čelopeč, Kreis Sofia, 7. Jahrhundert
v. Chr.
Historisches Nationalmuseum Sofia, Inv.-Nr. 46571
Becher mit abgeschrägter Mündung, zylindrischem Hals, konischem Körper mit drei
knospenförmigen Elementen und einem

92

hoch über die Mündung gezogenen kannelierten Henkel. Die gesamte Gefässober-
fläche ist verziert, die Mündung mit einem
Band aus drei parallelen eingestempelten Linien, darunter zwei horizontale Bänder und
ein Fries mit Zickzackmotiv. Der Körper ist
mit drei girlandenartigen Bändern verziert.
Spuren von weisser Inkrustierung.   D. Ag.
Literatur: Agre 2004, 213–217.

93 Teil des Grabinventars einer symbolischen Bestattung

Grabhügel aus dem Gebiet des Dorfes Beliš
bei Trojan, 7. Jahrhundert v. Chr.
Historisches Nationalmuseum Sofia

93 a. Gürtelteile

Drei rechteckige Gürtelbeschläge, gegossene
durchbrochene Arbeit
Bronze, L. 6,4 cm, B. 5,9cm, D. 0,8 cm
Inv.-Nr. 42542/1
In einem rechteckigen Rahmen stehen einander Dreiecke mit eingeschnittenem, geometrischem Dekor aus kleinen Kreisen mit
einem Punkt und horizontalen Linien gegenüber. Der Rahmen wird an beiden Enden
von zwei horizontalen Streifen umsäumt.

Gürtelschnalle
Bronze, max. L. 14,5 cm, B. 5,85 cm, D. 0,8 cm,
∅ des Ringes 2,4 cm
Inv.-Nr. 42542/2
Durchbrochene Arbeit, rechteckige Schnalle,
aus der drei Streifen ragen, die in einem weiten flachen Ring enden, aus dem ein Stück
herausgebrochen ist.

94

93 b–d. Drei Armreife

Bronze, Querschnitt 1 cm, ∅ innen 6,5 cm /
Querschnitt 1,5 cm, ∅ innen 6,4 cm
Inv.-Nr. 42543/1,2 und 42545
Massiv gegossen mit offenen, sich berüh-
renden Enden, die in einem reliefierten Ring
auslaufen. Geometrischer Dekor aus längs
eingravierten Linien und Punkten sowie
Feldern mit Fischgratmuster.

93 e. Armreif

Bronze, Querschnitt 1 cm, ∅ innen 6,5 cm
Inv.-Nr. 42544
Massiv gegossen mit offenen, sich nicht be-
rührenden Enden, von denen eines in einer
kleinen Kugel endet, die am anderen Ende
abgebrochen ist und fehlt. Geometrischer
Dekor aus eingravierten Linien, schrägen
Kerben und X-förmigen Verzierungen. G. V.
Literatur: Christov 2002, 8f. Abb. 6f.

94 Gefäss mit Buckeln

Ton, H. 20 cm, max. ∅ 30 cm, ∅ der Mündung 22 cm
Dimitrovgrad, 8.–6. Jahrhundert v. Chr.
Regionalhistorisches Museum Chaskovo,
Inv.-Nr. A 3503
Bikonisches Gefäss mit ausladender Mün-
dung, drei Buckeln und einem Rundhenkel.
Dekor aus gestempelten Ornamenten.   S. I.
Unpubliziert.

95 Rhyton

Ton, H. 16,5 cm, ∅ der Mündung 6,5 cm,
L. der Protome 13 cm
Fundort unbekannt, 5.–4. Jahrhundert v. Chr.
Historisches Museum Karlovo, Inv.-Nr. T-2
Der untere Teil stellt einen Stierkopf dar.
Ohren, Hörner und Augen sind sorgfältig
geformt, die Augenbrauen sind mit drei ein-
gekerbten Linien wiedergegeben, die beiden
Teile des Unterkiefers sind klar umrissen.
Unterhalb der Unterlippe Dekor aus drei
kleinen eingekerbten Dreiecken. Am Maul
eine kleine Öffnung für das Abfliessen des
Getränks.   M. D.
Literatur: Končev 1959, 102–103;
Stojanov 2003 b, 132–140.

95

96 Kanne

Silber, teilweise vergoldet, H. 12,6 cm, ⌀ 6,1 cm
Simeonovgrad, Hügel Nr. 1, 5.–4. Jahrhundert
v. Chr.
Regionalhistorisches Museum Chaskovo,
Inv.-Nr. A-4589

96

Eiförmiger Körper, bikonischer Fuss, massiver kannelierter Henkel. Vergoldeter Eierstab am Halsansatz. Auf dem Gefässkörper Blattkranz, alternierend vergoldet.   S. I.
Unpubliziert.

97 Schmuckelemente für Pferdegeschirr

Silber, max. ⌀ 7,7 cm
Simeonovgrad, Hügel Nr. 1, 5.–4. Jahrhundert
v. Chr.
Regionalhistorisches Museum Chaskovo,
Inv.-Nr. A-4588
15 Appliken in Form runder Scheiben mit einem Omphalos in der Mitte.

Stirnschmuck
Silber, teilweise vergoldet, L. 28 cm, B. 15,2 cm
Simeonovgrad, Hügel Nr. 1, 5.–4. Jahrhundert
v. Chr.
Regionalhistorisches Museum Chaskovo,
Inv.-Nr. A-4587

97

98

Das Zierelement hat die Form einer Doppelaxt, die mit drei vergoldeten Omphaloi – einer in der Mitte, die beiden kleineren am Rand – verziert ist.   S. I.
Unpubliziert.

98 Becher

Silber, H. 12,7 cm, max. ⌀ 7,7 cm
Dorf Gorski Izvor bei Chaskovo, 6.–5. Jahrhundert
v. Chr.
Regionalhistorisches Museum Chaskovo,
Inv.-Nr. A-2061
Zylindrische, sich nach oben erweiternde Form, horizontaler Mündungsrand. Senkrechte Kanneluren, unter dem Rand vegetabiler Dekor.   S. I.
Literatur: Petrov 1993, 10f.

99 Waffen

Krummschwert *(machaira)*
Eisen, L. 44,5 cm, B. 3,8 cm
Dorf Orlovo bei Chaskovo, 2.–1. Jahrhundert v. Chr.
Regionalhistorisches Museum Chaskovo,
Inv.-Nr. A-2775
Einschneidig, die Schneide auf der Innen-
seite. Auf der einen Fläche sind Sonne und
Mond dargestellt. S. I.
Literatur: Petrov 2004, 185–187.

Zwei Speerspitzen
Eisen, L. 39 cm, B. 4 cm; L. 37,7 cm, B. 4 cm
Dorf Orlovo bei Chaskovo, 2.–1. Jahrhundert v. Chr.
Regionalhistorisches Museum Chaskovo,
Inv.-Nr. A-2774
Blattförmig mit längs verlaufendem Grat in
der Mitte bzw. blattförmig mit Querschnitt
in der Form eines flachen Rhombus. S. I.
Literatur: Petrov 2004, 185–187.

100

100 Wagenapplike

Bronze, D. 5,6 cm, max. ⌀ 9,6 cm
Ortschaft Jurtovete bei Chaskovo, hellenistische
Zeit
Regionalhistorisches Museum Chaskovo,
Inv.-Nr. A-3755

Applike eines Streitwagens, auf der Vorder-
seite eine mythologische Szene: Pan mit der
Kithara und eine Quellnymphe. S. I.
Literatur: Petrov 2004, 185–187 Abb. 9.

101 Skyphos

Ton, H. 8,7 cm, ⌀ Mündung 10,2 cm, Boden 5,2 cm
Hügelgrab bei Karnobat, erste Hälfte des 5. Jahrhunderts v. Chr.
Historisches Museum Karnobat, Inv.-Nr. 460
Attisches rotfiguriges Trinkgefäss mit niedrigem, ringförmigem Fuss. Die beiden einander gegenüberliegenden Henkel – der eine
horizontal, der andere vertikal – sind unmittelbar unter der Mündung angebracht. Auf
dem Fries sind zwei fast identische Darstellungen einer Eule zwischen zwei vierblätt-
rigen Ölzweigen wiedergegeben. R. G./D. M.
Literatur: Georgieva 2005 a, 168–172.

99

101

102

102 Torques

Gold, ∅ 15,5 cm, 430 g

Zufallsfund, Gorni Cibăr bei Montana, Ende des
4. Jahrhunderts v. Chr., keltische Kultur

Nationales archäologisches Institut mit Museum
Sofia, Inv.-Nr. 3242

Reif mit rundem Querschnitt, dessen Enden
in grossen, flachen Kugeln ohne Dekor auslaufen. Die beiden Enden des Ringes sind
mit in flachem Relief ausgeführten, miteinander verbundenen spiralförmigen Motiven
verziert, die für den Waldalgesheim-Stil charakteristisch sind.   M. T.

Literatur: Venedikov – Gerasimov 1973,
379 Nr. 254–255; Szabo 1992, 27. 122.

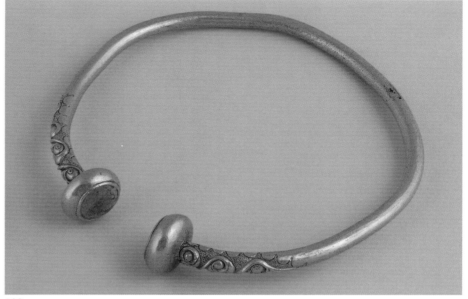

102

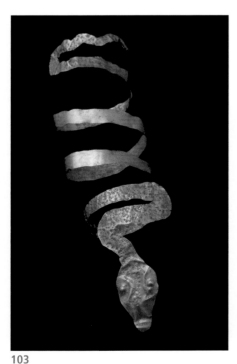

103

103–107 Funde aus der Nekropole von Mesambria

Mesambria (heute Nessebär) war eine dorische Kolonie, die im frühen 5. Jahrhundert
v. Chr. auf einer felsigen Halbinsel am Eingang der Bucht von Burgas gegründet wurde.
Die Stadt entwickelte sich rasch und gewann
wirtschaftliche und politische Bedeutung.
Da der Ort bis heute kontinuierlich besiedelt
war, konnte das Stadtgebiet nur sehr punk-
tuell untersucht werden. Wichtige Erkenntnisse liefern aber die Nekropolen, die ausserhalb der Stadt angelegt wurden.

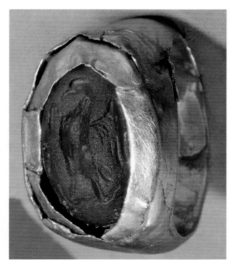

104

103 Ring, schlangenförmig

Gold, L. 5,8 cm, ∅ 1,9 cm, 1,38 g

Nekropole von Mesambria, 3. Jahrhundert v. Chr.
Archäologisches Museum Nessebär, Inv.-Nr. 3627

Spiralförmig in vier Umdrehungen gebogenes Goldband, das eine Schlange darstellt.
Am Kopf und am Schwanz sind durch ein-
getiefte Punkte die Schuppen der Schlange
wiedergegeben.   P. K.

Unpubliziert.

104 Ring mit Gemme

Gold, H. 1,9 cm, ∅ 1,7 cm, Gemme: 1,5 / 0,9 cm,
3,39 g

Nekropole von Mesambria, 3. Jahrhundert v. Chr.
Archäologisches Museum Nessebär, Inv.-Nr. 3628

Hohler Ring aus dickem Goldblech. Im oberen Teil eine ellipsenförmige Verbreiterung,
in die eine ovale Gemme aus orangefar-
benem Karneol eingebettet ist. In die Gemme ist ein Adler mit ausgebreiteten Flügeln
eingeschnitten, der sein rechtes Bein auf den
Schwanz einer Schlange gesetzt hat, die sich
vor ihm windet.   P. K.

Unpubliziert.

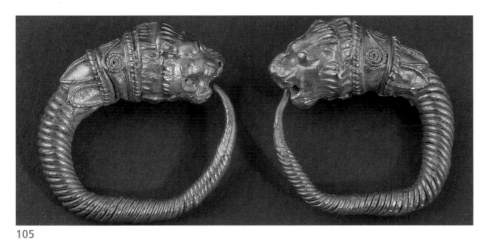

105

105 Ohrringe

Gold; I: ∅ 1,5 cm, 3,04 g; II: ∅ 1,7 cm, 3,24 g
Nekropole von Mesambria, Ende des 4. /
Anfang des 3. Jahrhunderts v. Chr.
Archäologisches Museum Nessebär, Inv.-Nr. 3650
Zwei Ringe aus spiralförmig gedrehtem
Golddraht, an deren Enden rundplastische
Löwenhäupter mit mächtiger Mähne sitzen.
P. K.
Unpubliziert.

106 Halskette

Gold, L. 32,5 cm, 26,15 g, 23,60 Karat
Nekropole von Mesambria, 3. Jahrhundert v. Chr.
Archäologisches Museum Nessebär, Inv.-Nr. 3003
Schmales Band aus kompliziert geflochtenem
dünnem Golddraht. Am unteren Rand kleine
Rosetten, an denen Anhänger befestigt sind.
Die Schliessen sind mit Filigran verziert.
P. K.
Literatur: Čimbuleva 2000, 83–87.

107 Spiegel

Bronze, H. 31 cm, ∅ 15, 1 cm
Nekropole von Mesambria, 3. Jahrhundert v. Chr.
Archäologisches Museum Nessebär, Inv.-Nr. 3629
Massive runde Scheibe, auf beiden Seiten
mit Kreisen verziert. Spuren von Versilberung.
Der Griff ist spindelförmig und hat ein
profiliertes Ende. Am Griff plastische Büste
des Eros mit geöffneten Flügeln.
P. K.
Unpubliziert.

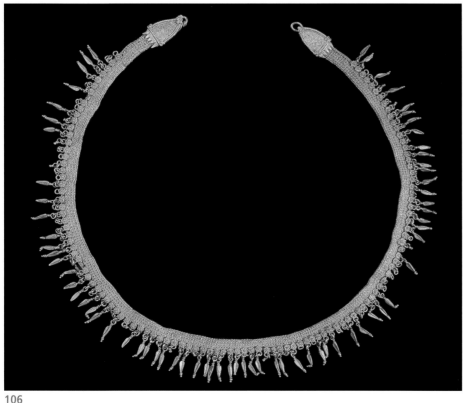

106

107

108 Spiegel

Bronze, ⌀ der Scheibe15,2 cm,
Gesamtlänge 27,4 cm
«Orpheusgrab» im Hügel Kasabova bei Šejnovo
im Tal der thrakischen Könige, zweite Hälfte des
5. Jahrhunderts v. Chr.
Nationales archäologisches Institut mit Museum
Sofia, Inv.-Nr. MIK A II 1928
Intakt, sehr gut erhalten. Runde Scheibe mit
glatter Oberfläche. Am Rand Perlkreis und
Flechtornament. Auf dem Griff ist auf bei-

den Seiten die Darstellung einer Sirene mit
archaischen Zügen zu sehen. Die Brust ist
mit eingeschnittenen Halbkreisen verziert,
die nach oben hin offen sind. Darunter kommen gerade, glatte Beine hervor, die in stark
verlängerten Vogelklauen enden. An beiden
Seiten des Körpers sind die nach oben gebogenen Flügel wiedergegeben. Der reich verzierte Griff endet in einem Stift in Form einer verlängerten vierseitigen Pyramide, über
der ein vergoldeter Ring für die Befestigung
angebracht ist.   G. K.
Literatur: Kitov 2006 a, 91ff. Abb. 82;
Dimitrova 2007.

109 Schmuck für ein Pferdegeschirr

Im Jahr 1999 im Grab Nr. 1 bei Ivanski entdeckt.
Ivanski (Šumen), Grab 1, 4.–3. Jahrhundert v. Chr.

108

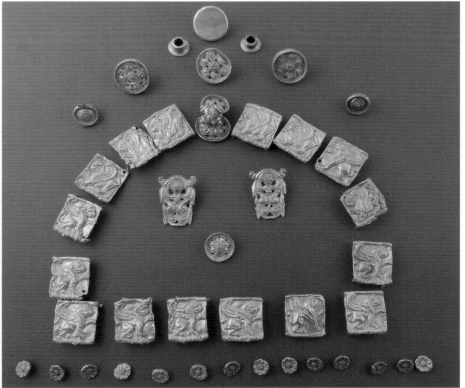

109

109 a

109 a

109 c

109 d

109 e

109 b

109 f

109 h

109 a. Appliken

Gold, mit je 4 Nieten zur Befestigung, L. 2,8–3,1 cm,
B. 2,5–3 cm
Regionalhistorisches Museum Šumen,
Inv.-Nr. AA 13305–20
16 Appliken mit der Darstellung eines nach
rechts oder links gewendeten geflügelten Löwen.

109 b. Stirnschmuck

Gold, L. 3,05 cm, B. 2,6 cm, Stärke 0,4 cm
Regionalhistorisches Museum Šumen,
Inv.-Nr. AA 13321
Durchbrochene Arbeit, in Form der Zahl
acht gegossen. Der Körper ist mit vier Eierstabfriesen verziert, im Zentrum die Darstellung eines Widderkopfes. Auf der Rückseite
Ring zur Befestigung.

109 c. Vier Knöpfe mit Verzierung

Gold, ⌀ 2,1–2,8 cm, Stärke 0,4 cm, Ring 0,7–1,8 cm
Regionalhistorisches Museum Šumen,
Inv.-Nr. AA 13322–25

109 d. Zwei Appliken mit Befestigungsring

Gold, L. 3,7 cm, B. 2,6×2,0 cm, Stärke 0,15 cm,
Ring 1,0 cm
Regionalhistorisches Museum Šumen,
Inv.-Nr. AA 13326–27
Durchbrochener vegetabiler Dekor.

109 e. Zwei Knöpfe mit Rosette

Gold, ⌀ 1,8 cm, Stärke 0,25 cm, Ring 1,4 cm
Regionalhistorisches Museum Šumen,
Inv.-Nr. AA 13328–29

109 f. Knopf

Gold, ⌀ 2,8 cm, Ring 1,5 cm
Regionalhistorisches Museum Šumen,
Inv.-Nr. AA 13329

109 g. Zwei trichterförmige Wirbel

Gold, ⌀ 1,6–1,8×1,0 cm, H. 0,8 cm
Regionalhistorisches Museum Šumen,
Inv.-Nr. AA 13331–32

109 h. Knöpfe

Gold, ⌀ 1,2 cm, Ring 0,35 cm
Regionalhistorisches Museum Šumen,
Inv.-Nr. AA 13333–46
14 Knöpfe in Form einer Rosette mit acht
Strahlen und mit Befestigungsringen auf der
Rückseite. S. S.
Unpubliziert.

110

110–111 Funde aus dem Svetica-Hügel

Der Svetica-Hügel wurde in der ersten Hälfte des 5. Jahrhunderts v. Chr. im «Tal der thrakischen Könige» aufgeschüttet. Wenige Jahrzehnte später errichtete man am Südrand ein Grab, das im Sommer des Jahres 2004 entdeckt und erforscht wurde. In der sarkophagförmigen Kammer war ein etwa 40-jähriger Mann bestattet worden, sicher ein Angehöri-ger der thrakischen Aristokratie, wenn nicht ein König. Er war nach dem orphischen Ritual beigesetzt worden, denn man fand nur einige Teile des Skeletts. Die Grabbeigaben waren den Wänden entlang aufgestellt oder an den Wänden aufgehängt gewesen. Dazu gehörten Waffen, Gefässe aus Edelmetall, Bronze und Ton sowie ein kostbarer Siegelring und die goldene Totenmaske.

110 Maske – Phiale

Gold, B. 23 cm, H. 20 cm, T. 4,1 cm,
Blechstärke 0,1 cm, Gewicht 672 g, 23,5 Karat
Nationales archäologisches Institut mit Museum
Sofia, Inv.-Nr. 8540

Stark deformiert durch eine Steinplatte, die darauf lag. Die Ohren sind mit je acht Nieten befestigt. Eine davon fehlt am linken Ohr. Das menschliche Gesicht in Relief trägt individuelle Züge. Geschlossene Augen, niedrige

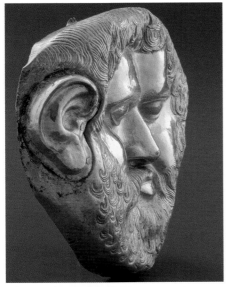

110

111 Siegelring

Gold, Platte 1,8×2,4 cm, Ring 2,4×2,45 cm
Nationales archäologisches Institut mit Museum
Sofia, Inv.-Nr. 8541

Ring in elliptischer Form mit vierkantigem
Querschnitt. Auf der Vorderseite der Platte
ist ein nackter, sitzender Mann mit dem Kopf
im Profil und üppigem Haar dargestellt. Die
Muskulatur des Körpers ist angespannt. Die
Hände halten zwei sehr lange Speere, dargestellt als Linien über den Beinen und hinter dem Rücken. Der Mann sitzt auf einer
ebenen Fläche, die durch horizontale Linien
angegeben ist. Dargestellt ist ein Athlet, ein
Speerträger. Detailliert ausgearbeitet, realistischer und expressiver Ausdruck. Produkt
einer griechischen, wohl attischen Werkstatt
aus dem dritten Viertel des 5. Jahrhunderts
v. Chr. G. K.

Literatur: Kitov 2005 e, 26ff. Abb. 13; Kitov 2005 a,
65 Abb. 87–89.

Stirn, leicht hervorstehende Augenbrauen,
durch parallele und grätenförmige Einritzungen wiedergegeben. Ebenmässige, leicht
gebogene Nase. Stark hervorspringende,
glatte Unterlippe, die Oberlippe ist unter
dem Schnurrbart versteckt. Detailliert gear-
beiteter Bart und Haar mit dicken Tollen.
Gussarbeit mit zusätzlich modellierten Ein-
zelheiten und Gravur. G. K.

Literatur: Kitov 2005 e, 24ff. Abb. 11; Kitov 2005 a,
59ff. Abb. 87–89.

111

112

113

112 Skyphos

Silber, vergoldet, H. 8,9 cm

Orela-Hügel bei Strelča, zweites Viertel des
4. Jahrhunderts v. Chr.

Nationales archäologisches Institut mit Museum
Sofia, Inv.-Nr. 8432

Becher mit flachem Boden und zwei horizontalen Henkeln. Auf dem Boden spitz zulaufende achtblättrige Rosette (dieses Detail
wurde unbegründet als sog. «makedonischer
Stern» gedeutet). Auf dem Körper vier Friese: Unten Voluten, aus denen fünfblättrige
Palmetten entspringen, alternierend mit
nach aussen gerollten, vergoldeten und nach
innen gerollten, unvergoldeten Blättern; al-
ternierende Gruppen von je zwei einander
zugewandten Widderköpfen und einem
Löwenkopf; 15 Frauenköpfe mit gelöstem
Haar und strengem Ausdruck; siebenblättrige Palmetten, jede zweite vergoldet. In der
Spitze der nach aussen gerollten Blätter ist
eine kleine Vertiefung eingraviert, sodass die
Blätter Greifenköpfen ähneln. Qualitätvolle
Arbeit aus einem thrakischen Künstleratelier
der Spitzenklasse.   G. K.

Literatur: Kitov 1979, 27–31.

113 Siegelring

Gold, ∅ 1,6–2,5 cm, Platte 2×25 cm

Grabhügel in der Nekropole bei Brezovo, Kreis
Plovdiv, Ende des 5. / Anfang des 4. Jahrhunderts
v. Chr.

Nationales archäologisches Institut mit Museum
Sofia, Inv.-Nr. 1579

Flache ellipsenförmige Platte mit Darstellung einer Investitur. Rechts ein Reiter, ein
thrakischer Herrscher. Links eine aufrechte
menschliche Figur, die Grosse thrakische
Muttergöttin, die dem Herrscher ein Rhyton, eines der königlichen Machtsymbole,
überreicht.   G. K.

Literatur: Venedikov – Gerasimov 1973, Nr. 209;
Marazov 1992, 359–362.

114 Funde aus der Nekropole
von Apollonia Pontica

Apollonia Pontica war die grösste und reichs-
te griechische Kolonie an der Westküste des
Schwarzen Meeres. Sie wurde gegen Ende
des 7. Jahrhunderts v. Chr. von Siedlern aus
dem ionischen Milet auf einer Halbinsel gegründet und entwickelte sich rasch zu einer
blühenden Hafen- und Handelsstadt. Diese
wurde zu einem wichtigen Ort der Begeg-
nung zwischen Thrakern und Griechen. Die
heutige Stadt Sozopol liegt genau an der Stelle des antiken Apollonia, was systematische
Untersuchungen stark erschwert. Durch die
Zunahme der Bautätigkeit wurde aber die
Erforschung der Nekropolen vorangetrie-

ben, die sehr wertvolle Informationen über
die antike Stadt liefern. Vielfach findet sich
griechische Importkeramik.

114 a. Bukranion

Blei, H. 5,6 cm, B. 3,6 cm

Nekropole von Apollonia Pontica, 2. Hälfte des
4. Jahrhunderts v. Chr.

Historisches Nationalmuseum Sofia, Inv.-Nr. 37915

Das Plättchen hat die Form eines Stierkopfes
in Vorderansicht. Die Hörner sind lang und
nach unten gebogen. Die Schnauze als verti-
kales Band mit horizontalen Schrägstrichen
stilisiert, die Augen sind durch konzentrische
Reliefrippen wiedergegeben. Über den Ohren, deren Spitzen als plastische Schlangen-
köpfe geformt sind, ist ein Band verknotet.
Die Stirn des Stiers ziert eine plastische Rosette.   L. K.

Literatur: Konova 2002, 595–598.

114 a

114 b

114 b. Bukranion

Blei, H. 11 cm, B. 6,6 cm

Nekropole von Apollonia Pontica, 2. Hälfte des
4. Jahrhunderts v. Chr.

Historisches Nationalmuseum Sofia, Inv.-Nr. 37917

Form und Dekor wie Nr. 114 a. Auf der Stirn
ist statt der Rosette der Kopf des Apollon in
Vorderansicht wiedergegeben.   L. K.

Literatur: Konova 2002, 595–598.

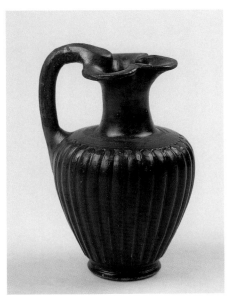

114 c

114 c. Kanne (Oinochoe)

Ton, schwarz gefirnisst, H. 11,5 cm

Nekropole von Apollonia Pontica, Mitte 4. Jahrhundert v. Chr.

Historisches Nationalmuseum Sofia, Inv.-Nr. 38043

Attischer Typus «Shoulder». Verziert mit
senkrechten Kanneluren, die ein Zungenmuster bilden.   L. K.

Unpubliziert.

114 e

114 d. Schale (Kylix)

Ton, H. 6,5 cm, ⌀ 11,2 cm

Nekropole von Apollonia Pontica, 1. Hälfte des
4. Jahrhunderts v. Chr.

Historisches Nationalmuseum Sofia, Inv.-Nr. 38036

Attisch rotfigurig.

Seite A: In der Mitte ein stehender Eros im
Profil nach rechts, der sich mit ausgestreckter Hand zu einem Jüngling mit erhobener
linker Hand wendet, der auf seinem Mantel
sitzt. Hinter dem Eros ist ein zweiter Jüngling zu erkennen, der in der erhobenen Linken einen Gegenstand (Phiale?) hält.

Seite B: Zwei bärtige Silene mit Tierohren,
zwischen ihnen eine tanzende Mänade mit
einer Trommel. Auf der Innenseite des Randes Efeublätter.   L. K.

Unpubliziert.

114 e. Salbgefäss (Lekythos)

Ton, teilweise vergoldet, H. 16,7 cm

Nekropole von Apollonia Pontica, 360–340 v. Chr.

Historisches Nationalmuseum Sofia, Inv.-Nr. 41537

Attisch rotfigurig, bauchige Form. Eierstab
am Hals und Lorbeerkranz auf der Schulter
in Barbotine-Technik mit Vergoldung. Die
Darstellung auf dem Gefässbauch zeigt Eros
und eine weibliche Gestalt, die auf einem
Felsen sitzt. Die beiden flechten über einem
Thymiaterion (Räuchergefäss) einen Kranz,
wohl für eine Bestattung. Auf der linken Seite ist eine weitere Frau zu sehen, die mit einer kleinen Truhe für die Grabbeigaben und
einem Band zur Verzierung eines Grabmals
auf die beiden zugeht.   E. P.

Unpubliziert.

114 d

114 f. Weinkanne (Oinochoe)

Ton, H. 16,5 cm

Nekropole von Apollonia Pontica, 1. Hälfte des
4. Jahrhunderts v. Chr.

Historisches Nationalmuseum Sofia, Inv.-Nr. 33994

Attisch rotfigurig, Typus «Shoulder». Auf
dem Körper sind zwei männliche Figuren in
langen Gewändern dargestellt, die einander
gegenüberstehen. Der eine hält ein Scher-
messer und der andere eine Trommel (oder
einen Spiegel). Zwischen ihnen ist ein Greif
mit am Körper anliegenden Flügeln und detailliert gestalteten Federn zu sehen. In der
Art des «Fat Boy Painter».   E. P.

Unpubliziert.

114 g

114 f

114 g. Pelike

Ton, ∅ der Mündung 15 cm, ∅ des Fusses 11,7 cm,
H. 23,3 cm

Nekropole von Apollonia Pontica, 2./3. Viertel des
4. Jahrhunderts v. Chr.

Historisches Nationalmuseum Sofia, Inv.-Nr. 37313

Attisch rotfigurig. Am Mündungsrand und
die figürliche Szene begrenzend Eierstab. Der

jugendliche Dionysos reitet auf einem Pan-
ther auf eine nach rechts eilende Frau (Mänade) zu. Der Gott trägt einen langen Chiton,
sein Kopf ist bekränzt. Die Mänade hält ein
Band und eine Trommel in der linken Hand,
die Rechte streckt sie Dionysos entgegen.

E. P.

Unpubliziert.

114 h. Askos

Ton, H. 14,9 cm, ⌀ 12,5 cm

Nekropole von Apollonia Pontica, 1. Hälfte des
4. Jahrhunderts v. Chr.

Historisches Nationalmuseum Sofia, Inv.-Nr. 37949

Attisch rotfigurig. Der obere Teil des Körpers
ist mit zwei Greifen mit ausgebreiteten Flügeln verziert, die zu beiden Seiten des Halses
symmetrisch angeordnet sind. Der Deckel ist
mit einem Eierstab verziert.   E. P.

Unpubliziert.

114 h

114 i. Groteske Figur eines Silens

Ton, H. 10,4 cm, B. 2,3 cm

Grab 101, Nekropole von
Apollonia Pontica,
4.–3. Jahrhundert v. Chr.

Historisches Nationalmuseum
Sofia, Inv.-Nr. 41535

Kräftige, aufrecht stehende
Figur, bis zum Gesäss in ein
Gewand gehüllt. Auf dem
linken Arm hält der Silen
einen Säugling mit phrygischer
Mütze, der ebenfalls in den
Mantel gehüllt ist. Die Figuren tragen wahr-
scheinlich Masken vor dem Gesicht.   E. P.

Unpubliziert.

114 j. Silen und Mänade

Ton, H. 9,1 cm, B. 4,7 cm

Grab 101, Nekropole von Apollonia Pontica,
4.–3. Jahrhundert v. Chr.

Historisches Nationalmuseum Sofia, Inv.-Nr. 38021

Ein glatzköpfiger Silen mit Pferdeohren,
Schnurr- und Backenbart hält eine Frau

114 i

114 j

115

(wahrscheinlich eine Mänade) eng um-
schlungen. Sie ist in einen Umhang gehüllt,
der ihren Kopf verdeckt.   E. P.

Unpubliziert.

115 Dekret von Apollonia

Marmor, H. 35 cm, B. 28 cm, T. 7 cm

Insel Sveti Kirik, Kreis Sozopol, 1. Jahrhundert
v. Chr.

Historisches Museum Varna, Inv.-Nr. II 1344

Der obere Teil der Marmorplatte hat die
Form eines Giebels mit Akroterien, in der
Mitte ein Rundschild in Relief. Unter dem
Giebel Helm und Schwert in flachem Relief. Darunter befindet sich ein umrahmtes
Feld mit einer griechischen Inschrift, von der
sieben Zeilen erhalten sind. Der Text thematisiert die von Mithridates VI. (120–63
v. Chr., König von Pontos, Kleinasien) den
Apolloniern gegen die römische Expansion
(87–86 / 72–71 v. Chr.) gewährte Unterstützung.   G. L.

Literatur: Danov 1937, 361 Nr. 100; Mihailov 1964,
361 Nr. 392 Taf. 214f.

116

116 Kännchen

Ton, H. 14 cm, ∅ Mündung 9 cm

Nekropole von Apollonia Pontica, 3. Viertel des
5. Jahrhunderts v. Chr.

Archäologisches Museum Sozopol, Inv.-Nr. 261

Attisch rotfigurig. Szene mit drei thrakischen
Kriegern: Links ist ein Fusssoldat in thrakischer Kleidung zu sehen, mit Umhang
(zeira), Ledermütze (alopekis) und hohen
Schuhen, mit mondsichelförmigem Schild
(pelte) und zwei Lanzen. Vor ihm galoppiert
ein Reiter in der gleichen Kleidung und Bewaffnung. Anschliessend folgt ein weiterer
Fusssoldat, erhalten sind nur das rechte Bein
und die zeira. G. V.

Literatur: Reho 1990, 103 Taf. 16.

117 Rotfiguriges Kännchen

Ton, H. 15 cm / mit Henkel 18,3 cm, ∅ der
Mündung 8,9 cm, ∅ des Fusses 6,6 cm

Grabhügel, Kreis Karnobat, 450–425 v. Chr.

Historisches Museum Karnobat, Inv.-Nr. 447

Attisch rotfigurig. Leicht nach aussen gewölbte Mündung. Der Körper ist halbkuge-
lig im unteren Teil und nach oben in Form
eines Kegelstumpfes verlängert. Der Boden
ist als niedriger Fuss geformt, der Henkel
hoch über die Mündung gezogen. Überzug
aus glänzendem, schwarzem Firnis. Zwischen zwei vielblättrigen Palmetten auf beiden Seiten des Henkels sind drei Soldaten
dargestellt, alle im Schritt nach rechts. Sie
tragen typisch thrakische Umhänge, mit geo-

117

metrischen Mustern verziert (zeira), enge Le-
derstiefel und auf dem Kopf spitze Mützen
aus Fuchsfell (alopekis). Der Soldat auf der
linken Seite und der vor ihm galoppierende
Reiter sind mit je zwei Lanzen und mond-
sichelförmigen Lederschilden bewaffnet (pelte). Der dritte Thraker trägt nur zwei Lanzen
über der Schulter. R. G. / D. M.

Literatur: Georgieva 2005 b, 32–40.

118 Funde aus dem Goljama Kosmatka Hügel

Der Hügel befindet sich in unmittelbarer
Nähe des südlichen Stadtrands von Šipka
und zehn Kilometer nördlich des Stausees
Koprinka, auf dessen Grund die Ruinen
von Seuthopolis liegen. Die archäologische
Expedition TEMP hat ihn im September/
Oktober 2004 untersucht. Aufgeschüttet
wurde der Hügel im 5. Jahrhundert v. Chr.
Anschliessend entfernte man einen Teil der
Aufschüttung und errichtete an dieser Stelle einen Steintempel mit einem 13 Meter
langen Korridor und drei Räumen (einer
runden, einer rechteckigen und einer aus
einem riesigen Felsblock gehauenen sarkophagähnlichen Kammer). Der Tempel war
mindestens einige Jahrzehnte in Funktion,
bevor Seuthes III. hier am Anfang des 3.
Jahrhunderts v. Chr. rituell bestattet wurde.
Die sarkophagähnliche Kammer war mit
einem Goldteppich ausgelegt. Auf dem Teppich und auf dem Ritualtisch war ein Teil
jener Objekte, die für das Leben des Königs

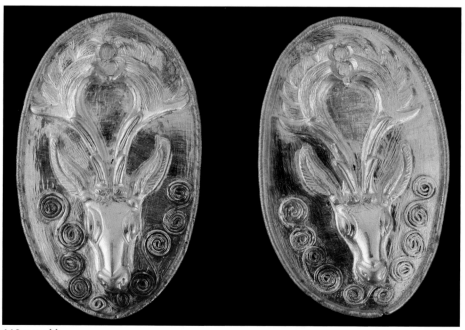

118 a und b

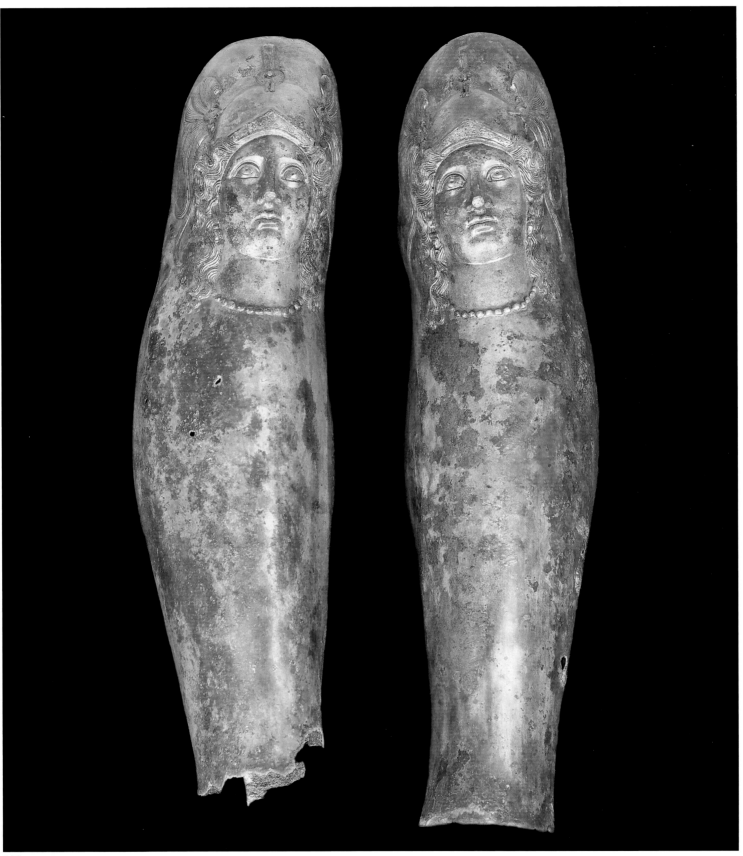

118 c

im Jenseits bestimmt waren, angeordnet. Der Kranz aus Gold weist rituell zerbrochene Blätter und Früchte auf. Die meisten Goldobjekte (mit einem Gesamtgewicht von einem Kilogramm) sind unversehrt und sehr gut erhalten: ein vollständiger Satz Schmuck für ein Pferdegeschirr (Kat.-Nr. 118 a–b), Appliken für Waffen, ein Gefäss zum Weintrinken (Kylix, Kat.-Nr. 118 e) und andere. Aus Silber sind zwei Gefässe, eine Schale in Muschelform (vergoldet) und eine Applike für einen Helm, aus Bronze der Helm des Herrschers (Kat.-Nr. 118 d), zwei Gefässe und andere Gegenstände (Kat.-Nr. 118 c). Ausserdem gehören drei grosse Amphoren aus Ton zur Ausstattung. Das Zepter des Königs besteht aus Gold und Eisen. Aus Eisen ist auch ein Grossteil der Waffen. Auf zwei Silbergefässen und auf dem Helm steht der Name Seuthes geschrieben.

Während einer gewissen Zeit wurde der Tempel für Kulthandlungen benutzt. Später mauerte man die Eingänge zu, steckte den Korridor in Brand und füllte ihn mit Erde und Steinen auf. Sieben Meter vor der Fassade fand man den rituell bestatteten lebensgrossen Kopf der Bronzestatue von Seuthes III. Nach den orphischen Traditionen der thrakischen aristokratischen Gesellschaft war der Kopf von der Statue abgetrennt und sorgfältig beigesetzt worden, bevor man ihn mit einem Steinhaufen zudeckte. Der Kopf ist das Werk eines hervorragenden Bildhauers der zweiten Hälfte des 4. Jahrhunderts v. Chr. Das Gesicht hat porträthafte Züge und weist die Narbe von einem Schwerthieb auf der Stirn und ein Muttermal auf dem rechten Wangenknochen auf. Es zeigt einen Mann mittleren Alters mit einem edlen, intelligenten und leicht nachdenklichen Gesicht. Der Kopf aus Goljama Kosmatka gehört zu den Meisterwerken der antiken Kunst, und nur wenige Museen der Welt besitzen Stücke von ähnlicher Qualität.

Im Hügel Goljama Kosmatka befindet sich das einzige eindeutig identifizierte Grab eines thrakischen Königs. G. K.

Literatur: Kitov 2005 d; Kitov 2005 a.

Auswahl der Funde aus der sarkophagähnlichen Kammer im nicht geplünderten Grabmal des thrakischen Königs Seuthes III., Hügel Goljama Kosmatka bei Šipka, zweite Hälfte des 4. Jahrhunderts v. Chr.

Historisches Museum «Iskra» Kazanläk

118 a–b. Teile vom Pferdezaumzeug: Zwei Wangenklappen

Gold, H. 5,35 cm, L. 3,5 cm, Gewicht 20,64 g / H. 5,25 cm, L. 3,5 cm, Gewicht 20,64 g
Inv.-Nr. A 1721 und A 1722

Schmuckelemente für die Wange des Pferdes. Sie verdecken die Stelle, an der die Zügel am Geschirr befestigt sind. Ellipsenförmig. Auf der Vorderseite ein Damhirschkopf in Vorderansicht mit stark verästeltem Geweih und langen Ohren. Unter und neben dem Kopf

drei Doppelspiralen aus im Gegenuhrzeigersinn gedrehten Filigranfäden. Stellenweise Farbreste in leuchtendem Rot. Am oberen Ende der Rückseite breiter, flacher Ring für den vertikalen Zügel. Künstlerisch hochwertige Verarbeitung als Guss, zusätzlich Gravur und Filigranelemente.

118 c. Beinschienen

Bronze, H. 42,5–43 cm, B. 11 cm
Inv.-Nr. A 1741 und 1742

Sehr gut erhalten, gereinigt sowie restauriert und konserviert. Schutzelemente für das linke und das rechte Bein. Aus jeweils einem Metallblatt gearbeitet, der Länge nach gebogen, sodass der ganze Unterschenkel geschützt ist. Über dem Knie ist der Kopf der Göttin Athena oder der Grossen Muttergöttin dargestellt. Das ebenmässige Gesicht hat einen erhabenen Ausdruck. Die langen, lockigen Haare sind durch plastische Strähnen und eingeritzte Linien wiedergegeben. Die Ohrläppchen sind gerade noch sichtbar. Daran hängen amphorenförmige Ohrringe. Die

118 c

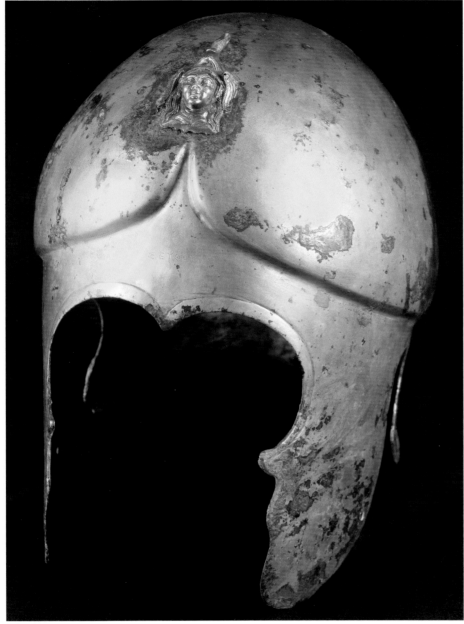

118 d

Göttin trägt einen Helm. Am Hals verläuft eine Kette aus kugelförmigen Perlen, über der Stirn ein Diadem, dessen Enden von den Haaren bedeckt sind. Es ist mit einer siebenblättrigen Palmette zwischen Volutenranken verziert. Auf den beiden Seiten des Helms Darstellungen von heraldisch angeordneten Greifen mit reich gefiederten Flügeln und spitzen Schnäbeln. Dazwischen eine Sphinx-Sirene mit menschlichem Gesicht, Vorderpfoten eines Löwen, ausgebreiteten Flügeln und einem grossen Vogelschwanz.

118 d. Helm, Chalkidischer Typus

Bronze, Silber mit Vergoldung, H. 23 cm, max. ⌀ 19×25 cm
Inv.-Nr. A 1740 und 1734

Kompletter Helm, aus einem Bronzeblatt gearbeitet. Unbewegliche Wangenklappen, unten bogenförmig geschwungen, mit Öffnungen zur Befestigung der Riemen unter dem Kinn. Ohne Nasenschutz. Auf der oberen Hälfte Flickstelle infolge eines Schwerthiebes. An der Seite Reste angelöteter Plättchen, mit denen bei feierlichen Anlässen ein goldener Eichenkranz auf dem Helm montiert werden konnte. In der Mitte der Stirn sechs eingepunzte griechische Buchstaben: ΣΕΥΘΟΥ (SEUTHOU), der Name des Königs Seuthes III. im Genitiv. Über der Inschrift ist eine plastische Applike aus vergoldetem Silber angelötet. Sie stellt die Göttin Athena oder die thrakische Grosse Muttergöttin dar. Sie trägt einen Helm des thrakischen Typus. Die Haare, Teile des Gewandes und die Ornamente sind vergoldet. Das Gesicht in Voransicht weist summarische Züge auf. Die Kleidung ist angedeutet. An beiden Seiten des Helms hängen «Flügel» herunter, durch parallele Linien und eingeritzte Bogen ist das Gefieder angegeben. Am oberen Ende der Stirn befindet sich ein bogenförmiges plastisches Element, das einem Schnabel ähnelt und wahrscheinlich den Kopf eines Greifs imitiert. Die hohe Spitze des Helms ist vornüber geneigt und erinnert an Hals und Kopf eines Schwans.

118 e

118 e. Schale (Kylix)

Gold, H. 5,9 cm, ⌀ 9,5 cm

Inv.-Nr. A 1715

Gefäss zum Trinken von Wein oder für kultische Trankspenden. Hoher zylindrischer, profilierter Fuss, halbkugelförmiger Körper. Auf der Innenseite in der Mitte des Bodens kleine Eintiefung, darum herum drei konzentrische eingeritzte Linien. Darüber ein Band aus acht strahlenförmig angeordneten, sehr fein gearbeiteten 11-blättrigen Palmetten. Dieser Fries wird oben von zwei konzentrischen Doppelkreisen begrenzt, aus denen ein lineares Ornament entspringt: nach oben geöffnete Halbkreise mit je einer vertikalen Linie dazwischen. Die Henkel sind elegant über die Lippe hochgezogen. Qualitativ sehr hochwertige Ausführung.   G. K.

Literatur: Kitov 2005 d, Abb. 11 f. 15. 22 f.; Kitov 2005 a, Abb. 119 f. 126–128. 132 f. 136. 149.

119 Die Nekropole von Černozem

Die Nekropole von Černozem liegt in der Gemeinde Kalojanovo (Plovdiv) und umfasst etwa 50 Tumuli. Etwa die Hälfte davon wurde bereits in der Zeit um 1930 untersucht, fünf weitere in den Jahren 2000–2003, die

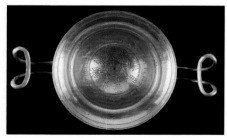

118 e

übrigen durch landwirtschaftliche Nutzung und Grabräuber zerstört. Hier wurden Angehörige der odrysischen Aristokratie bestattet. Kat.-Nr. 119 a–d stammen aus dem Grab im Tumulus Nr. 1 (Durchmesser 48 m, Höhe 8 m), der im Jahr 2000 erforscht wurde. Die Bestattung und die Beigaben lagen in einem sarkophagähnlichen, aus Steinquadern gebauten Grab mit Marmorboden. Im Inneren waren die Wände verputzt und teilweise mit rötlichem Ocker bemalt.

Der Verstorbene – ein Mann von etwa 20–25 Jahren – lag auf dem Rücken, ein Pektorale und ein Siegelring (Kat.-Nr. 119 b und a) fand man etwa in Bauchhöhe auf dem Skelett. Die übrigen Beigaben – darunter ausser den in der Ausstellung gezeigten Objekten eine attische rotfigurige Hydria, eine Hydria und ein Becken aus Bronze, Gefässe und Weinsiebe aus Silber, weitere unverzierte Tongefässe, Reste von einem Holzgefäss mit Bronzehenkeln, Pfeil- und Speerspitzen – waren den Wänden entlang, vor allem zu Füssen des Skeletts aufgestellt.

Das Grab ist in das letzte Viertel des 5. Jahrhunderts v. Chr. zu datieren.

119 a. Siegelring

Gold, Chalzedon, L. 3,3 cm, B. 3,2 cm, 23,8 Karat, Gewicht 16,68 g

Regionales archäologisches Museum Plovdiv, Inv.-Nr. IV-2

Auf dem beweglichen Stein ist die Figur eines Kriegers mit Schild und Speer eingraviert. Der Ring ist eine griechische Arbeit aus dem mittleren 5. Jahrhundert v. Chr.   K. K.

Literatur: Kisyov 2005, 51–54 Taf. 9 b.

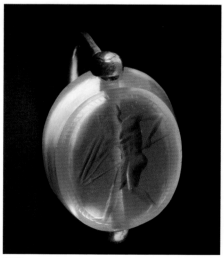

119 a

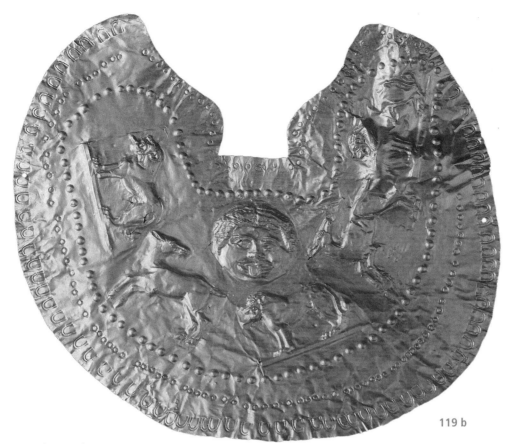

119 b

119 b Brustschmuck (Pektorale)

Gold

B. 31 cm, H. 27 cm, 23,800 Karat, Gewicht 132,80

Regionales archäologisches Museum Plovdiv,
Inv.-Nr. IV-1

Auf dem Pektorale Löwen und Rehen. Im Zentrum ist der Kopf der Gorgo-Medusa abgebildet. Den Rändern entlang eingepunzte Ornamente. K. K.

Literatur: Kisyov 2005, 48–51 Taf. 12.

119 c. Brustpanzer

Bronze, H. 39 cm, ∅ 60 cm, Gewicht 3060 g.

Regionales archäologisches Museum Plovdiv,
Inv.-Nr. IV-18/IV-19

Der Panzer besteht aus zwei Teilen, einem Vorder- und einem Rückenteil. Er gehört zum griechischen glockenförmigen Typus. Die Muskulatur ist durch Linien stilisiert wiedergegeben. Auf dem Brustteil des Panzers ist eine vergoldete Silberapplike befestigt, die den Kopf der Gorgo-Medusa darstellt. Auf der Vorderseite sind weitere neun vergoldete runde Silberappliken angebracht. K. K.

Literatur: Kisyov 2005, 54–56 Taf. 13–15.

119 c

119 d

119 d. Schale (Kylix)

Silber, vergoldet, H. 3,5 cm, ∅ 13,5 cm,
Gewicht 279 g

Regionales archäologisches Museum Plovdiv,
Inv.-Nr. IV-4

Die Schale ist massiv aus Silber gegossen und
hat eine Form, die von attischen Tonschalen
bekannt ist. Im Innenbild der Kylix ist eine
mythologische Szene dargestellt: Der korin-
thische Held Bellerophon reitet auf seinem
geflügelten Pferd, dem Pegasos, und kämpft
mit der Chimaira, einem dreiköpfigen Un-
getüm (Löwen-, Ziegenbock- und Schlangenkopf). Alle Figuren sind vergoldet. Auf
dem Boden der Schale sind die griechischen
Buchstaben Σ K Y eingraviert.   K. K.

Literatur: Kisyov, 45–48 Taf. 10f.

120

120 Aus dem Schatzfund von Rogozen

Im Herbst 1986 wurde in Rogozen der heute so berühmte gleichnamige Schatz zufällig
entdeckt. Er ist mit 165 Silbergefässen, wo-
von 131 zusätzlich vergoldet sind, und einem
Gesamtgewicht von etwa 20 kg der grösste
Schatzfund Bulgariens überhaupt. Der
Schatz setzt sich aus 108 Phialen (Schalen),
54 Kannen und drei Skyphoi bzw. Bechern
zusammen, die unterschiedlich verziert sind:
Neben Gefässen mit pflanzlichem oder geometrischem Dekor gibt es auch einige figürlich reliefierte Gefässe, deren Darstellungen
wichtige Aussagen zur Mythologie, Religion
und Kultur der Thraker liefern.

Die Gefässe datieren in die Zeit zwischen
dem letzten Viertel des 5. und den 40er-Jah-
ren des 4. Jahrhunderts v. Chr. Es handelt
sich also um eine über längere Zeit angehäuf-
te Sammlung kostbarer Objekte. Hilfreich
für die Deutung des Schatzes sind die zahlreichen Inschriften auf den Gefässen. Sie ge-

120 a

ben Auskunft über deren Besitzverhältnisse und Herstellungsorte. Im Schatz enthalten sind nicht nur in Nordthrakien hergestellte Gefässe, sondern auch griechische Importstücke. Es handelt sich wohl teilweise um Kriegsbeutestücke und diplomatische Geschenke unterschiedlicher Odrysenherrscher an die lokalen Herrscher der Region Vraca, die in der Antike zum Herrschaftsgebiet der Triballer gehörte. Man darf deswegen im Rogozener Schatzfund eine Art «Staatsschatz» der Triballer sehen, der wahrscheinlich wegen einer äusseren Bedrohung, in Säcken verpackt, in zwei Schächten vergraben und von den ehemaligen Besitzern nie mehr geborgen werden konnte.

120 a. Kanne mit Darstellung der Herrin der Tiere

Silber, H. 11,5 cm, ∅ Mündung 7,3 cm, ∅ Körper 8 cm, ∅ Boden 4,5 cm; Gewicht 127,2 g
Erste Hälfte des 4. Jahrhunderts v. Chr.
Regionalhistorisches Museum Vraca, Inv.-Nr. B 448
Kugeliger Körper, hoher Hals, konischer Fuss, Lippe horizontal nach aussen gebogen. Die Kanne bildet zusammen mit vier Phialen das sog. Dionysos-Service, das für kultische Zwecke verwendet wurde. Sie ist mit zwei figürlichen Friesen geschmückt. Eine geflügelte Göttin in Frontalansicht, die zwei Hunde mit nach hinten gewandtem Kopf bändigt, bildet das Zentrum des oberen

Frieses. Die Pose stimmt ikonographisch mit der griechischen Darstellung der Göttin Artemis als «Herrin der Tiere» *(Potnia theron)* überein. Hier wird die Frauenfigur allerdings als die Grosse Muttergöttin gedeutet. Von links und rechts nähern sich vier geflügelte Kentauren. Im unteren Fries ist zentral ein in die Knie gesunkener Stier erkennbar, der von vier Hunden angegriffen wird. Im Kult symbolisiert der Stier den Sohn der Grossen Muttergöttin, Dionysos-Zagreus. Durch seine Opferung vereinigt sich sein Blut mit der Grossen Göttin (= Heilige Hochzeit). Die verschlüsselten Bilder weihen also in die Mysterien des Dionysos-Zagreus ein.

Aufgrund der expressiven und abstrahierten Darstellung, insbesondere der Gesichter, lässt sich die Kanne als Produkt einer nordwestthrakischen Werkstatt ansprechen. N. T.
Literatur: Nikolov u. a.1987, 119 Abb. 45f.; Marazov 1994, 141–157; Venedikov 1989, 72–74; Penkova 2003, 612ff.

120 b

120 c

120 b. Kanne mit Darstellung einer Eberjagd

Silber, vergoldet, H. 12,5 cm, ∅ Mündung 5,9 cm, ∅ Körper 7,7 cm, ∅ Boden 4 cm; Gewicht 162,2 g
Erste Hälfte 4. Jahrhundert v. Chr.
Regionalhistorisches Museum Vraca, Inv.-Nr. B 463
Kugeliger Körper, hoher Hals, konischer Fuss, Lippe nach aussen gezogen.
Lippe und Hals der Kanne sind mit Ornamentbändern verziert. Am unteren Henkelansatz ist ein Frauenkopf erkennbar. Den Gefässbauch ziert eine Jagdszene: Zwei berittene Jäger bedrohen mit ihren Lanzen einen riesigen vergoldeten Eber, der zwischen ihnen abgebildet ist. Das Fell des Ebers erscheint als Flammenmuster. Die Jäger tragen knielange Kleider und Hosen mit Punktmuster.
Die Wiedergabe anatomischer Details und die Expressivität der dargestellten Szene weisen erneut nach Nordwestthrakien, d. h. die Kanne ist stilistisch gesehen ein typisch thrakisches Produkt. Die königliche Jagd auf den Eber ist eine der Initiationsprüfungen, denen sich der Priester-König unterwerfen muss, um seine Macht zu erneuern. N. T.
Literatur: Nikolov u. a.1987, 119f. Abb. 47f.; Venedikov 1989, 76ff.; Marazov 1996, 160–179.

120 c. Becher

Silber, vergoldet, H. 20 cm,
∅ Mündung max. 13 cm, ∅ Boden max. 12 cm;
Gewicht 316,2 g
4. Jahrhundert v. Chr.
Regionalhistorisches Museum Vraca, Inv.-Nr. B 593

Der bikonische Becher wurde bei der Auffindung vom Pflug zerdrückt und beschädigt. Er ist reich verziert: An der Basis mit Eierstab und Schuppenmuster, in der Mitte mit einer Prozession von Tieren und oben mit einem Fries aus aneinander gereihten Vogel-

120 d

köpfen. Den grössten Raum nimmt der Tierfries ein: Angeführt von einem achtbeinigen Tier (Hirsch?) mit weit ausladendem Geweih folgen ein weiterer Hirsch, ein geflügelter Ziegenbock mit einem langen Horn und ein Adler mit einem Fisch im Schnabel sowie einem Hasen zwischen den Krallen. Auf dem Gefässboden ist ein Wolf, der einen Eber anfällt, wiedergegeben.

Die Form ist orientalischen Ursprungs, der Becher aber das Erzeugnis einer Werkstatt im nordostthrakischen Raum, aus dem weitere eng verwandte Beispiele bekannt sind. N. T.
Literatur: Nikolov u. a. 1987, 121 Abb. 55–58.

120 d. Kanne mit Darstellung von zwei Viergespannen

Silber, H. 12 cm, ∅ Mündung 6,5 cm,
∅ Körper 8,3 cm, ∅ Boden 5,1 cm; Gewicht 134,8 g
Erste Hälfte des 4. Jahrhunderts v. Chr.
Regionalhistorisches Museum Vraca, Inv.-Nr. B 446
Eiförmiger Körper, glatter Hals, konischer Fuss, Lippe nach aussen gezogen. Eierstab am Hals und am Fuss. Auch diese Kanne ist in einer nordwestthrakischen Werkstatt entstanden.

120 d

Aus dem Gefässkörper sind zwei aufeinander zugehende Viergespanne herausgetrieben, die von zwei Frauen in langen Chitonen gelenkt werden. Hinter den Wagenlenkerinnen sitzen auf Thronen eine Göttin, einen Zweig und eine Phiale haltend, sowie ein Gott (oder Göttin) mit Pfeil und Bogen. Die Deutung der Szene und der Figuren ist höchst umstritten: Während die einen die Thronenden als eine einzige Göttin in ihren zwei Erscheinungsformen interpretieren, erkennen die anderen in ihnen Artemis und Apollon.

N. T.

Literatur: Nikolov u. a.1987, 119 Abb 43f.; Venedikov 1989, 79f.; Marazov 1998, 131–139.

120 f

120 e. Kanne mit Darstellung einer auf einer Löwin reitenden Göttin

Silber, vergoldet, H. 13,5 cm, ⌀ Mündung 7,8 cm, ⌀ Körper 8,5 cm, ⌀ Boden 5,1 cm; Gewicht 234,9 g
4. Jahrhundert v. Chr.
Regionalhistorisches Museum Vraca, Inv.-Nr. B 447
Birnenförmiger Körper, hoher Hals, konischer Fuss, Lippe nach aussen gezogen und nach unten gewölbt.
Hals- und Fussansatz sind mit einem Eierstab verziert. Am unteren Ende des Henkels ein Menschenkopf. Im Zentrum ist eine Tierkampfszene (Löwe gegen Hirsch) dargestellt. Links und rechts davon erscheint spiegelbildlich die mit Pfeil und Bogen bewaffnete Grosse Muttergöttin auf einer Löwin reitend. Die Göttin trägt ein fein gefälteltes Gewand. Ihre Haartracht (mit schulterlangen geraden Strähnen) sowie die Tierköpfe sind vergoldet. Der Stil der Figuren weist wiederum nach Nordwestthrakien. N. T.
Literatur: Nikolov u. a. 1987, 118 Abb. 39f.; Venedikov 1989, 73ff.; Marazov 1998, 131–144.

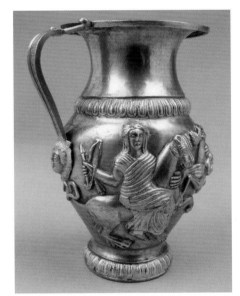

120 e

120 f

120 f. Kanne mit Darstellung des Herakles und einer Amazone

Silber, H. 14,3 cm, ⌀ Mündung 6 cm, ⌀ Körper 7,5 cm, ⌀ Boden 4,2 cm; Gewicht 128 g
4. Jahrhundert v. Chr.
Regionalhistorisches Museum Vraca, Inv.-Nr. B 460
Gelängte, kugelige Form, schlanker Hals, konischer Fuss, Lippe nach aussen gezogen.
Hals- und Schulteransatz sind mit einem Eierstab verziert. Der figürliche Fries zeigt dreimal dieselbe Szene: Eine Frau verfolgt einen nackten Mann mit einer Lanze. Aufgrund der Keule lässt sich die männliche Figur als Herakles identifizieren. Dargestellt ist die neunte Tat des Herakles: Er hat den Auftrag, den Gürtel der Amazone Hippolyte zu rauben. Da sie ihm den Gürtel jedoch freiwillig gibt, gerät Hera darob so sehr in Wut, dass sie, als Amazone verkleidet, Hippolyte zwingt, Herakles zu verfolgen.
Auch diese Kanne stammt aus einer nordwestthrakischen Werkstatt. N. T.
Literatur: Nikolov u. a. 1987, 118 Abb. 37f.

120 g

(in einer der Hauptresidenzen des Königs am Unterlauf der Maritsa) hergestellt. Sie gelangte entweder als Geschenk oder als Beutestück in das Gebiet der Triballer.   N. T.

Literatur: Nikolov u. a. 1987, 98; Fol u. a. 1989, 152 Nr. 45; Marazov 1996, 254–263.

120 h. Phiale mit Darstellung von Herakles und Auge

Silber, vergoldet, H. 2 cm, Ø 13,6 cm; Gewicht 184 g

4. Jahrhundert v. Chr. (3. Viertel?)

Regionalhistorisches Museum Vraca, Inv.-Nr. B 464

Die Aussenseite der Schale ist mit einem Lotos-Palmetten-Fries verziert, der eine zentrale achtblättrige Rosette umgibt. Die Innenseite ist reliefiert und zeigt den auf einem Felsen sitzenden Herakles – mit Löwenfell und Köcher –, der Auge, die Tochter des Königs von Tegea und Priesterin der Athena Alea, zu sich heran lockt, um sie zu verführen. Die fast nackte Auge trägt reichen Schmuck: ein Diadem, Ohrringe, eine Halskette sowie Arm-

120 g. Phiale mit griechischer Inschrift

Silber, H. 4,8 cm, Ø 13,5 cm, Gewicht 128,4 g

4. Jahrhundert v. Chr.

Regionalhistorisches Museum Vraca, Inv.-Nr. B 475

Nicht sehr tiefe Schale mit leicht gerundetem Körper; Hals in Form eines Kegelstumpfes mit nach aussen gewölbter Lippe.

Die Phiale ist im Zentrum mit einem Omphalos versehen, der von einem Zungenmuster strahlenförmig umrandet wird. Am äusseren Rand ist eine griechische Inschrift (die einzelnen Buchstaben setzen sich aus eingetieften Punkten zusammen) zu lesen: ΚΟΤΥΟΣ ΕΓ ΓΗΙΣΤΩΝ (Kotyos eg Geiston). Die Schale gehörte ursprünglich dem Odrysenherrscher Kotys I. (Regierungszeit: 387–359 v. Chr.) und wurde in einer Werkstatt in Geistoi, inmitten des Odrysenreiches

120 i

120 h

und Fussringe. Ihr Name ΑΥΓΕ (Auge) ist mit griechischen Buchstaben beigeschrieben; neben Herakles steht zusätzlich ΔΗΛΑΔΗ (*delade* = offensichtlich), was zusammengesetzt «Auge, offensichtlich ist» ergibt. Auf dem Schalenrand ist zudem die Inschrift ΔΙΔΥΚΑΙΜΟ (Didykaimos) zu erkennen – ein Name, der sich entweder auf den Hersteller oder Besitzer der Schale bezieht.

Aufgrund des Stils und der Qualität der Ausführung ist diese Schale das Werk eines griechischen Toreuten. Wegen ihrer flachen Form dürfte die Phiale nicht als Trinkschale verwendet worden sein, sondern eher als Weihgeschenk. N. T.

Literatur: Nikolov u. a. 1987, 90 Abb. 3.

120 i. Phiale

Silber, vergoldet, H. 4 cm, ∅ 18,5 cm;
Gewicht 280,7 g
Erste Hälfte / Mitte des 4. Jahrhunderts v. Chr.
Regionalhistorisches Museum Vraca, Inv.-Nr. B 465
Niedriger Körper, Lippe nach aussen gezogen.
Der Omphalos bildet das Zentrum einer grossen Rosette, Blätter alternierend Silber – vergoldetes Silber. Rosette kreisförmig umrandet von tordierter Linie. Auf dem Schalenboden breiter figürlicher Fries: vier antithetische Löwengreifenpaare alternieren mit vier vergoldeten Palmetten.

Diese Schale verbindet in meisterhafter Weise orientalische und griechische Elemente und ist wohl auch das Werk eines griechischen Toreuten. N. T.

Literatur: Nikolov u. a. 1987, 108 Abb. 18.

120 j. Kanne mit Darstellung von Tierkampfgruppen

Silber, vergoldet, H. 13 cm, ⌀ Mündung 5,5 cm,
⌀ Körper 7,4 cm, ⌀ Boden 4 cm; Gewicht 158 g
4. Jahrhundert v. Chr.
Regionalhistorisches Museum Vraca, Inv.-Nr. B 457
Eiförmige Kanne, konischer Fuss, hoher
Hals, die Lippe ist nach aussen gewölbt.
Henkel kanneliert, in einer Palmette endend.
Vergoldeter Eierstab am Halsansatz. Auf dem
Bauch zwei Tierkampfgruppen: Ein Löwe
greift eine Rehkuh an, indem er sie mit sei-
nen Pranken am Hals umfasst und in ihren
Hals beisst.
Aufgrund der Stilmerkmale handelt es sich
bei dieser Kanne um das Erzeugnis einer
nordwestthrakischen Werkstatt.   N. T.
Literatur: Nikolov u. a. 1987, 119 Abb. 41 f;
Fol u. a. 1989, 186.

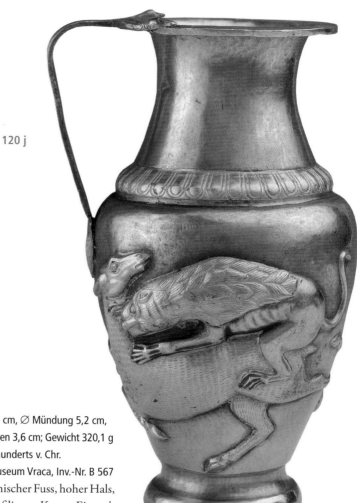

120 j

120 k. Kanne

Silber, vergoldet, H. 12,5 cm, ⌀ Mündung 5,2 cm,
⌀ Körper 7,1 cm, ⌀ Boden 3,6 cm; Gewicht 320,1 g
Erste Hälfte des 4. Jahrhunderts v. Chr.
Regionalhistorisches Museum Vraca, Inv.-Nr. B 567
Eiförmige Kanne, konischer Fuss, hoher Hals,
Lippe mit breiter profilierter Kante. Eierstab
am Halsansatz, stilisierter Eberkopf am un-
teren Henkelansatz. Auf dem Gefässkörper
grosse stilisierte Blätter mit gerippter Ober-
fläche, ein Motiv persischen Ursprungs.
Wahrscheinlich in einer südthrakischen
Werkstatt hergestellt.   N. T.
Literatur: Nikolov u. a. 1987, 116f.

120 l. Phiale mit griechischer Inschrift

Silber, H. 4,6 cm, ⌀ 14,2 cm; Gewicht 140,9 g
4. Jahrhundert v. Chr.
Regionalhistorisches Museum Vraca, Inv.-Nr. B 476
Der Körper ist fast gleich hoch wie der ko-
nische Hals, die Lippe ist nach aussen ge-
wölbt.
Um den Omphalos konzentrisch angelegter
Dekor: kurze Bogen sowie strahlenför-
miges Zungenmuster. Griechische Inschrift:
ΚΟΤΥΟΣ ΕΞ ΣΑΥΘΑΒΑΣ (des Kotys, aus
Sauthaba).   N. T.
Literatur: Nikolov u. a. 1987, 96 Abb. 65.

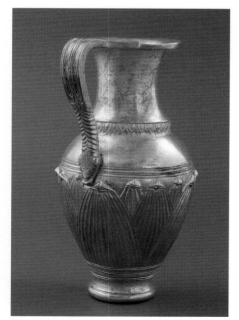

120 k

120 l

121 Funde aus dem Mogilanska-Hügel

Der Hügel liegt im Zentrum der Stadt Vraca. Er war 7 m hoch und hatte an der Basis einen Durchmesser von 60 m. Bei der Untersuchung des Hügels in den Jahren 1965/66 wurden drei steinerne Grabkammern entdeckt: Grab 1 hat eine runde Basis und ist auf dem Niveau des antiken Terrains während des zweiten Viertels des 4. Jahrhunderts v. Chr. angelegt worden. Nach der Bestattung wurde dann der Hügel aufgeschüttet. Einige Jahrzehnte später entstand im südlichen Teil der Aufschüttung das rechteckige Grab Nr. 2, das man ebenfalls mit einem Hügel bedeckt hat. Gegen Ende des dritten Viertels des 4. Jahrhunderts v. Chr. wurde wiederum im südlichen Teil Grab 3 angelegt, das mit einer Umfassungsmauer umgeben und aufge-

schüttet wurde. In Grab 2 wurden reiche Beigaben entdeckt. Die Anlage umfasste einen Vorraum sowie die eigentliche Grabkammer; beide waren aus Flusssteinen aufgemauert und mit einer Holzkonstruktion stabilisiert. Im Vorraum fand man Teile eines vierrädrigen Streitwagens mit Überresten von Pferden sowie das Skelett eines Reitpferdes samt Geschirr mit silbernen Appliken. In der Grabkammer lag u. a. das Skelett einer Frau mit reichem Schmuck. Die Gräber 1 und 3 wurden bereits in der Antike geplündert, so dass nur noch einzelne Funde geborgen werden konnten.

Vermutlich sind im Mogilanska-Hügel Mitglieder der königlichen Dynastie bestattet worden, die über die Gebiete der Triballer herrschte.

121 b

121 a. Kanne

Gold, H. 9 cm, max. ⌀ des Körpers 7 cm, 240 g
Mogilanska-Hügel, Vraca, Grab Nr. 3, Mitte des 4. Jahrhunderts v. Chr.
Regionalhistorisches Museum Vraca, Inv.-Nr. B 391
Kugeliger Körper mit einem weiten Hals, der sich in der Mitte verjüngt, und mit einem Henkel, der wie ein Heraklesknoten geformt ist. Der Dekor besteht aus einem Fries mit zwei zweirädrigen Streitwagen, die von jeweils vier Pferden gezogen und von einer männlichen Gestalt – dem Gott Apollon? – gelenkt werden. Dazwischen grosse Palmette.

N. T.

Literatur: Torbov 2005, 105 Taf. 10, 3; 12, 3.

121 b. Kännchen in Form eines Tannenzapfens

Silber, H. 14 cm, max. ⌀ des Körpers 6 cm
Mogilanska-Hügel, Vraca, Grab Nr. 2, erste Hälfte des 4. Jahrhunderts v. Chr.
Regionalhistorisches Museum Vraca, Inv.-Nr. B 66
Am unteren Teil des Gefässes befindet sich eine Öffnung. Die Form, der Dekor und die Öffnung lassen vermuten, dass es sich um ein Kännchen-Rhyton handelt, das im Dionysoskult verwendet wurde. N. T.

Literatur: Torbov 2005, 101 Taf. 11, 2; 13, 2.

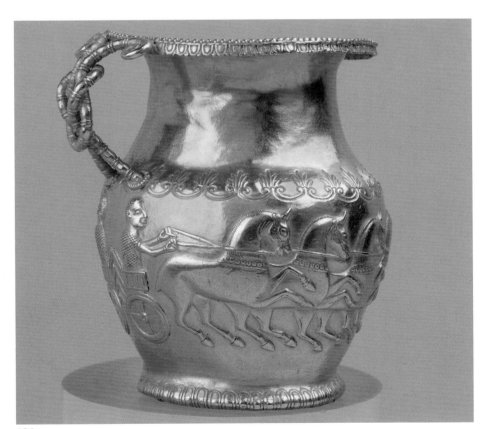

121 a

121 c. Kranz

Gold, ⌀ 24 cm, 205 g

Mogilanska-Hügel, Vraca, Grab Nr. 2, erste Hälfte
des 4. Jahrhunderts v. Chr.

Regionalhistorisches Museum Vraca, Inv.-Nr. B 59

Kranz aus zwei Lorbeerzweigen aus Gold mit
je 80 Blättern und 14 Früchten. An einem
Ende sind die beiden Zweige mit Golddraht
miteinander verbunden, die anderen Enden
sind zu Haken geformt, um den Kranz zu
befestigen. N. T.

Literatur: Torbov 2005, 99 Taf. 6, 1; 12, 1.

121 d. Phiale mit griechischer Inschrift

Silber, H. 4,6 cm, ⌀ 10 cm

Mogilanska-Hügel, Vraca, Grab Nr. 2,
erste Hälfte des 4. Jahrhunderts v. Chr.

Regionalhistorisches Museum Vraca, Inv.-Nr. B 68

Niedriger Körper, kurzer und weiter Hals
mit nach aussen gebogenem Rand.

In griechischen Buchstaben ist die Inschrift
ΚΟΤΥΟΣ ΕΤ ΒΕΟΥ (des Kotys, aus Beos)
eingraviert. N. T.

Literatur: Torbov 2005, 101 Taf. 10, 1, 12, 1.

121 c

121 e. Kännchen

Silber, teilweise vergoldet, H. 16,5 cm,
max. ⌀ des Körpers 9 cm

Mogilanska-Hügel, Vraca, Grab Nr. 2,
erste Hälfte des 4. Jahrhunderts v. Chr.

Regionalhistorisches Museum Vraca, Inv.-Nr. B 67

Birnenförmiger Körper, niedriger Fuss, hoher
zylindrischer Hals. Vergoldeter Eierstab auf
der Schulter, am Halsansatz und am Rand.
N. T.

Literatur: Torbov 2005, 101 Taf. 11, 1; 13, 1.

121 f. Ohrringe

Gold, H. 7,5 cm, ⌀ der Scheibe bis 2,6 cm,
Gesamtgewicht 37 g

Mogilanska-Hügel, Vraca, Grab Nr. 2,
zweites Viertel des 4. Jahrhunderts v. Chr.

Regionalhistorisches Museum Vraca, Inv.-Nr. B 60

Beide Ohrringe bestehen aus einer Scheibe
und einem Anhänger in Form eines kleinen
Kahns, an dem weitere kleinteilige Anhänger
befestigt sind. Die Ohrringe sind mit Filigran
und Granulation verziert. Über jedem Kahn
ist eine Sphinx aus Goldblech angebracht.
Die Form war in der gesamten griechischen
Welt seit dem späteren 5. Jahrhundert v. Chr.
beliebt und wurde häufig – wie auch hier –
imitiert. N. T.

Literatur: Torbov 2005, 99 Taf. 6, 2; 19, 2.

121 d

121 e

121 f

121 g. Beinschiene

Silber, teilweise vergoldet, H. 46 cm, max. B. 18 cm
Mogilanska-Hügel, Vraca, Grab Nr. 2,
zweite Hälfte des 4. Jahrhunderts v. Chr.
Regionalhistorisches Museum Vraca, Inv.-Nr. B 231
Den oberen Teil bildet ein menschliches Gesicht mit Spirallocken und Efeukranz auf der Stirn. Auf der rechten Gesichtshälfte horizontale Goldstreifen (wohl Andeutung von Tätowierungen), unter dem Kinn Schlangen mit Löwenköpfen an den Enden, die aus den Haaren entstehen. Darunter verschiedene Tiere: Schlangen mit Löwenköpfen, die aus Schneckenhäusern hervorkommen, zwei Schlangen mit Löwengreifenköpfen, ein Adler. Dargestellt ist die Grosse thrakische Göttin als Herrin der Tiere. N. T.

Literatur: Torbov 2005, 100 Taf. 8. 21.

121 g

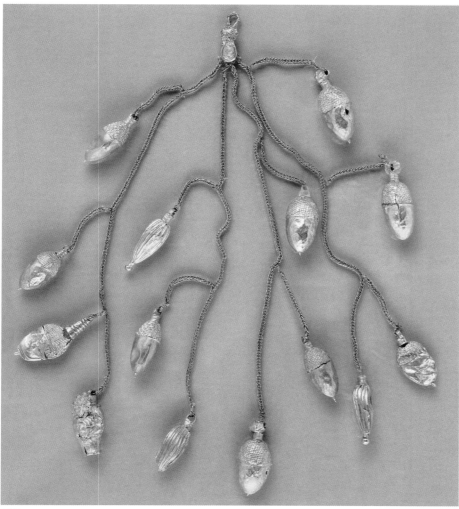

122

124–128 Funde aus der Nekropole von Duvanlij

Im Jahr 1925 entdeckte man bei Duvanlij (Gemeinde Kalojanovo, Plovdiv) zufällig ein Grab mit zahlreichen kostbaren Beigaben, was die Aufmerksamkeit auf diese Nekropole lenkte. Es wurden etwa 50 Hügelgräber aus der Zeit zwischen dem Ende des 6. bis zum 1. Jahrhunderts v. Chr. untersucht. Viele waren bereits ausgeraubt, einige enthielten zahlreiche kostbare Beigaben, die darauf hinweisen, dass in diesen Gräbern Angehörige der odrysischen Aristokratie bestattet wurden. In drei Frauengräbern (Kukova-, Mušovica-, Arabadžijska-Hügel, Kat.-Nr. 124. 126–127) fand man vor allem kostbare Schmuckstücke, in Männergräbern wie dem Bašova-Hügel (Kat.-Nr. 125) auch Helme und Brustpanzer aus Bronze.

124 Funde aus dem Kukova-Hügel

Der Kukova-Tumulus ist der grösste Grabhügel der Nekropole von Duvanlij. Er ist 15 m hoch und hat an der Basis einen Durchmesser von 100 m. Seit der Spätbronzezeit wurden darin Objekte deponiert. Man zählt mehr als 100 Opfergruben, v. a. um den Hügel herum und in verschiedenen Tiefen. In über 90% der Fälle enthalten die Gruben Asche vermischt mit Tierknochen und Fragmenten von Tonware.

Die kostbarsten Funde wurden in einem Frauengrab aus dem frühen 5. Jahrhundert v. Chr. gefunden. Dazu gehören Importstücke und lokale Werke.

122 Schmuckstück

Gold, Gesamtlänge nach der Restauration 20 cm;
L. der Anhänger: Eicheln 3,3–3,6 cm; Mandeln 3,7 cm,
Amphora 3,8 cm; Gesamtgewicht 78,1 g
Kapinovo, Veliko Tärnovo, Mitte des 4. Jahrhunderts v. Chr.
Regionalhistorisches Museum Veliko Tärnovo,
Inv.-Nr. 1730 tom/p

Das Schmuckstück wurde in einer griechischen Werkstatt angefertigt. An dem mit Filigran verzierten Endstück sind vier Kettchen befestigt, an denen weitere Kettchen gleicher Art hängen. Alle ihre Enden sind mit Anhängern bestückt, von denen zehn die Form von Eicheln, drei die Form von Mandeln und einer die Form einer Amphora hat.   I. Ts.
Literatur: Tonkova 2004.

123 Pegasos-Protome

Gold, H. 14,8 cm, 475,50 g
Dorf Vazovo, Razgrad, Mitte des 4. Jahrhunderts v. Chr.
Regionalhistorisches Museum Razgrad, Inv.-Nr. 1409

Protome eines galoppierenden, geflügelten Pferdes (Pegasos). Die Figur ist im Hohlguss hergestellt und getrieben. Kopf und Körper sind detailgetreu, die anatomischen Proportionen präzise wiedergegeben. Zwischen den aufgestellten Ohren befindet sich ein nach hinten gebogenes Horn. Die Beine und Flügel sind separat vom sonst aus einem Stück bestehenden Körper gegossen und danach daran angebracht worden. Zaumzeug, Zügel und Brustriemen sind mit Punktlinien wiedergegeben.   G. R.
Literatur: Gabrovski – Kalojanov 1980, 78–82.

124 a

124 a. Amphora-Rhyton

Silber, teilweise vergoldet, H. 27 cm,
∅ der Mündung 13,4 cm, 1344 g
Nationales archäologisches Institut mit Museum
Sofia, Inv.-Nr. 6173

Die Schulter und der obere Teil des Gefäss-
bauches, durch ein Flechtband voneinander
getrennt, sind mit einem alternierenden Lo-
tos-Palmettenfries und einem Eierstab verziert. Der untere Gefässteil ist kanneliert.
Die gesamte ornamentale und florale Dekoration wurde eingeritzt. Die Henkel bilden
expressiv gestaltete Löwen mit Hörnern und
zurückgewandtem Kopf. Der eine Henkel
dient zugleich als Ausguss: auf dem Rücken
des Löwen setzt die Ausgusstülle an. Die stark
stilisierten Löwen sind mit typisch achämenidischen Ornamenten verziert. Das Amphora-Rhyton ist eindeutig das Werk eines
achämenidischen Toreuten aus dem frühen
5. Jahrhundert v. Chr. und gelangte vielleicht
als diplomatisches Geschenk in den Besitz
einer thrakischen Aristokratenfamilie. K. K.
Literatur: Filov 1934 b, 46 Abb. 55–59.

124 c

124 c. Torques

Gold, ∅ 13,3 cm, 350 g
Regionales archäologisches Museum Plovdiv,
Inv.-Nr. 1271
Massiver, tordierter Draht, dessen Enden zu
Ringen gebogen sind. K. K.
Literatur: Filov 1934 b, 44 Abb. 50.

124 b. Brustschmuck (Pektorale)

Gold, L. 23,4 cm, B. 9 cm, 50,10 g
Regionales archäologisches Museum Plovdiv,
Inv.-Nr. 1266
Der lokal hergestellte Brustschmuck ist ellip-
senförmig und weist an den Enden je eine
Öffnung zum Befestigen auf. Das Pektorale
ist mit Punkten, Halbkreisen und mondsi-
chelförmigen Motiven verziert. K. K.
Literatur: Filov 1934 b, 41 Taf. 1, 1.

124 a

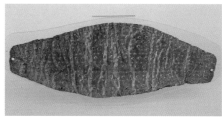

124 b

124 d

125 a

124 d. Phiale

Silber, H. 6,6 cm, Ø 26 cm, 720 g

Regionales archäologisches Museum Plovdiv,
Inv.-Nr. 1275

Der Körper des Gefässes ist mit radialen, am
oberen Abschluss gerundeten Kanneluren,
die zum Omphalos hin schmaler werden,
verziert.   K. K.

Literatur: Filov 1934 b, 51 Abb. 60.

124 e

124 e. Brustschmuck (Pektorale)

Gold, L. 20,7 cm, B. 8,3 cm, 30,50 g; L. 29 cm,
B. 10 cm, 50,10 g

Regionales archäologisches Museum Plovdiv,
Inv.-Nr. 1195 und 1268

Aus Goldblech in Form eines nach rechts
schwimmenden Fisches gearbeitet. Auge,
Kiemen und Schuppen sind in den Körper
getrieben.

Bei einem Exemplar fehlt der vordere Teil des
Kopfes.   K. K.

Literatur: Filov 1934 b, 41 Taf. 1, 2; 1, 4.

125 Funde aus dem Bašova-Hügel

Im Bašova-Tumulus kam eine einzige Opfergrube im Zentrum des Hügels zutage, über
einem Grab aus Steinblöcken, das leicht in
den Boden eingetieft war. Die Grabbeigaben
barg man hauptsächlich in der westlichen
Hälfte.

Auf dem Bronzepanzer befanden sich ein
Goldpektorale (Kat.-Nr. 125 a) und gegen
die Nordwand vier vergoldete Silbergefässe
in einer grossen flachen Bronzeschale: Die
Phiale (Kat.-Nr. 125 d) enthielt die Reste
der Kremation, eine Kylix (Kat.-Nr. 125 e),
ein Rhyton (Kat.-Nr. 125 b) und eine
Kanne (Kat.-Nr. 125 c). Im Weiteren fand
man eine Bronzehydria, zwei rotfigurige
Hydrien (Kat.-Nr. 125 f), Pfeilspitzen, ein
Schwert und zwei Lanzenspitzen. Die kostbaren Importstücke bezeugen den Reichtum
der thrakischen Fürsten. Das Grab ist in das
späte 5. oder frühe 4. Jahrhundert v. Chr. zu
datieren. Vier Gefässe tragen eine griechische
Inschrift, die sich wohl auf den Besitzer
bezieht, ein gewisser Dadalemes.

125 b

125 c

125 a. Brustschmuck (Pektorale)

Gold, L. 13,9 cm, 19,60 g

Regionales archäologisches Museum Plovdiv, Inv.-Nr. 1514

Pektorale in Form eines Halbmonds; am Rand gepunzter Peltenfries. Im Zentrum ein stilisierter Löwe mit langen Ohren und gelängter Nase. Das Haupt gesenkt und in Vorderansicht wiedergegeben. Ein Rhombennetz deutet die Mähne an. An allen Pranken je vier spitzige Krallen. Werk eines einheimischen Meisters, von achämenidischen Arbeiten beeinflusst.   K. K.

Literatur: Filov 1934 b, 62 Taf. 2, 1; Venedikov – Gerasimov 1973, Nr. 213; Penkova 2005, 569.

125 b. Rhyton

Silber, teilweise vergoldet, H. 20,6 cm, 400 g

Regionales archäologisches Museum Plovdiv, Inv.-Nr. 1517

Der Körper ist mit vertikalen Kanneluren verziert, die im oberen Teil unter einem Fries aus vergoldeten, gravierten Palmetten und Lotosblüten enden. Sehr langes Horn, das elegant und schwungvoll einen abgeflachten Viertelkreis beschreibt. Horn und Protome durch ein Perlband miteinander verbunden.

Der untere Teil endet in der Protome eines galoppierenden Pferdes. Der Schwung des Galopps setzt sich meisterhaft im langen Horn fort. In die Innenseite der Mündung ist eine Inschrift in griechischen Buchstaben eingraviert: ΔΑΔΑΛΕΜΕ.   K. K.

Literatur: Filov 1934, 67 Abb. 83 Taf. 6; Marazov 1978, 30–35.

125 d

125 c. Kännchen

Silber, H. 8,6 cm, ⌀ 8,4 cm, 236 g

Regionales archäologisches Museum Plovdiv, Inv.-Nr. 1518

Das Kännchen hat einen niedrigen Fuss und einen bauchigen, mit Kanneluren verzierten Körper. Der kleine, halbrunde Henkel ist mit zwei Voluten befestigt. In den Hals ist eine Inschrift in griechischen Buchstaben graviert: ΔΑΔΑΛΕΜΕ.   K. K.

Literatur: Filov 1934 b, 67 Abb. 84 Taf. 6.

125 d. Schale (Kylix)

Silber, H. 3 cm, ⌀ 13 cm, ⌀ mit Henkeln 18,8 cm, 220 g

Regionales archäologisches Museum Plovdiv, Inv.-Nr. 1516

Die mythologische Szene im Innenbild ist von einem Lorbeerkranz umrahmt. Auf der Innenseite der Kylix ist nahe beim Rand mit griechischen Buchstaben der Name ΔΑΔΑΛΕΜΕ graviert.

Im Innenbild weibliche Gestalt mit langem Peplos und reich verziertem Mantel im Damensitz auf einem Pferd. Der Ort der Handlung ist eine Meereslandschaft, Wellen und

drei Fische sind deutlich zu erkennen. Wir begleiten eine der drei Hesperiden, die Nymphen der untergehenden Sonne, Töchter der Nacht in der Theogonie des Hesiod. Die Hesperiden bewachen die Goldäpfel des Göttergartens im äussersten Westen, am Ufer des Ozeans bei der Insel der Glückseligen. Andere deuten die Gestalt allerdings als die Mondgöttin Selene.   K. K.

Literatur: Filov 1934 b, 65f. Taf. 5; Venedikov – Gerasimov 1973, Nr. 173f. ; Penkova 2005, 571f.

125 e. Phiale

Silber, H. 3 cm, ⌀ 20,5 cm

Regionales archäologisches Museum Plovdiv,
Inv.-Nr. 1515

Um den Omphalos im Inneren erster Fries aus alternierenden Palmetten und Lotusblüten, zweiter Fries aus Lorbeerblättern, konzentrisch angelegt. Im figürlichen Fries vier Viergespanne mit je einem Wagenlenker und einem Krieger, vergoldet. Die Krieger sind voll gerüstet: Helm, Panzer, Beinschienen und Rundschild. Auf den Schilden erscheinen ein Kentaur, ein Löwe und ein Pferd. Die genaue Detailzeichnung, die ausgewogenen Proportionen sowie die überzeugend wirkende Bewegung sprechen für einen herausragenden Meister und eine Werkstatt der Spitzenklasse in Griechenland, wohl in Athen. Möglicherweise bildeten solche Gefässe die Vorbilder für die attische rotfigurige Vasenmalerei.

Im griechisch-attischen Kontext ist hier ein Moment während der in Athen stattfindenden Feierlichkeiten zu Ehren der Göttin Athena (Panathenäen) mit den auf den Wagen springenden Kriegern (Apobaten) zu sehen.

In thrakischer Interpretation steht wohl eher die Kreisbewegung der Wagen im Vordergrund, die meist zur Welt des Dionysos gehören. Die Kreisbewegung ist auch symbolisch als das Rad der Zeit, als Tod und Wiedergeburt, aufzufassen.

Auf der Aussenseite, nahe bei der Mündung, griechische Inschrift: ΔΑΔΑΛΕΜΕ (dieses Gefäss gehört Dadalemes).   K. K.

Literatur: Filov 1934 b, 63–65 Taf. 4; Venedikov – Gerasimov 1973, 172; Marazov 1992, 250–260; Penkova 2005, 569.

125 f. Attische rotfigurige Hydria

Ton, H. 45,5 cm, ⌀ 34 cm

Regionales archäologisches Museum Plovdiv,
Inv.-Nr. 1527

Die Lippe und der Hals der Hydria mit einem ionischen Kyma und Palmettenkranz verziert.

Auf der Schulter die Theoxenie (Kultmahl) für die Dioskuren: Zwischen zwei ionischen Säulen mit Kissen ausgelegte Kline, zwei Leiern, davor niedriger Tisch mit zwei Trinkgefässen und Speisen. Links Kitharaspieler, rechts Tänzerin. Hinter den Säulen die beiden Dioskuren, beide bereits vom Pferd gestiegen und dabei, sich zum bereit stehenden Mahl im Innenraum zu begeben. Hinter den Dioskuren eine Dienerin mit Speisen und ein auf einen Stock gestützter älterer Mann mit einem Ei in der linken Hand (griechische Inschrift ΚΟΜΟΣ). Bei der Frau mit dem Tablett und den Dioskuren griechische Inschrift: ΚΟΑΣ.

Auf dem Bauch figürliche Szene mit vier menschlichen Gestalten, eine links der dorischen Säule, drei rechts von ihr: Abschieds- oder Begrüssungsszene.

Die Frau links aussen, im Profil nach rechts, bewegt sich auf die Säule (hinter der sich der Innenraum befindet) zu, in der linken Hand hält sie eine Phiale, in der rechten einen Askos. Im Innenraum sitzt eine Frau im Profil nach rechts auf einem kunstvoll geschwungenen Stuhl. Sie trägt Chiton und Mantel sowie ein Diadem im Haar. In der rechten Hand ein geöffnetes Kästchen, auf welches der ihr gegenüber stehende Mann zeigt. Er trägt einen Reisehut (Petasos) und eine kurze auf der rechten Schulter verknotete Chlamys. In der linken Hand hält er einen langen zepterartigen Stab. Rechts ein Mann mit Pilos und Stock in der rechten Hand. Möglicherweise handelt es sich bei dieser Szene um den Abschied der Dioskuren. Andere deuten die sitzende Frau als Helena, die Paris und Aeneas empfängt.

Importstück aus Athen; Kadmos-Maler, um 430–420 v. Chr.   K. K.

Literatur: Filov 1934 b, 73, Taf. 14; Reho 1994, 156 Nr. 458 Taf. 34f.

126 Der Schatzfund aus dem Mušovica-Hügel

Das Grab befand sich in der Tiefe genau in der Mitte der Aufschüttung. Es bestand aus einer rechteckigen Grube mit einem Holzsarg, in dem der Körper bzw. Teile davon lag (Schädel, Wirbelsäule, Beinknochen). Die Grabbeigaben waren alle im oberen Teil deponiert. Um den Schädel herum lagen zehn Goldohrringe, sieben auf der rechten, drei auf der linken Seite.

Grabhügel «Mušovica», Duvanlij,
Gemeinde Kalojanovo, Ende 6. / Anfang 5. Jahrhundert v. Chr.

126 a. Brustschmuck (Pektorale) mit Fibeln

Gold, L. 25,9 cm, 195,8 g

Regionales archäologisches Museum Plovdiv,
Inv.-Nr. 1531–1533

Langgezogene, sechseckige Form mit je einem Loch an den beiden Schmalseiten. Am Rand ist der Brustschmuck mit 16 getriebenen Vögeln im Profil nach rechts verziert. Mit zwei Fibeln befestigte man das Pektorale an der Kleidung. Davon hängen je drei Kettchen mit Schmuckelementen in der Form von Eicheln herab.

Die zwei Fibeln sind massiv gegossen, der halbkreisförmige Fibelbogen endet in einem rechtwinkligen Haken, auf welchen die Nadel sich stützt und so die Fibel schliesst.   K. K.

Literatur: Filov 1934 b, 84f. Taf. 1.

125 e

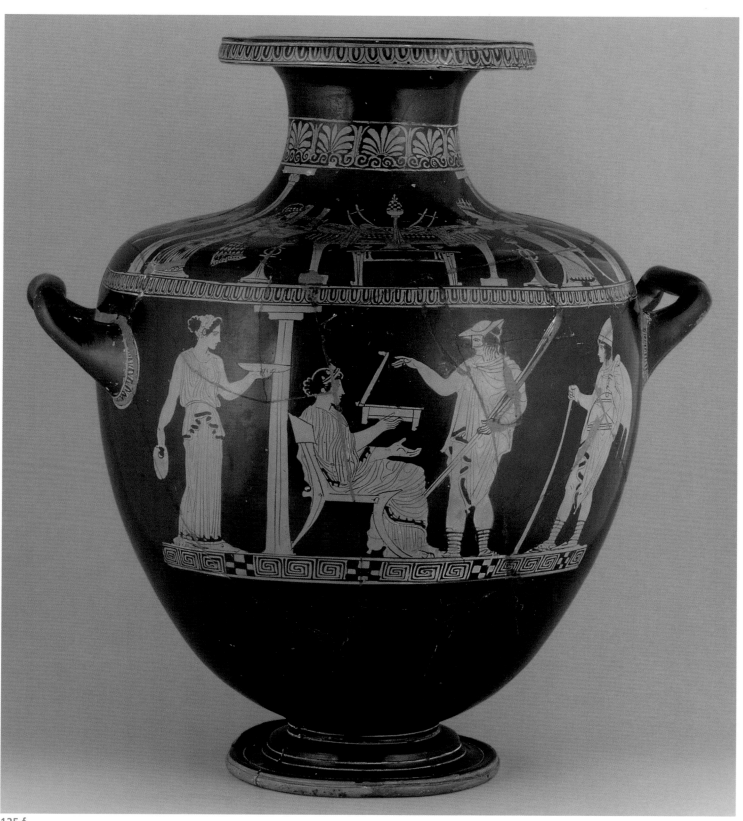

125 f

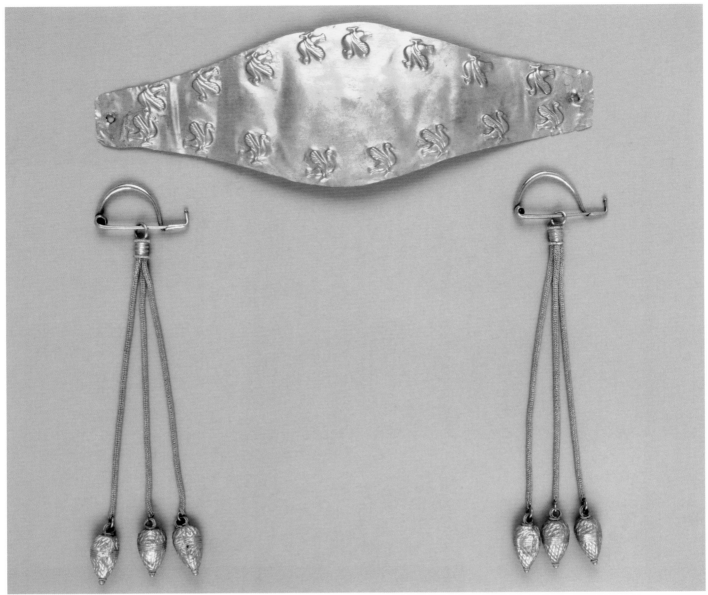

126 a

126 b

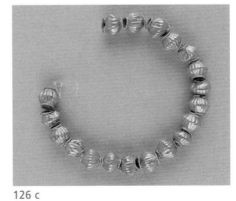

126 c

126 b. Fibel

Gold, L. 4,8, 13,10g
Regionales archäologisches Museum Plovdiv,
Inv.-Nr. 1530   K. K.
Literatur: Filov 1934 b, 84f. Taf. 1.

126 c. Halskette

Gold, ∅ jeder Perle 0,9 cm, Gesamtgewicht 26,40 g
Regionales archäologisches Museum Plovdiv,
Inv.-Nr. 1535
Die Kette besteht aus 19 kannelierten Perlen.
                                                K. K.
Literatur: Filov 1934 b, 85–88 Abb. 108.

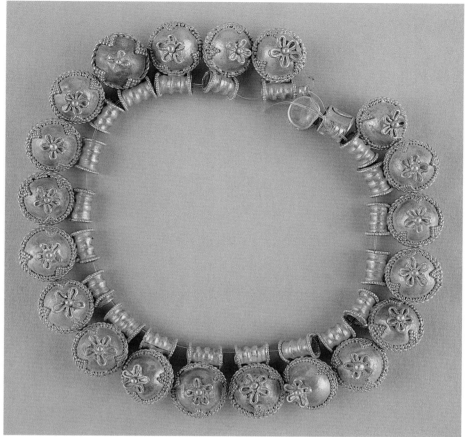

126 d

126 f

126 f. Zehn Ohrringe

Gold, ⌀ 2,7–3,2 cm, 7,30–9,90 g;
Gesamtgewicht 82,60 g

Regionales archäologisches Museum Plovdiv,
Inv.-Nr. 1537

Die untere Hälfte der Ohrringe ist hohl. Dekor aus Rosetten und Granulation. K. K.
Literatur: Filov 1934 b, 88 Abb. 109.

126 g. Phiale

Silber, H. 4,6 cm, ⌀ 11,7 cm

Regionales archäologisches Museum Plovdiv,
Inv.-Nr. 1539

Der obere Teil der Phiale ist glatt, der untere Teil ist mit eiförmigen Vertiefungen verziert.
K. K.

Literatur: Filov 1934 b, 89 Abb. 110.

126 d. Halskette

Gold, ⌀ je 0,8–1,3 cm, Gesamtgewicht 79,60 g

Regionales archäologisches Museum Plovdiv,
Inv.-Nr. 1534

Die Kette besteht aus 20 Anhängern, die mit fünfblättrigen Rosetten aus Filigran und Granulation verziert sind. K. K.
Literatur: Filov 1934 b, 85 Abb. 108.

126 e. Ohranhänger

Gold, H. 3,6 cm, 26,05 g - 26,40 g

Regionales archäologisches Museum Plovdiv,
Inv.-Nr. 1538

Die Anhänger haben die Form eines Omegas. Der perfekt gebogene Golddraht hat massiven, kreisrunden Querschnitt. Die granulierten Enden bestehen aus Pyramiden mit einer Goldperle an der Spitze. K. K.
Literatur: Filov 1934 b, 88 Abb. 109.

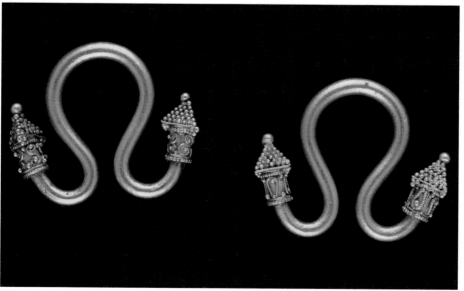

126 e

127 a

127 b

127 c

127 Der Schatzfund aus dem Arabadžijska-Hügel

Derselbe Bestattungsritus wie in dem ca. 50 Jahre älteren Mušovica-Tumulus lässt sich auch im Arabadžijska-Tumulus nachweisen. Der Körper wurde auch hier in einer quadratischen Grube mit Holzwänden beigesetzt, diese war Teil einer grösseren rechteckigen Vertiefung. Auch hier konzentrieren sich die Beigaben auf die obere Grabhälfte. Ein Goldpektorale lag auf der Brust, Goldperlen waren im Halbkreis um den Hals verteilt und zu beiden Seiten des Schädels drei Ohrringe sowie ein Goldgehänge, links im Rechteck, rechts als Dreieck arrangiert.

Das Grab wird in das dritte Viertel des 5. Jahrhunderts v. Chr. datiert.

127 a. Brustschmuck (Pektorale)

Gold, L. 16,5 cm, B. 7,2 cm, 16,760 g
Regionales archäologisches Museum Plovdiv, Inv.-Nr. 1645

Ellipsenförmig mit abgeschrägten Enden, in die zur Befestigung je ein Loch gebohrt ist. Die Vorderseite ist mit gepunzten geometrischen Ornamenten verziert. Am Rand Abfolge von kleinen Kreisen und Punkten. Dasselbe Muster wiederholt sich mehrfach in verschiedenen Grössen.   K. K.
Literatur: Filov 1934 b, 131 Abb. 153.

127 b. Ohrringe

Gold, H. 2,3–2,5 cm, Gesamtgewicht 31,35 g
Regionales archäologisches Museum Plovdiv, Inv.-Nr. 1647

Der untere bauchige Teil der Ohrringe ist hohl. Er besteht aus zwei aneinander gelöteten, gewölbten, halbmondförmigen Gold-plättchen, die mit filigranen Ornamenten reich verziert sind.   K. K.
Literatur: Filov 1934 b, 133 Abb. 155.

127 c. Siegelring

Gold, ⌀ des Ringes 2,7 cm, ⌀ der Platte 1,4×2,2 cm, 14,80 g
Regionales archäologisches Museum Plovdiv, Inv.-Nr. 1640

Massiver, gegossener Ring. Auf der ellipsenförmigen Platte des Ringes ein Reiter. Unter dem nach links galoppierenden Pferd ist der mit griechischen Buchstaben geschriebene Name MEZHNAI zu lesen. Von den griechischen Buchstaben, die vor dem Kopf des Pferdes und über dem Kopf des Reiters eingraviert sind, können folgende noch entziffert werden: HΨ…I…Λ…E…Λ.   K. K.
Literatur: Filov 1934 b, 131 Taf. 8, 3.

127 d. Halskette

Gold, Gesamtgewicht 69,95 g
Regionales archäologisches Museum Plovdiv, Inv.-Nr. 1646

Die Kette besteht aus 19 bikonischen Perlen und 17 Hohlkugeln (sowie ein Fragment), die mit vegetabilen und geometrischen Motiven verziert sind.   K. K.
Literatur: Filov 1934 b, 130 Abb. 154.

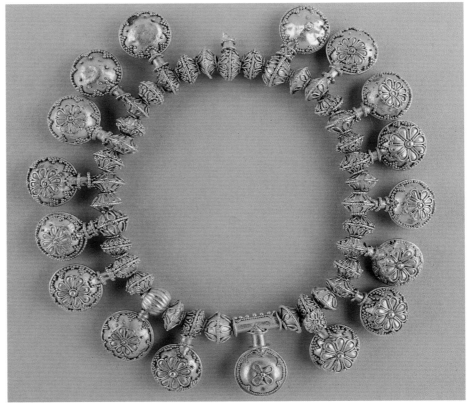

127 d

127 e

127 e. Ohranhänger

Gold, H. 2,8–3 cm, 12,92 g–12,75 g

Regionales archäologisches Museum Plovdiv,
Inv.-Nr. 1641, 1642

Die Anhänger haben die Form eines Omegas.
Die Enden bestehen aus kleinen Pyramiden,
die mit Granulation verziert sind.　　K. K.
Literatur: Filov 1934 b, 133 Abb. 155.

127 f. Kanne

Silber, H. 23 cm, ⌀ 16,2 cm, 888 g

Regionales archäologisches Museum Plovdiv,
Inv.-Nr. 1656

Kanne ohne Henkel. Der Körper hat eine
bikonische Form, der Hals ist länglich-
zylindrisch; die hohe Lippe ist nach aussen
gewölbt.　　K. K.
Literatur: Filov 1934 b, 133 Abb. 156.

128 Der Schatzfund aus dem «Grossen Hügel» (Goljamata Mogila)

Das Grab im «Grossen Hügel» (= Goljamata
Mogila, Duvanlij, Gemeinde Kalojanovo),
dessen Basis sich auf der Höhe der umlie-
genden Erde befindet, gleicht einem Sarko-
phag. Darin hat man zwei Silberkantharoi
(Kat.-Nr. 128 c und d), eine Bronzehydria,
Teile eines Helmes aus Leder und Bronze,
Appliken aus vergoldetem Silber (die zu
einer Paraderüstung aus Leder gehörten),
ein Eisenschwert und die Spitzen von zwei
Lanzen gefunden. Auf die im Zentrum des
Grabes angehäuften Überresten der ver-

127 f

brannten Knochen legte man zwei Gold-
pektoralen (Kat.-Nr. 128 a–b) sowie einen
Goldring mit Inschrift (Kat.-Nr. 128 e).
Während den Begräbnisfeierlichkeiten wurden sie mit etwas Erde und Kohle zugedeckt.
Darüber legte man ein karminrotes, gold-
durchwirktes Stück Stoff. Die rote Farbe
sowie die schimmernden Goldfäden, welche

den Leichenbrand sowie die Machtinsignien
umhüllen, weisen unmissverständlich auf
den chthonischen und vom Feuer charakte-
risierten Aspekt des thrakischen Feuergottes
Dionysos-Zagreus. Hier wurde um die Mitte
des 5. Jahrhunderts v. Chr. der König-Priester Skythodokos (so auf dem Goldsiegelring
erwähnt) bestattet.

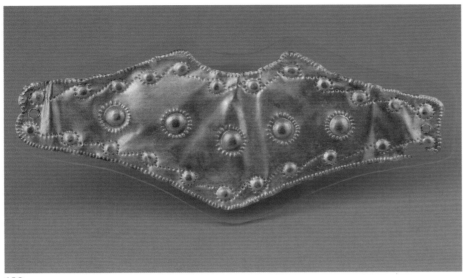

128 a

128 a. Brustschmuck (Pektorale)

Gold, L. 17,5 cm, B. 7 cm, 28 g

Regionales archäologisches Museum Plovdiv, Inv.-Nr. 1644

Aus Goldblech, längliche Form. Die Vorderseite ist mit fünf getriebenen Kreisen und am Rand mit falschen Spiralen verziert. Produkt einer lokalen Werkstatt. K. K.

Literatur: Filov 1934 b, 105 Abb. 131, 1.

128 b. Brustschmuck (Pektorale)

Gold, L. 38,5 cm, B. 9,5 cm, 86,950 g

Regionales archäologisches Museum Plovdiv, Inv.-Nr. 1643

Pektorale aus Goldblech, in Form eines Halbmondes, mit eingepunztem floralem Dekor. Produkt einer lokalen Werkstatt. K. K.

Literatur: Filov 1934 b, 105 Abb. 131.

sich äusserst effektvoll vom silbernen Hintergrund abheben.

Seite A: Dionysos stehend, im Profil nach links; er trägt einen langen Bart und auf dem Haar einen Kranz aus Efeublättern; er ist mit einem kurzen gegürteten Chiton, einem über die rechte Schulter drapierten Leopardenfell *(nebris)* und einem Mantel bekleidet. Seine linke Hand stützt sich auf den Thyrsosstab, die rechte streckt er einer Frau (Mänade?) entgegen, die sich im Profil nach rechts auf ihn zu bewegt und ihm eine Hirschkuh entgegen hält.

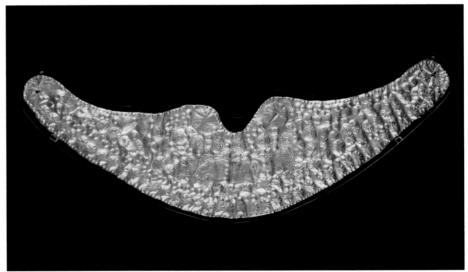

128 b

128 c. Kantharos

Silber, H. mit Henkeln 25,5 cm, Ø 16,5 cm, 1073 g

Regionales archäologisches Museum Plovdiv, Inv.-Nr. 1634

Das Gefäss hat einen hohen hohlen Fuss und zwei flache Henkel. Am oberen Ansatz sind die Henkel mit silbernen, vergoldeten Satyrmasken, die einander zugewandt sind, verziert. Auf dem Gefässbauch zu beiden Seiten der Henkel auf einer vergoldeten Bodenlinie vier vergoldete menschliche Gestalten, die

Seite B: Ein Satyr und eine Mänade tanzen wild. Solche Szenen sind in der attischen Vasenmalerei nichts Aussergewöhnliches: So zeigt man einen der Hauptmomente innerhalb des dionysischen Kultes, den *diasparagmos*, d. h. die rituelle Zerstückelung des Opfertiers. Hier wird dieses Bildmotiv eher dazu benutzt, um die Position der Frau als Priesterin des Dionysos hervorzuheben oder gar die Grosse Muttergöttin selbst darzustellen. K. K.

Literatur: Filov 1934 b, 106–114 Taf. 7.

128 c

128 d. Kantharos

Silber, H. 25 cm, ⌀ 15,5 cm, 854 g
Regionales archäologisches Museum Plovdiv,
Inv.-Nr. 1635
Das Gefäss hat einen hohen hohlen Fuss und
zwei flache Henkel.
K. K.
Literatur: Filov 1934 b, 110 Abb. 135.

128 e. Siegelring

Gold, ⌀ des Ringes 2,6 cm, ⌀ der Platte 1,4×2,3 cm,
13,75 g
Regionales archäologisches Museum Plovdiv,
Inv.-Nr. 1639
Auf der ellipsenförmigen Platte ist ein nackter Reiter, der die Zügel in seinen Händen
hält, dargestellt. Sein Pferd galoppiert nach
links. Hinter dem Reiter ist in griechischen
Buchstaben der Name ΣΚΥΘΟΔΟΚΟ zu
lesen. Die erste Silbe meint «der Skythe».
Dieser Name ist im thrakischen Wortschatz
bekannt. Der hier verwendete Genitiv klärt
die Besitzverhältnisse: der Ring des Skythodokos. K. K.
Literatur: Filov 1934 b, 105 Taf. 8, 4.

128 d

128 e

129 Eros

Ton, H. 7,4 cm
Antike Stadt Kabyle, Jambol, 3.–2. Jahrhundert
v. Chr.
Regionalhistorisches Museum Jambol,
Inv.-Nr. II 3784
Der nackte Eros ist dem Betrachter frontal
zugewandt. Über den linken Arm hängt ein
Umhang, der bis zu seinen Fusssohlen fällt.
Der rechte Arm ist am Ellbogen abgebro-
chen. Die kurzen Flügel sind geschlossen, der
Rücken ist nur grob geformt. S. B.
Unpubliziert.

129

131

130 Alabastron

Glas, blauschwarz, undurchsichtig, H. 18 cm,
∅ 3,6 cm

Hügelnekropole Kabyle, Jambol, Ende des 4. /
Anfang des 3. Jahrhunderts v. Chr.

Regionalhistorisches Museum Jambol,
Inv.-Nr. II 1947

Zylindrischer, am unteren Ende abgerundeter Körper. Kurzer Hals mit nach aussen vorstehender, flacher Lippe. Dekor aus symmetrisch angelegten, zickzackförmigen Linien, die mit weisser, hellblauer und gelber Glaspaste aufgetragen sind.   S. B.

Literatur: Getov 1991, 168–198.

131 Lampe

Bronze, H. 4 cm, L. 12,8 cm

Hügelnekropole Kabyle, Jambol, 3.–2. Jahrhundert
v. Chr., hellenistische Epoche

Regionalhistorisches Museum Jambol,
Inv.-Nr. II 957

Verhältnismässig kleiner runder Körper mit rundem, flachem Henkel und einer länglichen Schnauze für den Docht. An zwei Seiten des Körpers und oben auf dem Henkel jeweils eine blattförmige Handhabe. Die Oberseite der Lampe ist mit Efeuranken verziert. Die Öffnung der Lampe ist mit einem kleinen muschelförmigen Deckel verschlossen.   S. B.

Literatur: Dimitrova 1971, 36–45.

132–134

siehe Kat.-Nr. 210–212

130

135

135 a

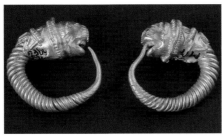

135 b

135 Das Grab von Kralevo

Das Grab wurde im Jahr 1979 in einem thrakischen Hügel beim Dorf Kralevo im Bezirk Tărgovište entdeckt. Die Beisetzung erfolgte in einem aus Steinen gemauerten Grab. Das Grab enthielt Schmuck aus Gold und Silber, eine Garnitur goldener Zierelemente für ein Pferdegeschirr, ein Pektorale aus Silber, einen Zügel aus Eisen, einen Totenkranz aus Ton mit vielen Zierelementen sowie Tongefässe, manche davon mit Dekor aus Gold. Wahrscheinlich wurde der Goldschmuck in einer Werkstatt in Mesambria hergestellt.
Ende des 4. / Beginn des 3. Jahrhunderts v. Chr.
Regionalhistorisches Museum Tărgovište

G. K.

Literatur: Ginev 1983.

135 a. Axt
Eisen, L. 17,2 cm, B. 9 cm
Inv.-Nr. 2315
Stark in die Länge gezogener, trapezförmiger Körper mit bogenförmiger Schneide auf der einen und einer flachen kleinen Platte auf der anderen Seite. Runde Öffnung für den Griff.

135 b. Zwei Ohrringe
Gold, ⌀ 0,7 cm
Inv.-Nr. 2309
Um den Körper windet sich ein spiralförmiger Draht. Das eine Ende der Ohrringe ist zugespitzt, das andere hat die Form eines grossen Löwenhaupts. Die Details sind mit kleinen Kügelchen und imitiertem Filigran wiedergegeben.

135 c. Zwei Armreife
Gold, ⌀ 6,8 cm, 30,9 und 33,49 g
Inv.-Nr. 2310
Ein flaches Band ist zu einer fast doppelten Spirale gewunden. Ein Ende des einen Armbands teilt sich, jenes des anderen läuft spitz aus. Das andere Ende ist bei beiden verdickt und zeigt einen Schlangenkopf.

135 c

135 d

135 d. Ring
Gold, ⌀ 2,2 cm, 9,65 g
Inv.-Nr. 2308
Aus rundem Draht zu einem gleichmässigen Kreis geformt. Glatte Oberfläche.

135 e. Zwei Endstücke
Gold, ⌀ 1,1 cm, 3,32 und 4,66 g
Inv.-Nr. 2307
Konisch, flach. Glatte Oberfläche ohne Dekor.

135 f. Applike in Rosettenform
Gold mit Email, ⌀ 3,5–3,7 cm, 8,14 g
Inv.-Nr. 2305
Stark stilisierte Rosette. Aus dem aus Körnchen wie eine kleine Pyramide geformten Zentrum spriessen insgesamt 14 Blätter mit zugespitzten Enden, die von reliefierten Linien gerahmt werden. Sieben der Blätter überlagern jeweils die anderen sieben. Emailreste. Auf der Rückseite ein Ring für einen Lederriemen.

135 f

135 g

135 h

135 g. Zwei Appliken mit Darstellungen von Greifen

Gold mit Email, 3,6×4,6 cm, 24,7 und 25,9 g

Inv.-Nr. 2398, 2399

Rechteckiges Feld, gerahmt von einem nach aussen offenen filigranen Eierstab. Die beiden Darstellungen sind symmetrisch und fast identisch. Die Adlergreife sind in Bewegung, haben jeweils ein Vorderbein erhoben und ihre Schnäbel bedrohlich geöffnet.

135 h. Vier Appliken mit Darstellungen des Herakles

Gold mit Email, ⌀ 3,8 cm, 20,1; 18,96; 17,78; 14,825 g

Inv.-Nr. 2300–2303

Rund, flache Basis, gerahmt von einem Perlstab und Eierstab aus Filigran. In der Mitte wölbt sich eine Halbkugel mit der stilisierten Darstellung des Gesichts des Herakles mit Bart und Schnurrbart. Es wird vom Löwenkopf mit radial angeordneter Mähne und aufgerissenem Rachen umfasst.

135 i. 35 Appliken

Gold, L. 1,9–2,2 cm, Gesamtgewicht 36,36 g

Inv.-Nr. 2306

Langgezogene Form, auf der Oberfläche erhabenes Ornament. An einem Ende besteht der Dekor aus Lotosblüten, in der Mitte aus quer eingeschnittenen und reliefierten

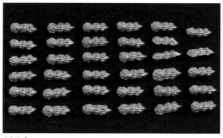

135 i

Linien, am anderen Ende aus fünfblättrigen Rosetten.

135 j. Stirnschmuck

Gold mit Email, 2×4,4 cm, 18,2 g

Inv.-Nr. 2304

Aus dem achtförmigen Plättchen ragt ein plastischer Adlerkopf heraus. Die beiden Teile der Zahl acht sind unterschiedlich gross und von filigranen Linien umrissen. Aus Voluten wachsen ähnlich gestaltete fünf- und siebenblättrige Rosetten, deren Blätter nach innen gebogen und so geformt sind, dass sie an Adlerköpfe erinnern. Emailreste.

135 j

136 a

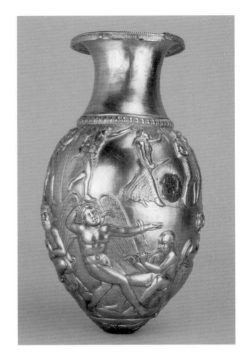

das Kännchen lagen in der Schale oder waren von dieser überdeckt. Auf drei Gefässen finden sich mit griechischen Buchstaben punktierte Inschriften, die belegen, dass sie einem der grössten thrakischen Herrscher des Odrysenreiches, Kotys I. (383–359 v. Chr.), gehörten. Neben seinem Namen ist auch der Name der Stadt Beos erwähnt.

Der Fundort liegt im Gebiet eines anderen thrakischen Stammes, in jenem der Geten. Es handelt sich also um ein Geschenk des odrysischen Königs Kotys I. an einen unbekannten Getenherrscher. G. L.

Erste Hälfte des 4. Jahrhunderts v. Chr.
Regionalhistorisches Museum Russe
Literatur: Ivanov 1975, 14–21; Stojanov 1998, 65–90; Ivanov 1980, 391–404.

136 a. Kännchen

Silber, teilweise vergoldet, H. 18,2 cm,
max. ⌀ 9,9 cm
Inv.-Nr. II 361

Birnenförmiger Körper mit langem Hals und nach aussen gebogener Lippe. Henkel und Untersatz fehlen. Die Oberfläche des Gefässes weist reichen Dekor in zwei Friesen, einem schmaleren oberen und dem breiteren Hauptfries, auf. Im oberen Fries beginnt

136 Der Schatz von Borovo

Der Schatz wurde im Jahre 1974 zufällig beim damaligen Dorf Borovo im Bezirk Russe entdeckt. Er besteht aus fünf Gefässen, die bei ihrer Auffindung stark beschädigt waren. Bei den folgenden archäologischen Untersuchungen des entsprechenden Terrains konnten weitere Fragmente der Gefässe geborgen werden. Der Fundort befindet sich auf den Anhöhen einer thrakischen Hügelnekropole. Der Schatz umfasst ein zusammengehörendes Service aus Gefässen, die für die Riten und Festmahle thrakischer Herrscher charakteristisch waren. Die drei Rhyta und

136 b

auf einer gekippten Amphora ein alter Satyr mit einem Efeukranz auf dem Kopf. In seiner erhobenen Rechten hält er ein Rhyton mit Greifenprotome, in der Linken eine Phiale. Vor ihm tanzt Eros mit einem Strahlenkranz. Die Szene schliesst mit einem sitzenden, auf einer Doppelflöte spielenden Silen. Am Boden des Kännchens um den Ausguss verläuft ein Band mit drei im Kreis fliegenden Schwänen.

Unterhalb der Mündung ist die Inschrift ΚΟΤΥΟΣ ΕΓ ΒΕΟ (des Kotys, aus Beos), an zwei Stellen unterhalb der gebogenen Lippe ist ein E zu finden.

In thrakischer Lesart kann die Szene folgendermassen aufgeschlüsselt werden:

Der Krater ist wohl als semantischer Ausgangspunkt zu betrachten, in ihm wird die «göttliche Flüssigkeit» gemischt, aufbewahrt und versteckt. Jeder Teilnehmer des Kultes muss/darf davon trinken. Hier sprudelt die Flüssigkeit aus den Tiefen der Erde hervor, als Geschenk der Grossen Muttergöttin. Die «Quelle» bezeichnet möglicherweise auch den Übergang ins Jenseits oder den Eingang zur Welt der Götter. Rechts vom Krater Eros und Semele (?), daran anschliessend Dionysos-Zagreus und darauf der bärtige Silen (auf der gekippten Amphora), in dem vielleicht der König-Priester oder der legendäre König der Geten, Zalmoxis, zu sehen ist.

Im Komos oben ist eventuell die Welt der Lebenden, unten jene des Jenseits zu fassen. Gemäss der orphischen Lehre führt ein Weg von der einen zur anderen; somit begeben sich die Figuren im oberen Fries auf diesen Weg.

Neben Dionsysos-Zagreus und der Göttin begegnen wir der grossen Figur des Jenseits (Dämon), der auf dem Löwenfell sitzt. Er ist nicht nur ein Silen, sondern auch der König-Priester und der legendäre König der Geten, Zalmoxis. Seine Position in der Komposition und auch seine Attribute bringen ihn deut-

die Bildfolge mit einem sich umarmenden jungen Paar (Mysten). Vor ihm tanzen eine Mänade und ein Silen, die in beiden Händen jeweils einen Efeuzweig halten. Es folgt eine Mänade, die auf einer Doppelflöte spielt. Vor ihr tanzt nach links eine Mänade mit einem kurzen Thyrsos in der Hand. Vor dieser ist ein alter Silen mit langem Thyrsos und einem Weinschlauch auf der linken Schulter zu sehen, vor welchem ein Satyr mit einem kurzen Thyrsos die linke Hand nach einer in Ekstase tanzenden Mänade ausstreckt. Diese hält in der rechten Hand ein Schwert, in der Linken die hintere Hälfte eines Rehs.

Der zweite Fries beginnt bei einem Brunnen, der aus einem grossen Krater, über dem die

Maske eines Löwen mit geöffnetem Maul dargestellt ist, besteht. Rechts von ihm giesst ein geflügelter Eros mit einem Strahlenkranz mit der rechten Hand Flüssigkeit aus einem Kännchen in eine Phiale. Vor ihm sitzen ein Mann und eine Frau, die zentralen Figuren in dieser Komposition. Die Frau trägt einen Chiton mit kurzen Ärmeln; mit beiden Händen, die sie Eros entgegenstreckt, hält sie ein Band. Der Mann neben ihr ist bärtig und hat ein strenges Gesicht. In seiner hoch erhobenen rechten Hand hält er ein Rhyton mit der Protome einer geflügelten Sphinx, mit der linken drückt er eine Phiale gegen seine Brust. Sein reich gefälteter Umhang fällt bis zur Taille herab. Rechts von ihm sitzt

136 e

lich in die Nähe des Dionysos und vielleicht sahen die Geten in ihm den Zalmoxis. Gemäss Herodot (IV, 94, I) glaubten die Geten, dass der Verstorbene sich zu Zalmoxis begebe, da er sich ihm durch seinen Tod opferte, im Kreislauf von Tod und Leben.

D. Č.

Literatur: Zdravkova – Ivanov 2002, Abb. 6–8.

136 b. Rhyton mit Sphinx-protome

Silber, teilweise vergoldet, H. 20,8 cm,
max. ⌀ 10, 46 cm
Inv.-Nr. II 358

Rhyton mit Protome einer Sphinx, geformt wie ein Horn mit stark nach aussen gebogener Lippe. Das Horn ist mit vertikalen Kanneluren und an der Mündung mit Eierstab und Perlen verziert. Dazwischen befindet sich ein (unvollendeter) Fries mit einer Efeuranke. In einem rechten Winkel geht das Horn in die Protome der geflügelten Sphinx über, die das Gesicht einer Frau hat. Deren lange, dichte Haare sind am Hinterkopf zu einem Knoten zusammengesteckt. Ihre beiden Ohren sind für die Befestigung von Ohrringen durchbohrt. Um den Hals trägt sie eine Kette aus einem perlenbesetzten Band und birnenförmigen Anhängern. Die Brust ist mit Federn bedeckt. Die Flügel sind plastisch geformt. Haare, Brust und Federn wie auch die Muskulatur sind vergoldet. Die punktierte Inschrift auf dem Bauch der Sphinx lautet: ΚΟΤΥΟΣ ΕΓ ΒΕΟ. Zwischen den Beinen befindet sich eine kleine Öffnung.

D. Č.

Literatur: Zdravkova – Ivanov 2002, Abb. 14f.

136 c. Rhyton mit Pferde-protome

Silber, teilweise vergoldet, H. 20,2 cm,
max. ⌀ 10, 26 cm
Inv.-Nr. II 357

Rhyton mit Pferdeprotome, geformt wie ein Horn mit stark nach aussen gebogener Lippe,

die mit Eierstabornament und Perlrand verziert ist. Unter dem Rand befindet sich ein plastischer, vergoldeter Fries aus zwei miteinander verflochtenen Efeuranken mit Früchten. Am Ende jeweils Fruchtdolden, unter denen ein kleiner Vogel sitzt. Die Protome ist aus zwei gegossenen Teilen zusammengesetzt und stellt ein galoppierendes Pferd dar. Sein Maul ist geöffnet, die Zähne sind zu erkennen. Die Mähne ist über den Ohren zu einem Büschel zusammengebunden. In drei langen, wellenförmigen Zöpfen fällt sie über den oberen Teil des Rückens. Hufe, Mähne und Muskulatur sind vergoldet. Die mit griechischen Buchstaben ausgeführte Inschrift auf dem Bauch des Pferdes lautet ΚΟΤΥΟΣ ΕΓ ΒΕΟ, in die Innenseite der oberen Öffnung sind die Buchstaben ΑΔ… eingefügt. Die untere Öffnung besteht aus einem kleinen Löwenkopf mit geöffnetem Maul.

D. Č.

Literatur: Zdravkova – Ivanov 2002. Abb. 12f.

136 d. Rhyton mit Stier-protome

Silber, teilweise vergoldet, H. 16,5 cm,
max. ⌀ 9 cm
Inv.-Nr. II 359

Rhyton mit Stierprotome. Das kurze Horn ist mit horizontalen Kanneluren verziert, die unterhalb der Mündung von einem Perlband begrenzt werden. Der Mündungsrand ist gerade und ohne Dekor. Am unteren Teil der Biegung des Horns befindet sich zwischen den Kanneluren eine Palmette im griechischen Stil.

Die Behaarung am vorderen Teil des Kopfes ist mit kleinen, schrägen Linien wiedergegeben, auf der Stirn sind die Haarbüschel rosettenartig geformt. Am Nacken, Hals und auf der Brust des Stieres Streifen aus symmetrischen kleinen Bändern, die spulenartig aufgewickelt sind. Die Zierelemente sind vergoldet. Zwischen den Beinen befindet sich eine kleine Öffnung.

Der Meister, der dieses Rhyton hergestellt hat, war ein guter Kenner der achämenidischen Kunsttradition. Dies kommt nicht nur in der Form des Gefässes, sondern auch in der Haltung des Stieres mit den untergeschlagenen Beinen und dem gesenkten Kopf sowie in der Stilisierung der Mähne und der Schenkelmuskeln zum Ausdruck.

D. Č.

Literatur: Zdravkova – Ivanov 2002, Abb. 10f.

136 e. Schale

Silber, teilweise vergoldet, H. 11,36 cm, ⌀ 29 cm
Inv.-Nr. II 360

Die Aussenseite der Schale ist unterhalb der Mündung mit einem vergoldeten Eierstab verziert; unter dem Rand sind zwei massive, bewegliche Henkel mit vergoldeten Satyrköpfen am Ansatz befestigt. Auf der Innenseite ist auf dem Boden ein Reh wiedergegeben, das von einem Greif angefallen wird. Das Gefäss steht auf einem hohen massiven Fuss, dessen Oberfläche ebenfalls mit Eierstab verziert ist.

D. Č.

Literatur: Zdravkova – Ivanov 2002, Abb. 16f.

136 c

136 d

137 Der Schatzfund von Panagjurište

Der Schatz wurde am 8. Dezember 1949 zufällig auf dem Gelände einer Ziegelei südlich von Panagjurište am Fluss Merul (Plovdiv) entdeckt. In 2,20 m Tiefe waren neun massive Goldobjekte unterschiedlicher Form mit einem Gesamtgewicht von 6,164 kg vergraben. Alle Gefässe sind reich figürlich verziert. Diese Objekte waren Statussymbole und wurden bei Kulthandlungen der thrakischen Könige verwendet. Mit Ausnahme einer Phiale handelt es sich bei allen Stücken um Rhyta mit einer Öffnung in der Basis zum Ausschenken von einer Flüssigkeit, wohl von Wein. Die mythischen Wesen sowie die heiligen und wilden Tiere, deren ganze Figuren oder Köpfe um die Gefässöffnungen dargestellt sind, dienten zu einer rituellen Reinigung des Weins beim Einfüllen bzw. Ausschenken. Der figürliche Dekor stellt Gottheiten und mythische Helden dar, die in der gesamten griechischen Welt bekannt waren. Der Schatz wird in die Zeit zwischen dem Ende des 4. und dem Beginn des 3. Jahrhunderts v. Chr. datiert.

Die technisch meisterhaft geschaffenen Objekte stammen aus einer Schmiedewerkstatt des beginnenden Hellenismus. In ihnen werden griechische stilistische und technische Elemente mit thrakischen und achämenidischen Zügen angereichert. Man nimmt an, dass die neun Gefässe in der kleinasiatischen Stadt Lampsakos hergestellt wurden oder von griechischen Meistern in einer lokalen Werkstatt in Thrakien.

Den Entdeckern präsentierte sich folgende Fundlage: Auf der flach deponierten Schale befand sich das Amphora-Rhyton, darum herum die vier zoomorphen und die drei anthropomorphen Rhyta.   G.L.

Literatur: Končev – Gorbanov 1950, 243–246; Fol V. 2002, 210–230; Kitov 2006 b.

137 a. Amphora-Rhyton

Gold, H. 29 cm, ⌀ 14 cm, Gewicht 1695,25 g
Regionales archäologisches Museum Plovdiv,
Inv.-Nr. 3203

Eiförmiger Körper; der obere Teil der beiden Henkel in Form eines bogenschiessenden Kentauren. Über den ganzen Bauch ein Figurenfries, geteilt durch ein zweiflügliges Tor, von ionischen Säulen gerahmt mit Löwenmasken auf den beiden Kapitellen. Ionisches Kyma am Architrav und an der Schwelle.

Eine Gruppe von fünf Männern bewegt sich auf die Türe zu. Zwischen den sich schliessenden Türflügeln sind der kahle Schädel sowie die Hände eines Mannes zu erkennen. Die Männer sind nackt unter den über ihre Schultern gelegten, sich öffnenden Mänteln. Die vier Figuren, die der Türe am nächsten sind, tragen ein Schwert. Der hinterste bläst die Kriegstrompete. Auf der rechten Seite, gewissermassen im Inneren des Hauses (hinter der Türe) zwei sich unterhaltende Männer. Der ältere hält in seinen Händen einen Gegenstand (wahrscheinlich eine Leber), der die Aufmerksamkeit des jüngeren auf sich zieht. Die Körper, die Gewänder und die Waffen sind mit äusserster Präzision wiedergegeben. Die etwas gelängten Körperproportionen erinnern an den berühmten hellenistischen Bronzegiesser Lysipp, den Plastiker am «Hof» von Alexander dem Grossen.

Auf der gerundeten Basis ein efeubekränzter Silen mit einer Doppelflöte und einem Kantharos, Herakles im Kindesalter im Kampf mit zwei Schlangen sowie zwei Köpfe von Schwarzafrikanern (Äthiopiern) mit Öffnungen, aus denen der oben eingeschenkte Wein ausfliessen konnte.

Am Halsinneren lässt sich das Gewicht des Gefässes in griechischen Buchstaben ablesen.

Verschiedene Deutungen der Szene wurden vorgeschlagen: der thebanische Mythos der Sieben gegen Theben (es sind ja tatsächlich sieben Männer dargestellt, das eine Tor würde die sieben Tore Thebens vertreten), ein Komos vor der Türe eines Freundes oder einer Hetäre usw.

Das Motiv kann auch auf die thrakische Realität übertragen werden: Der rituelle Tanz von fünf Männern vor einem Tempel, in welchem eine Zeremonie vorbereitet wird. Vielleicht scheidet die Türe zwischen Dies- und Jenseits, dahinter befände sich somit die Erneuerung, welche der Tod bringt.   G. L.

Literatur: Venedikov 1961, 14ff. Abb. 25–34; Marazov 1978, 100–109; Fol V. 2002, 226f.; Kitov 2006 b, 43–71; Simon 1960, 3–29.

137

137 a

137 b. Phiale

Gold, H. 3,5 cm, ⌀ 25 cm; Gewicht 845,7 g
Regionales archäologisches Museum Plovdiv,
Inv.-Nr. 3204

Grosse, flache Phialen von diesem Typus
wurden zum rituellen Ausgiessen von Wein
benutzt, wie es auf vielen bemalten attischen
Vasen zu sehen ist. Der Dekor besteht aus
fünf konzentrischen Friesen, die gleich auf
die Vertiefung des Omphalos folgen: kleine
Rosetten, dann Eicheln und weiter drei konzentrische Friese mit sich zum Rand hin ver-
grössernden Köpfen von Schwarzafrikanern
(Äthiopiern), zwischen denen komplizierte
Palmettengeflechte dargestellt sind. Die Eicheln und die Darstellungen von Äthiopiern
(so bezeichnete man in der Antike die Bewohner Schwarzafrikas) galten im Altertum
als «Formeln» für das Abwenden des Unheils.
Die Köpfe auf der Phiale unterscheiden sich

von denen an der Basis des Amphora-Rhy-
tons (Kat.-Nr. 137 a).

Das Gold, aus dem die Phiale gearbeitet
ist, unterscheidet sich in seiner Zusammensetzung von den übrigen Gefässen. Die Inschrift unterhalb des Randes bezeichnet das
Gewicht der Phiale nach dem Münzsystem
der Stadt Lampsakos (Anfangsbuchstaben
der betreffenden Zahl).   G. L.

Literatur: Venedikov 1961, 53–58; Marazov 1978,
210–228; Kitov 2006 b, 38–42.

137 c. Rhyton mit Hirschkopf

Gold, H. 12,5 cm, ⌀ 8,8 cm; Gewicht 689 g
Regionales archäologisches Museum Plovdiv,
Inv.-Nr. 3198

Der Hirschkopf weist ein gewaltiges rund-
plastisches Geweih auf. Es handelt sich um
einen Damhirsch. Die Öffnung zum Ausfluss
der Flüssigkeit befindet sich in der unteren

Lippe des Tieres. Der obere Teil des Henkels
hat die Form eines rundplastischen Löwen,
der seine Pranken auf den Gefässrand gelegt
hat. Am unteren Henkelansatz ein weiblicher
Kopf mit Diadem und Halskette.

Auf dem Hals zwei symmetrisch angeordnete, figürliche Szenen: Theseus im Kampf
mit dem kretischen Stier in der Ebene von
Marathon und Herakles im Kampf mit der
kerynitischen Hirschkuh.

Obschon die beiden Taten von Theseus und
Herakles nicht demselben Handlungsstrang
angehören, hat der Goldschmied die beiden
Heldentaten in einer höchst geglückten Komposition zusammegeführt, indem sie spiegelbildlich erscheinen. Die beiden Helden bringen die Tiere gleichzeitig zu Fall, indem der
eine den linken Vorderlauf, der andere den
rechten zum Einknicken bringt, beide fassen
sie ihre Beutetiere auch an den Hörnern.

Die Szene mit Theseus ist, was die Komposition betrifft, nicht weit von einer der Südmeto-
pen des Hephaisteions auf der Agora in Athen
(um 440 v. Chr.) entfernt, jene mit Herakles
lässt sich an Vorbilder Lysipps anknüpfen.

In thrakischer Lesart sind die Szenen deutlich: Für die Darstellung der Prüfungen
des König-Priesters benutze man ikono-
graphische Formeln aus der Welt der griechischen Helden.   G. L.

Literatur: Venedikov 1961, 9f. Abb. 6ff.; Marazov
1978, 80–83; Kitov 2006 b, 26–31.

137 d. Rhyton mit Hirschkopf

Gold, H. 13,5 cm, ⌀ 8,8 cm, Gewicht 674,6 g
Regionales archäologisches Museum Plovdiv,
Inv.-Nr. 3197

Der Hirschkopf ist identisch wie jener von
Kat.-Nr. 137 c. Der Henkel ist ebenfalls ähnlich wie bei 137 c, die Kanneluren sind hier
jedoch durch Pflanzenornamente ersetzt.

Der Fries am Hals des Gefässes zeigt vier
menschliche Figuren: Athena, sitzend, mit
langem Chiton, die linke Hand auf einen

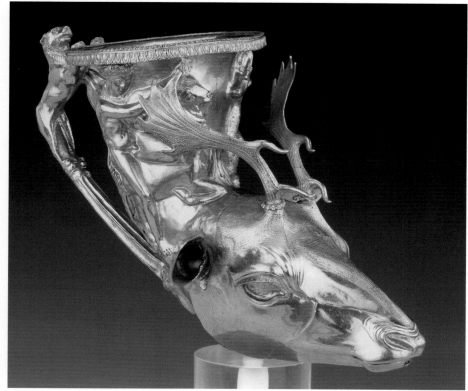

137 c

137 b

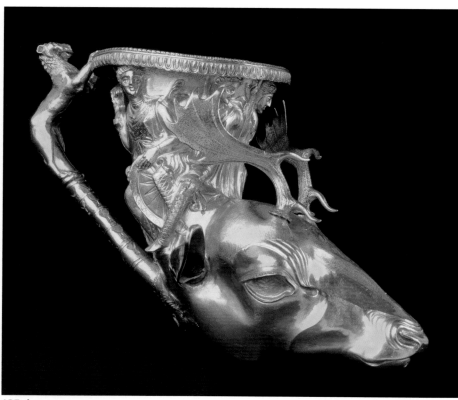

137 d

grossen Rundschild gestützt, mit der Rechten hält sie ihren Helm. Neben ihr Paris (Alexandros) in phrygischer (Hirten-)Kleidung und mit einem Zepter in der linken Hand. Darauf folgen Hera auf einem Thron und Aphrodite aufrecht stehend, beide mit Chiton und langem Mantel bekleidet. Ihre Namen sind neben den Köpfen eingepunzt. Dargestellt ist das sog. Parisurteil, das dem Trojanischen Krieg vorausging.   G. L.

Literatur: Venedikov 1961, 7ff. Abb. 2–5; Marazov 1978, 76–80; Fol V. 2002, 224; Kitov 2006 b, 18–25.

137 e. Rhyton mit Widder-kopf

Gold, H. 12,5 cm, ∅ 8,5 cm; Gewicht 505,05 g
Regionales archäologisches Museum Plovdiv, Inv.-Nr. 3199

Das Gefäss endet im Kopf eines jungen Widders. Oberer Teil des Henkels in Form eines rundplastischen Löwen, dessen Vorderpranken auf der Mündung ruhen. Der untere Henkelansatz in Form eines weiblichen Gesichts. Die Öffnung zum Ausfluss der Flüssigkeit befindet sich in der unteren Lippe des Tieres.

Auf dem Gefässhals Dionysos auf einem Thron, den Unterkörper in ein Himation gehüllt. In der rechten Hand hält er einen Thyrsosstab. Neben ihm eine weibliche Gestalt (Eriope) mit Thyrsosstab, die mit einem langen gefältelten Chiton bekleidet ist. Beischriften über ihren Köpfen. Hinter dem Paar tanzen Rücken an Rücken zwei Mänaden. Der Name Eriope erscheint nur hier. Die Ikonographie entspricht der griechischen Tradition.

Vor thrakischem Hintergrund könnte die Szene die heilige Hochzeit der Grossen Muttergöttin mit ihrem Sohn in seiner chthonischen Erscheinungsform symbolisieren.

G. L.

Literatur: Venedikov 1961, 10 Abb. 9ff.; Marazov 1978, 83–88; Kitov 2006 b, 12–17.

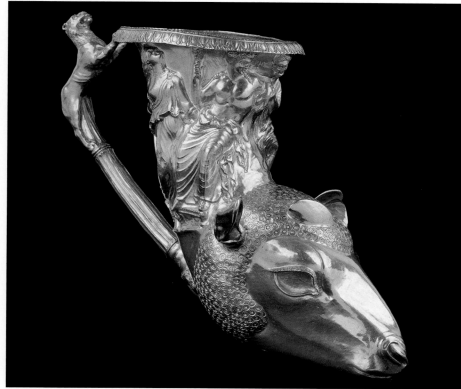

137 e

137 f. Rhyton mit Ziegenbock-protome

Gold, H. 14 cm, ⌀ 9 cm; Gewicht 439,05 g
Regionales archäologisches Museum Plovdiv,
Inv.-Nr. 3196

Der untere Teil des Rhytons endet in einer
Ziegenbockprotome. Äusserst naturalistische
Charakterisierung des Wesens des Tieres.
Ohne Henkel. Die Öffnung zum Ausfluss
der Flüssigkeit befindet sich zwischen den
Vorderbeinen des Tieres.

Auf dem Hals des Horns in einem Figurenfries Apollon, Hera, Artemis und Nike.
Hera im Zentrum, sitzend, mit einem langen Chiton und Mantel bekleidet und einem

137 f

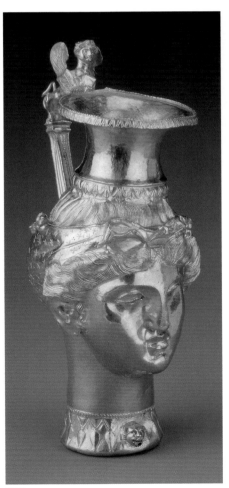

137 g

Schleier über den Kopf. In der rechten Hand
hält sie eine Phiale. Gerahmt von Apollon,
stehend, mit langer Haartracht, Mantel über
die Schultern geworfen, Bogen in der linken
Hand und Artemis, mit einem langen Chiton bekleidet und ebenfalls in der linken
Hand einen Bogen haltend. Zwischen den
Zwillingen die geflügelte Göttin Nike mit
einem Band (Taenie) in der rechten Hand.
Die Götter wirken wie Statuen und sind
nicht bei einer gemeinsamen Handlung dargestellt. Namen in griechischen Buchstaben
gepunzt. In der griechischen Mythologie
gibt es keine Szene, welche diese vier göttlichen Wesen vereint. Pausanias (V, 17,3)

beschreibt den Tempel der Hera in Olympia
und erwähnt dabei die hier versammelten
Gottheiten. Fassen wir hier eine freie Inter-
pretation der Anlage in Olympia?   G. L.
Literatur: Venedikov 1961, 11f. Abb. 12–16;
Marazov 1978, 88–93; Kitov 2006 b, 32–37.

137 g. Rhyton in Form eines Frauenkopfes

Gold, H. 21,5 cm, B. 13,3 cm; Gewicht 460,75 g
Regionales archäologisches Museum Plovdiv,
Inv.-Nr. 3200

Rhyton in Form eines Frauenkopfes mit
«klassischen» ebenmässigen Gesichtszügen
und im Nacken zusammengestecktem Haar.

Auf ähnliche Weise sind Hera und Aphrodite in der Szene mit dem Parisurteil (Kat.-Nr. 137 d) dargestellt. Auf dem Haar ein feiner, sternverzierter Schleier, über der Stirn verknotet. Am Hals im Zentrum der Kette ein Löwenkopf mit Ausguss. Als oberer Abschluss des kannelierten Henkels rundplastische Sphinx. Darstellung einer Amazone, von Hera, Artemis oder Aphrodite? G. L.

Literatur: Venedikov 1961, 12f. Abb. 17ff. 24; Marazov 1978, 96-100; Fol V. 2002, 224; Marazov 1998, 142; Kitov 2006 b, 80f.

137 h. Rhyton in Form eines Frauenkopfes

Gold, 22,5 cm, B. 13,5 cm; Gewicht 466,75 g
Regionales archäologisches Museum Plovdiv, Inv.-Nr. 3201

Identisch wie Kat.-Nr. 137 h; beide Objekte vermutlich vom selben Meister hergestellt. Unwesentliche Unterschiede im Dekor. Die Perlenkette am Hals der Frau (bzw. am Fuss des Gefässes) hier mit mehr Perlen.

Der obere Teil der Flügel der Sphinx am Henkel fehlt hier. G. L.

Literatur: Venedikov 1961, 13 Abb. 19–21; Marazov 1978, 96–100; Fol V. 2002, 224; Kitov 2006 b, 77ff.

137 i. Rhyton in Form eines Frauenkopfes

Gold, H. 20,5 cm, Gewicht 387,3 g
Regionales archäologisches Museum Plovdiv, Inv.-Nr. 3202

Der Körper des Gefässes hat die Form eines Frauenkopfes mit Helm (Athena oder Amazone), der die Ohren freilässt und bis zum Nacken reicht. Helm reich verziert. Auf der Stirn ein Ornament, wohl ein stilisierter Lebensbaum. Zu beiden Seiten am Gefässhals symmetrisch angelegte, stark plastisch hervortretende Adler-Greifen. Henkel in Form einer kannelierten Säule, an deren oberen Ende eine rundplastische Sphinx sitzt. Am unteren Ende des Halses ein Löwenkopf mit Ausguss. G. L.

Literatur: Venedikov 1961, 13f.; Marazov 1978, 93–96; Marazov 1998, 142; Fol V. 2002, 224; Kitov 2006 b, 72–76.

137 h

137 i

138

Reparaturen durchgeführt. Der Helm kam zusammen mit Objekten, die später datiert werden, in einem gemauerten, rechteckigen Grabmal zutage.　　　　　　　G. L.
Literatur: Kitov 1996, 9–22.

139 Fibel

Gold, Glaspaste, Silber, Bronze, L. 4,9 cm,
B. 3,4 cm, H. 1,5 cm
Sašova-Hügel, Šipka, Kreis Kazanläk, 2. Jahrhundert v. Chr.
Historisches Nationalmuseum Sofia, Inv.-Nr. 35704
Doppelfibel aus massivem Golddraht, mit acht bzw. neun Windungen der Feder um eine Bronzeachse. Bogen mit trapezförmigem Profil. Bei der ersten Drehung ist eine kleine Kassette angelötet, dahinter ein scheibenförmiges Element mit Rosetten aus Filigran, Goldgranulat und verschiedenfarbiger Glaspaste. Ein ähnliches, kleineres Element ist an der nach hinten gebogenen Verlängerung des Nadelhalters befestigt. In der Mitte des Bogens ein kleiner Steinwürfel mit einer undeutlichen Szene.　　　　　　　G. L.
Literatur: Kitov 1996, 9–22.

138 Helm

Bronze, H. 25,8 cm, B. 21 cm, T. 23,4 cm
Sašova-Hügel, Šipka, Kreis Kazanläk, 4. Jahrhundert v. Chr.
Historisches Nationalmuseum Sofia, Inv.-Nr. 36381
Thrakischer Typus: Die Kalotte hat einen breiten profilierten Rand, der nach einer Unterbrechung an den Ohren in die Nackenklappe übergeht. Die verschiedenen Teile sind gegossen, aneinander gelötet und genietet. Am breitesten Teil und am Rand der Nackenklappe wurden bereits in der Antike

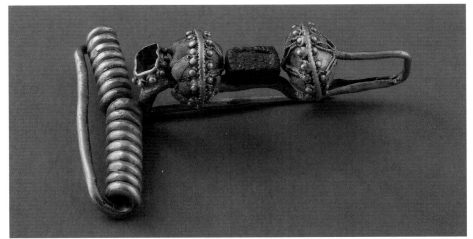

139

140

140–144 Funde aus dem Malka-Hügel

Der Malka-Hügel befindet sich in der Nähe der Stadt Šipka im «Tal der thrakischen Könige». Er hat einen Durchmesser von etwa 30 Metern und ist vier Meter hoch. In der zweiten Hälfte des 4. Jahrhunderts v. Chr. wurde unter dem Hügel in einem einfachen Steingrab mit Korridor ein thrakischer Fürst bestattet. Die Beigaben umfassten u. a. zwei Zepter, kostbare Schmuckstücke sowie Gefässe aus Ton und Metall.   G. K.

140 Halskette

Gold, ⌀ der kugelförmigen Perlen 1,55–1,7 cm,
⌀ der bikonischen Perlen ca. 0,5 cm, 23,5 Karat
Historisches Museum «Iskra» Kazanlǎk,
Inv.-Nr. A 1582

Kette aus 11 bikonischen und 10 mehrteiligen Perlen. Der Körper der fast identischen Perlen ist scheibenförmig und besteht aus zwei verlöteten Kugelsegmenten. Die Naht ist unter einem dreifach aufgewickelten Draht verborgen. Die Vorderseite ist mit übereinanderliegenden Rosetten in Filigrantechnik verziert. Die Perlen sind mit zylindrischen Elementen aufgefädelt.   G. K.

Literatur: Kitov – Tonkova 1996, 36–41;
Kitov 2005 a, 11 Abb. 9; Kitov 2006 a, 45;
Dimitrova 2006, Nr. 4; Kitov 1994, 46–76 Kat. Nr. 3.

141

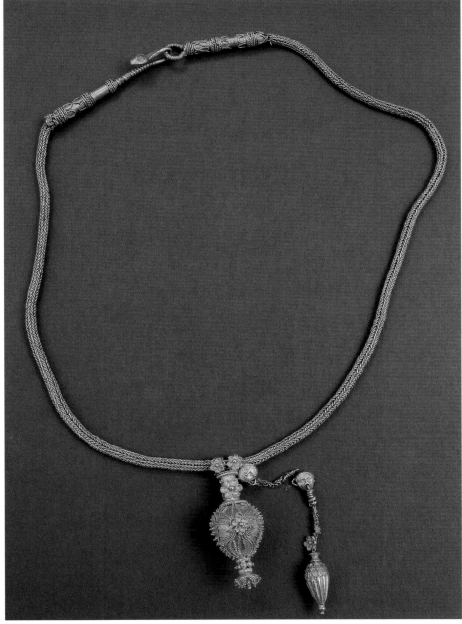

142

142 Halskette

Gold, Gesamtlänge 40,8 cm, 23,5 Karat
Historisches Museum «Iskra» Kazanläk,
Inv.-Nr. A 1581

Das Schmuckstück besteht aus einer langen,
geflochtenen Kette, zwei Verschlüssen mit fi-
ligraner Verzierung, einer kleinen Kette, zwei
Anhängern in Form einer Amphora und zwei
ovalen Plättchen mit Miniaturdarstellungen
der Gorgo-Medusa. Der grosse Anhänger in
Form einer Amphora ohne Henkel besteht
aus mehreren Teilen und ist mit Palmetten,
Rosetten und Trauben aus Golddraht und
unzähligen Granulatkügelchen verziert. Der
kleine Anhänger hat einen länglichen Körper. Granulatdekor: Blätter, ein Wirbel und
zwei unterschiedlich grosse Kugeln.   G. K.
Literatur: Kitov – Tonkova 1996, 36–41;
Kitov 2006 a, 45ff.; Dimitrova 2006, Nr. 2.

143 Brustschmuck (Pektorale)

Gold, L. 9,5 cm, B. 0,6-1 cm, Gewicht 2,26 g
Historisches Museum «Iskra» Kazanläk,
Inv.-Nr. A 1585

Stark gelängte elliptische Platte, an einem Ende
abgerundet, am anderen ungleichmässig abge-
schnitten. An den Enden zwei runde Löcher
zur Befestigung. Durch Hämmern mit einem
stumpfen Gegenstand sind drei unregelmässige Reihen mit Knospen entstanden.   G. K.
Literatur: Kitov – Tonkova 1996, 36–41;
Kitov 2006 a, 45ff.

143

141 Halskette

Gold, L. der zylindrischen Perlen 0,6–1,05 cm,
∅ der bikonischen Perlen 0,5 cm, L. des Anhängers
3,05 cm, 23,5 Karat
Historisches Museum «Iskra» Kazanläk,
Inv.-Nr. A 1583

Kette aus 10 bikonischen Perlen und 11
zylindrischen Elementen. Die bikonischen
Perlen bestehen aus zwei zusammengelöteten
kegelstumpfförmigen Körpern. Einige sind
leicht deformiert. Die zylinderförmigen Elemente sind aus aufgerollten und zusammengelöteten Blechplättchen gebildet. An einem
ist ein rundes Plättchen angelötet, an dem ein
grosser bikonischer Anhänger befestigt ist.
Dieser besteht aus zwei Teilen mit konischen
Elementen, die mit dünnem Golddraht bedeckt und miteinander verbunden sind. G. K.
Literatur: Kitov – Tonkova 1996, 36–41;
Kitov 2006 a, 45ff.; Dimitrova 2006, Nr. 3.

144

144 Ring mit Stempelsiegel

Ø 1,6 × 2,1 cm, H. 2 cm, Gewicht 14,83 g
Historisches Museum «Iskra» Kazanlǎk,
Inv.-Nr. A 1586

Darstellung einer Investitur mit zwei einander gegenüberstehenden Figuren. Links ist die Grosse Muttergöttin zu sehen, rechts ein thrakischer Herrscher. Die Göttin reicht dem Herrscher ein Rhyton (?), das Symbol der königlichen Macht. Der König trägt einen Helm oder einen Kranz auf dem Kopf. Die rechte Hand streckt er der Göttin entgegen, in der linken hält er ein Zepter mit langem Griff.

Der Ring zeigt starke Abnutzungsspuren. Er wurde wohl während längerer Zeit verwendet und ist deshalb früher als die anderen Beigaben zu datieren: Er entstand in der zweiten Hälfte des 5. Jahrhunderts v. Chr. G. K.
Literatur: Kitov – Tonkova 1996, 36–41; Kitov 2005 a, 11ff. Abb. 9.

145 Applike

Silber, 12,3 × 8,2 cm
Sabazios-Heiligtum, Belintaš, 3. Jahrhundert v. Chr.
Nationales archäologisches Institut mit Museum Sofia, Inv.-Nr. 8475

Die rechte und linke Aussenkante der Silberplatte ist gebrochen. Dargestellt ist eine bärtige männliche Gestalt mit einem länglichen Gegenstand in der rechten Hand (eine Keule?) und einer Opferschale in der linken. Mehrere Schlangen umwinden die Figur. Wahrscheinlich handelt es sich um den phrygischen Gott Sabazios. Diese Gottheit wurde sowohl mit Dionysos als auch mit Zeus gleichgesetzt. P. I.
Literatur: Ilieva – Boev 2003, 60–62.

146 Der Schatz von Letnica

Der Schatz wurde im Jahre 1963 bei der Stadt Letnica, Bezirk Loveč, durch Zufall entdeckt. Er besteht aus Appliken für ein Pferdegeschirr, die sich bei ihrer Auffindung in einem Gefäss aus Bronze befanden. Diese Zierelemente, die für das Halfter bestimmt waren, sind in Ajourtechnik ausgeführt; die übrigen, für den Brustriemen angefertigten, sind zumeist rechteckige Reliefplättchen. Die Appliken sind von zwei unterschiedlichen Meistern geschaffen worden. Auf ihnen sind Reiter in Panzerhemden und Hosen, Kämpfe zwischen Tieren, eine Hierogamie-Szene («Heilige Hochzeit») u. a. dargestellt. Es ist anzunehmen, dass es sich bei dem Schatz um rituell vergrabene, heilige Gaben handelt.

Die Zierelemente des Pferdegeschirrs (Kat.-Nr. 146 h, i, m, n, o, p, s), sowohl die runden wie auch die rechteckigen, zeigen Szenen einer Jagd in einem allgemeinen mythologischen Kontext. Die bewaffneten Reiter-Jäger erlegen Hirsche, Wölfe und Bären. Die Reiter unterscheiden sich in Haar-, Barttracht und Attributen, was sie vom Alter und sozialen Rang her differenziert. Sie tragen alle gestrickte Kleidung mit langen Hosen. Die Pferde sind detailreich dargestellt, vor allem das Zaumzeug, das Brusthalfter, die Zügel und der Sattel.

Die schwungvoll durch die Luft schwebenden Waffen unterstreichen die angeheizte Atmosphäre der Jagd. Auf Kat.-Nr. 146 s fassen wir wohl den König, diese Applike ist grösser als die anderen, und auch der Bein-

145

schutz mit dem Gesicht am Knie weist auf den höheren Rang des Reiters. Der König hat sich den wildesten Tieren (Wolf und Bär) zu stellen. Wie den Wolf wird er auch den Bären erlegen.

Die Zierelemente Kat.-Nr. 146 e, j, l und r zierten auf beiden Seiten die vertikalen Laschen eines Halfters. Sie gehören zu einem gemeinsamen erzählerischen Hintergrund: Eine Prinzessin wird als menschliche Geisel einem Ungeheuer, dem Herrscher über das Wasser, gesandt (Kat.-Nr. 146 j und r); ein junger Mann tötet das Ungeheuer, befreit das Wasser aus der Herrschaft des Ungetümes und erhält als Preis die Prinzessin zur Frau. Der Vollzug der Ehe (Kat.-Nr. 146 l) geschieht in Anwesenheit einer Göttin.

Der Schatz stammt aus dem 4. Jahrhundert v. Chr. R. G.
Regionalhistorisches Museum Loveč
Literatur: Venedikov – Pavlov 1974, 5–40 Abb. 1–40; Marazov 1976, 1–13; Venedikov 1996.

146 a

146 a. Stirnschmuck

Silber, teilweise vergoldet, H. 4,1 cm; Inv.-Nr. 593
Rundplastisch gestaltet. Tierkampfgruppe:
Ein Löwe greift einen gestürzten Stier an.

146 b

146 b. Applike

Silber, teilweise vergoldet, H. 8,1 cm; Inv.-Nr. 592
Durchbrochene Arbeit. Den Rand des Zier-
elements bildet die Umrisslinie der Tiere.
Tierkampfgruppe: Ein Löwe und ein Greif,
aufgerichtet auf den Hinterläufen, in gegen-
seitiger Umklammerung. Links und rechts
ist jeweils eine Schlange zu erkennen.

146 c

146 c. Zwei Appliken

Silber, teilweise vergoldet, H. 12 cm; Inv.-Nr. 606
Durchbrochene Arbeit in Form eines Drei-
wirbels mit rundem, flachem, umrandetem
Omphalos in der Mitte, um den drei stilisierte Greifenköpfe nach links angeordnet sind.
Die Köpfe sind mit je einem Auge und stark
gebogenen Schnäbeln dargestellt.

146 d. Vier Appliken

Silber, teilweise vergoldet, H. 3,4 cm; Inv.-Nr. 594
Durchbrochene Arbeit. Die Form des Zier-
elements folgt dem Umriss der Darstellung,
die eine heraldische Gruppe wiedergibt: Zwei
pickende Adler mit gesenkten Köpfen und
angelegten Flügeln sitzen sich gegenüber;
über ihnen sind voneinander abgewendete
Greifenköpfe dargestellt.

146 d

146 e

146 g

146 i

146 e. Applike

Silber, teilweise vergoldet, H. 4,7 cm; Inv.-Nr. 581
Rechteckig mit Eierstabrahmung. Dargestellt
sind zwei auf den Hinterläufen aufgerichtete,
miteinander kämpfende Bären. Ihre Körper
sind im Profil wiedergegeben, ihre nach oben
gerichteten Köpfe in Frontalansicht.

146 f. Applike

Silber, teilweise vergoldet, H. 4,8 cm; Inv.-Nr. 582
Rechteckig mit Eierstabrahmung. Dargestellt ist eine nach links eilende Hirschkuh,
die von einem Wolf angegriffen wird.

146 g. Applike

Silber, teilweise vergoldet, H. 5,4 cm; Inv.-Nr. 585
Rechteckig mit Eierstabrahmung. Ein bart-
loser Reiter, bekleidet mit Panzerhemd und
Hosen, mit einem Speer im Galopp nach
links. Hinter seinem Rücken ist ein thra-
kischer Schild dargestellt. Die Haare des
Reiters sind auf spezielle Weise auf dem
Scheitel zusammengebunden, was ihn als
Aristokraten ausweist.

146 h. Applike

Silber, teilweise vergoldet, H. 4,5 cm; Inv.-Nr. 583 A
Rechteckig mit Eierstabrahmung. Ein bart-
loser Reiter mit einem Wurfspeer im Galopp
nach rechts, bekleidet mit einem umgürteten
langen Gewand und Hosen. Hinter dem Reiter ist ein Frauenkopf im Profil nach rechts
zu sehen.

146 i. Applike

Silber, teilweise vergoldet, H. 4,2 cm; Inv.-Nr. 586
Ein Reiter mit einem Speer im Galopp nach
links. Hinter ihm ist ein Pferdekopf nach
rechts wiedergegeben.

146 j. Applike

Silber, teilweise vergoldet, H. 6,2 cm, Inv.-Nr. 605
Trapezförmig, an drei Seiten mit Eierstabrahmung. Dargestellt ist eine Gestalt im Profil
nach rechts in einem langen Gewand. In der
ausgestreckten rechten Hand hält sie eine
Opferschale (Phiale). Rechts eine dreiköpfige
Schlange.

146 f

146 h

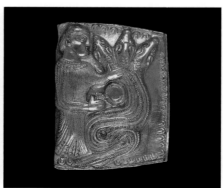

146 j

146 k

146 m

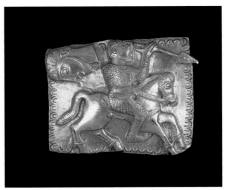

146 o

146 p

146 k. Applike

Silber, teilweise vergoldet, H. 8,2 cm; Inv.-Nr. 591
Rund mit einem Zierband aus eingeschnittenen kleinen Linien am Rand und mit einem
Omphalos in der Mitte. Darum herum sind
acht Pferdeköpfe mit Halftern im Profil nach
rechts angeordnet.

146 l. Applike

Silber, teilweise vergoldet, H. 5,8 cm; Inv.-Nr. 604
Rechteckiges Plättchen. Hierogamie: Rechts
Geschlechtsakt zwischen Mann und Frau.
Links von ihnen ist eine weitere Frau zu sehen, die eine Kanne und einen langen Zweig
hält. Die Darstellung symbolisiert, basierend
auf der Hierogamie (heiligen Hochzeit) des
Heros-Gottes und der Göttin, die Fruchtbarkeit der Gesellschaft und der Natur.

146 m. Applike

Silber, teilweise vergoldet, H. 4,5 cm; Inv.-Nr. 584
Unregelmässiges Rechteck. Ein Reiter mit
einem Speer im Galopp nach links. Hinter
ihm ist ein Pferdekopf im Profil nach links
dargestellt.

146 n–o. Zwei Appliken

Silber, teilweise vergoldet, H. 5 cm; Inv.-Nr. 587
und 588
Rechteckig mit Eierstabrahmung. Ein bärtiger Reiter mit einem Speer im Galopp nach
rechts. Hinter dem Reiter der Kopf eines bärtigen Mannes mit Gesicht nach unten.

146 p. Applike

Silber, teilweise vergoldet, H. 4,6 cm; Inv.-Nr. 589
Rechteckig, an drei Seiten mit Eierstabrahmung. Ein bärtiger Reiter nach links. In der

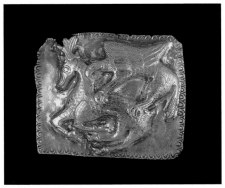

146 q

rechten Hand hält er eine kannelierte Phiale.
Hinter ihm ist ein springender Wolf mit zu-
sammengerolltem Schwanz dargestellt.

146 q. Applike

Silber, teilweise vergoldet, H. 5 cm; Inv.-Nr. 580
Rechteckig mit Eierstabrahmung. Ein Hirsch
eilt nach links. Auf seinem Rücken steht ein
Greif, der ihn in den Nacken beisst.

146 l

146 n

146 r

146 s. Applike

Silber, teilweise vergoldet, H. 8,6 cm; Inv.-Nr. 590
Unregelmässige Form. Ein bärtiger Reiter
nach links attackiert mit seinem Speer einen
Bären, der sich auf die Hinterläufe aufge-
richtet hat. Auf dem Rücken trägt der Rei-
ter einen Schild, an seinem linken Bein eine
Beinschiene mit der Darstellung eines Men-
schenkopfes am Knie. Unter den Beinen des
Pferdes ist ein erlegter Wolf zu sehen. Der
Reiter verkörpert hier den Heros-Jäger, der
Kopf auf der Beinschiene symbolisiert die
Grosse Muttergöttin.

146 t. Kessel

Bronze, H. 20 cm, ∅ 37 cm; Inv.-Nr. 601
Halbkugelige Form, gerundeter Boden. Auf
den Schultern zwei Griffe mit Ringen.

146 t

146 r. Applike

Silber, teilweise vergoldet, H. 6,5 cm; Inv.-Nr. 583
Rechteckig, an zwei Seiten mit Eierstabrahmung. Dargestellt sind eine weibliche Figur
und ein Hippokamp nach rechts. Sie symbolisieren die Göttin und den Drachen.

146 s

147 Zwei Appliken eines Pferdegeschirrs – Wangenklappen

Silber, teilweise vergoldet, L. 9,2 cm, H. 5,5 cm
Schatz von Lukovit, zweite Hälfte des 4. Jahrhunderts v. Chr.
Nationales archäologisches Institut mit Museum
Sofia, Inv.-Nr. 8215, 8216
Identische Darstellung einer Tierkampfszene,
symmetrisch: Ein liegendes Reh mit kleinen
Hörnern und den für das Frühjahr charakteristischen – durch Vergoldung wiedergege-
benen – Flecken am Körper wird von einem
Löwen angefallen, der es unmittelbar unter
dem Nacken in den Rücken beisst. Obwohl
einige Teile der Körper äusserst präzise wiedergegeben sind, wirken die Tiere etwas sta-
tisch. Auf der Rückseite Ringe zur Befestigung am Riemen des Zaumzeugs.   G. K.
Unpubliziert.

147

148

148 Zwei Appliken eines Pferdegeschirrs – Wangenklappen

Silber, teilweise vergoldet, H. 8,3 cm, B. 7,4 cm
Schatz von Lukovit, zweite Hälfte des 4. Jahrhunderts v. Chr.
Nationales archäologisches Institut mit Museum Sofia, Inv.-Nr. 8213, 8214

Identische Darstellung eines «Thrakischen Reiters», symmetrisch: Er hält seinen Kopf gesenkt, trägt einen flatternden Umhang und hat nackte Beine. In der rechten Hand hält er einen kurzen Speer. Auf der einen Applike bewegt er sich nach rechts, den Arm mit dem Speer angewinkelt vor der Brust. Auf der anderen ist der Arm hoch erhoben und der Speer verdeckt. Das Pferd trägt Zaumzeug am Kopf und hat einen geschmückten Brustriemen. Zwischen seinen Vorderbeinen ist ein Löwe mit nach hinten gewandtem Haupt dargestellt, auf den der Speer gerichtet ist. Ausarbeitung im Stil des thrakischen Realismus. Die Tiergestalten sind präzise wiedergegeben, der Mensch hingegen wirkt etwas ungelenk.

Wie auch Kat.-Nr. 147 hervorragende Arbeit einer nordwestthrakischen Werkstatt. G. K.
Unpubliziert.

149 Matrize

Bronze, L. 29 cm, B. 12 cm
Gărčinovo, Bezirk Popovo, 6. / Anfang 5. Jahrhundert v. Chr.
Regionalhistorisches Museum Šumen,
Inv.-Nr. IMŠ / AA 23

Rechteckige Form mit einem Griff an einer Seite. Die Matrize ist in zwei horizontale Zonen mit Reliefdarstellungen unterteilt. Im oberen, breiteren Fries sind drei grosse Tierfiguren zu sehen: ein Löwe, ein Hirsch und ein Adler, alle in Bewegung nach rechts. Auf der Flanke des Hirsches steht ein kleiner, nach links gewandter Löwe. Der Löwe – eigentlich ein Löwengreif mit riesigem Gehörn – steht mit aufgerichtetem Kopf da, dessen ellipsenförmiges Auge unverhältnismässig gross ist. Die Mähne ist stilisiert in zwei reliefierten Streifen wiedergegeben, auf seiner Schulter ist der stilisierte Kopf eines Adlers zu sehen. Der Hirsch ist gerade dabei, sich mit zurückgewandtem Kopf zu erheben bzw. seine Vorderläufe sind eingeknickt. Sein Kopf und Hals sind stark verlängert dargestellt. Sein verzweigtes Geweih endet in Widder- und Greifenköpfe. Aus seinem Oberschenkel wächst wie beim Löwen ein Adlerkopf heraus. Der Adler ganz rechts wendet seinen Kopf ebenfalls zurück. Seine Krallen haben die Form von Vogelköpfen.

Eine stark betonte reliefierte Linie trennt die beiden Friese. Im schmalen unteren sind sieben nach links bzw. rechts schreitende Tiere dargestellt. S. S.

Literatur: Filow 1934 a, 197; Fettich 1934; Venedikov – Gerasimov 1973, 98–99. 370; Atanasov 2005, 126–129.

150 Helm

Bronze, Silber, H. 39 cm, B. 20,6 cm, T. 22,9 cm
Pletena, Kreis Blagoevgrad, erste Hälfte des 4. Jahrhunderts v. Chr.
Historisches Nationalmuseum Sofia, Inv.-Nr. 37325

Thrakischer Helm der Variante Asenovgrad. Kennzeichnend ist vor allem die nach vorn geneigte Spitze. Der originellste Teil dieses Helmtypus sind aber die beweglichen Wangenklappen, die entlang der Kinnlinie plastisch modelliert sind. Vorne haben sie Aussparungen für Augen, Nase und Mund. Durch die Angabe von Bart und Schnurrbart auf der Aussenseite der Wangenklappen wird der Helm gewissermassen zur Maske. Zudem ist hier zum ersten Mal ein Ohrenschutz integriert. Der Helm ist reich mit Silberappliken verziert. G. L.

Literatur: Fol, V. 2004, 294f. Nr. 253.

149

150

151 Münze des thrakischen Derronen-Stammes

Silber, ⌀ 3,2 cm, 35,19 g

Sadovik bei Pernik, 500–480 v. Chr.

Nationales archäologisches Institut mit Museum Sofia, Inv.-Nr. 6394

Vs: Inschrift im rechten Feld ΔEPPO (rückläufig). Nackter Hermes mit Petasos nach rechts, aufrecht hinter zwei Ochsen in Bewegung nach rechts stehend. In der rechten Hand hält er einen Heroldstab (Kerykeion). Die Bodenlinie ist mit Punkten zwischen zwei horizontalen Linien wiedergegeben. Perlkreis.

Rs: Vierfach geteiltes Quadrat.   D. Al.

Literatur: Jurukova 1992, 208 Nr. 1.

152 Münze (Dekadrachme) des thrakischen Derronen-Stammes

Silber, ⌀ 3,6 / 3,8 cm, 40,35 g

Dorf Veličkovo bei Pazardžik, um 475–465 v. Chr.

Nationales archäologisches Institut mit Museum Sofia, Inv.-Nr. 8738

Vs: Inschrift über der Darstellung: ΔEPPONIKΩN (rückläufig). Ein bärtiger Mann sitzt auf einem zweirädrigen, von zwei Ochsen nach rechts gezogenen Wagen (zu sehen ist einer der Ochsen). Unter den Ochsen ein kleiner Zweig. Der Mann ist mit einem langen Ärmelchiton bekleidet, auf dem Kopf trägt er einen Petasos. Mit der rechten Hand schwingt er eine Peitsche. Über ihm fliegt ein Adler mit ausgebreiteten Flügeln nach rechts, in seinem Schnabel hält er eine Eidechse. Spuren eines Perlkreises.

Rs: Triskeles (drei gekoppelte Beine eines Silens mit Pferdehufen) nach links.   D. Al.

Literatur: Jurukova 1992, 211 Nr. 8.

153 Münze (Dekadrachme) des thrakischen Derronen-Stammes

Silber, ⌀ 3,6 cm, 39,94 g

Dorf Veličkovo bei Pazardžik, um 475–465 v. Chr.

Nationales archäologisches Institut mit Museum Sofia, Inv.-Nr. 8744

Vs: Inschrift über der Darstellung: ΔEPPONI (rückläufig). Ein bärtiger Mann sitzt auf einem zweirädrigen, von zwei Ochsen nach rechts gezogenen Wagen (zu sehen ist einer der Ochsen). Unter den Ochsen ein kleiner Zweig. Der Mann ist mit einem langen Ärmelchiton bekleidet, auf dem Kopf trägt er einen Petasos. Mit der rechten Hand schwingt er eine Peitsche. Über ihm ein achtstrahliger Stern im Perlkreis (Sonnensymbol). Unter der Darstellung eine Bodenlinie. Perlrand.

Rs: In einem sich deutlich abzeichnenden quadratischen Rahmen eine Triskeles (drei gekoppelte Beine eines Silens mit Pferdehufen) nach rechts.   D. Al.

Literatur: Jurukova 1992, 213 Nr. 12.

151

152

153

154 Münze (Dekadrachme) des thrakischen Derronen-Stammes

Silber, ⌀ 3,7 cm, 38,91 g

Dorf Veličkovo bei Pazardžik, um 475–465 v. Chr.

Nationales archäologisches Institut mit Museum Sofia, Inv.-Nr. 8745

Vs: Inschrift über der Darstellung: ΔEPPONI (rückläufig). Ein bärtiger Mann sitzt auf einem zweirädrigen, von zwei Ochsen nach rechts gezogenen Wagen (zu sehen ist einer der Ochsen). Unter den Ochsen ein kleiner Zweig. Der Mann ist mit einem langen Ärmelchiton bekleidet, auf dem Kopf trägt er einen Petasos. Mit der rechten Hand schwingt er eine Peitsche. Über ihm ein achtstrahliger Stern im Perlkreis (Sonnensymbol). Bodenlinie und Perlkreis reichen über den Rand der Münze hinaus.

Rs: In einem vertieften quadratischen Rahmen eine Triskeles (drei gekoppelte Beine eines Silens mit Pferdehufen) nach rechts. Wie die gesamte Darstellung recht undeutlich. D. Al.

Literatur: Jurukova 1992, 214 Nr. 13.

155 Münze des thrakischen Oresker-Stammes

Silber, ⌀ 2,0 cm, 9,02 g

Fundort unbekannt, um 500–480 v. Chr.

Nationales archäologisches Institut mit Museum Sofia, Inv.-Nr. 6962

Vs: Ein bärtiger Kentaur, nach rechts, hält in seinen Armen eine mit einem langen, kurzärmligen Chiton bekleidete Nymphe. In der rechten, erhobenen Hand hält sie einen Apfel. Unter der linken, locker am Körper liegenden Hand ist ein zweiter Apfel zu sehen. Links ist ein Teil des Perlkreises erhalten.

Rs: Vierfach geteiltes Quadrat in der Form der Flügel einer Windmühle (Swastika).

D. Al.

Literatur: Jurukova 1992, 210 Nr. 5.

156 Münze eines thrakischen Stammes

Silber, ⌀ 2,2 cm, 8,80 g

Dorf Sadovik bei Pernik, um 500–480 v. Chr.

Nationales archäologisches Institut mit Museum Sofia, Inv.-Nr. 6802

Vs: Inschrift über der Darstellung: TYN/TE/N/O. Ein bärtiger, aufrecht stehender Mann in einer kurzen Tunika nach rechts. Mit der linken Hand hält er ein Pferd am Zügel, das sich nach rechts bewegt, mit der rechten Hand stützt er sich auf den Rücken des Pferdes. Gut ausgeprägter Perlkreis.

Rs: In einem vertieften quadratischen Rahmen ein Rad mit zentraler Achse, die von vier seitlichen (jeweils zwei einander gegenüberliegenden) Achsen gestützt wird. Andere deuten die Darstellung als eine Eidechse, die von einem runden Rahmen eingefasst ist.

D. Al.

Literatur: Jurukova 1992, 208 Nr. 2.

154

155

156

157

157 a. Stirnschmuck

Silber, vergoldet, H. 9,5 cm
Regionalhistorisches Museum Pazardžik,
Inv.-Nr. A 4646

Gewölbter halbovaler Körper, aus dem im
oberen Teil ein sich verengendes Röhrchen
für eine Mähnenlocke ragt. Zum Zeitpunkt
der Entdeckung steckten tatsächlich noch
einige Pferdehaare darin. Auf der Vorderseite
gravierter Dekor mit vergoldeten geometrischen und pflanzlichen Ornamenten. Im
schildartigen Feld in der Mitte eine siebenblättrige Palmette. Auf dem Röhrchen ist ein
fünfteiliger Opfertisch eingraviert, auf dem
ein Feuer brennt. Die Form erinnert an eine
Fackel.

157 Schmuck für Pferdegeschirr

Eine der höchstgelegenen thrakischen Nekropolen befindet sich in 1300 Metern über
dem Meeresspiegel bei Ravnogor (Gemeinde
Brazigovo) im Rhodopengebirge. Sie umfasst
18 Hügel und wurde im Jahr 1987 teilweise untersucht. In zwei der Hügelaufschüttungen hat man Steintempel mit runden
Räumen und Kuppeldächern entdeckt, die
zu den grössten in Thrakien gehören.

Unter der grossen Feuerstelle im Hügel Nr. 2
waren zwei Ensembles aus vergoldetem Silberschmuck für ein Pferdegeschirr niedergelegt, heilige Opfergaben im Kult der Sonne
und der Erde. Der erste Satz wurde verbrannt
und ist deshalb fast völlig zerstört, wahrscheinlich gehörte er zum Sonnenkult. Der
zweite war einfach vergraben und den chthonischen (unterirdischen) Göttern geweiht
und blieb verhältnismässig gut erhalten. Da

es keine Hinweise auf eine vollzogene Bestattung gibt, liegt die Vermutung nahe, dass
die Schmucksätze heilige Gaben waren. Aufgrund der stilistischen Elemente wird dieses
Ensemble in das ausgehende 2. oder frühe
1. Jahrhundert v. Chr. datiert. G. K.
Literatur: Kitov 1988, 40–48; Kitov 1990/91,
23–47; Kitov 2003, 11–28.

157 b. Wangenklappe

Silber, vergoldet, ⌀ 6,5–7 cm
Regionalhistorisches Museum Pazardžik,
Inv.-Nr. A 4647

Rund, mit einer Büste der Athena in Drei-
viertelansicht nach links gewendet. Ihre
Kleidung ist mit floralen Ornamenten verziert. Hinter der linken Schulter der Rand
eines Schildes, hinter der rechten ein Speer.
Der Helm hat einen Kamm in der Mitte und
Flügel an der Seite.

157 c. Wangenklappe

Silber, vergoldet, ⌀ 6,5–7 cm
Regionalhistorisches Museum Pazardžik,
Inv.-Nr. A 4648

Rund, mit einer Büste der Athena in Drei-
viertelansicht nach links gewendet. Ähnlich wie die vorhergehende Wangenklappe
157 b, jedoch ohne Speer hinter der rechten
Schulter.

157 a

157 d. Wangenklappe

Silber, vergoldet, ∅ 5,5–7 cm
Regionalhistorisches Museum Pazardžik,
Inv.-Nr. A 4649

Rund, mit einer Büste der Siegesgöttin Nike. Der Kopf in Vorderansicht, ein schönes, feines Gesicht, lange Haare, auf die Schultern fällt je ein Zopf. Die erhobenen Flügel sind mit sorgfältig ausgeführten Federn bedeckt. Das Gewand fällt in breiten Falten. Über die Brust verläuft ein Band, an dem ein Schwert befestigt ist. Sein massiver Griff ist hinter der rechten Schulter zu sehen.

157 b

157 d

157 e. Wangenklappe

Silber, vergoldet, ∅ 6–7 cm
Regionalhistorisches Museum Pazardžik,
Inv.-Nr. A 4650

Rund, mit einer Büste der Siegesgöttin Nike. Wie die vorhergehende Wangenklappe 157 d, aber summarischere Ausführung. Der Kopf ist leicht gedreht und nach oben gerichtet. Das Gewand ist glatt mit flach eingravierten Linien.

157 f. Wangenklappe

Silber, vergoldet, ∅ 6,5 cm
Regionalhistorisches Museum Pazardžik,
Inv.-Nr. A 4651

Rund, mit einer Büste der Göttin Artemis (der thrakischen Bendis). Kopf in Vorderansicht. Zwei Lockenzöpfe fallen über ihre Schultern. Das Gewand ist mit eingravierten Pflanzenornamenten geschmückt. Über die Brust verläuft ein Band, an dem das Schwert hängt. Sein massiver Griff ist hinter der rechten Schulter zu sehen.

157 g. Wangenklappe

Silber, vergoldet, ∅ 6,5 cm
Regionalhistorisches Museum Pazardžik,
Inv.-Nr. A 4652

Fragment mit einer Büste der Artemis. Erhalten ist nur der Kopf. Qualitätvolle Ausführung.

157 h. Brustschmuck

Silber, vergoldet, ∅ 28 cm
Regionalhistorisches Museum Pazardžik,
Inv.-Nr. A 4707

Fragmentarisch, teilweise rekonstruiert. Büste einer Gottheit. Mit einem Perlenkreis ist ein unvollständig erhaltener, nach links gewandter Kopf umrahmt. Der Kopf sowie alle anderen dekorativen Details sind ausserordentlich sorgfältig ausgeführt, was die Hand eines grossen Meisters erkennen lässt. Das Gesicht ist anmutig, über der Stirn ein Kranz mit geometrischen und pflanzlichen Ornamenten. Das Haar fällt in dicken Locken um das Gesicht. Auf der Brust Efeuranke sowie ein Stück von einem Tierfell. Zwei sorgfältig ausgearbeitete, nach innen gebogene Flügel.

157 i. Zügel

Leder und Silberperlen, ∅ der Perlen 1,2 cm
Regionalhistorisches Museum Pazardžik,
Inv.-Nr. A 4653

Teilweise erhaltener Zügel aus Leder mit rundem Querschnitt. Darauf sind Perlen aufgefädelt, in Form der Zahl acht gebogenes Silberblech.

157 h

158

158 Skyphos

Ton, H. 11,4 cm, ∅ der Mundung 12 cm

Nicht geplündertes Grab im Pejčova-Hügel im
thrakischen Kultzentrum Starosel,
Mitte des 4. Jahrhunderts v. Chr.
Nationales archäologisches Institut mit Museum
Sofia, Inv.-Nr. 8622

Rotfiguriger Trinkbecher mit zwei horizontalen Henkeln. Die beiden Darstellungen
zeigen jeweils zwei einander gegenüber stehende Männer. Dazwischen pflanzliche Ornamente, vielblättrige Palmetten und einsei-
tige Voluten.

Die Zeichnung ist relativ bescheiden, es handelt sich wohl um eine lokal (in einer der
griechischen Kolonien?) gefertigte Imitation
attischer rotfiguriger Keramik.   G. K.

Literatur: Kitov 2000, 15 Abb. 56f.

159 Lekanis mit Deckel

Ton. H. 7 cm, ∅ der Mündung 19,8 cm,
Deckel H. 4,4 cm, ∅ 21,3 cm.
Nicht geplündertes Grab im Pejčova-Hügel im
thrakischen Kultzentrum Starosel,
Mitte des 4. Jahrhunderts v. Chr.
Nationales archäologisches Institut mit Museum
Sofia, Inv.-Nr. 8623, 8624

Rotfigurige Lekanis, aus vielen Fragmenten
wieder vollständig zusammengesetzt. Auf der
Schale Wellenmotiv («laufender Hund»), am
Deckelrand Eierstab. Auf dem Deckel Darstellungen von Tieren und Mischwesen: eine
nach rechts gewendete geflügelte Sphinx und
ihr gegenüber einen doppelköpfigen Löwen
sowie zwei weitere, schwer zu identifizieren-
de Tiere (wahrscheinlich ein Wolf oder ein
Hund mit spitzer Schnauze im Profil nach
links und ein Panter). Zwischen den Tier-
paaren mit dem Rücken zum Löwen ist ein
Greif mit Adlerflügeln und mit dem Kopf im
Profil nach rechts und einem riesigen Auge
dargestellt.   G. K.

Literatur: Kitov 2000, 15 Abb. 56f.

159

160

160 Kopf der Iulia Soaemias

Silber, H. 11,5 cm

Unbekannter Fundort, erste Hälfte des 3. Jahrhunderts n. Chr.

Historisches Nationalmuseum Sofia, Inv.-Nr. 38657

Das wellige Haar umrahmt das Gesicht und
ist zu einem Zopf zusammengefasst. Am
Hinterkopf ist es zu einem Knoten aufge-
steckt. Dies entspricht der sog. «syrischen
Frisur», die im Römischen Reich zur Zeit
der Iulia Domna (Frau des Kaisers Septimius Severus und Mutter von Caracalla) in
Mode kam. Das Gesicht ist oval mit leicht
vorstehender Stirn, grader Nase, grossen Augen und kleinen, schön geformten Lippen.
Höchstwahrscheinlich handelt es sich um
ein Portrait der Iulia Soaemias, Tochter von
Iulia Maesa und Iulius Avitus und Mutter
von Elagabalus, jenem römischen Kaiser, der
von 218 bis 222 n. Chr. regierte. Sie wurde
im Jahr 222 n. Chr. zusammen mit ihm getötet.   E. P.

Unpubliziert.

161

162

163 Halsband (Torques)

Gold, ⌀ 13/12,2 cm, H. 3 cm, Gewicht 241,17 g
Unbekannter Fundort, Mitte 3. Jahrhundert n. Chr.
Historisches Nationalmuseum Sofia, Inv.-Nr. 38659
Durchbrochene Arbeit, leicht verbogen. Der Rand ist auf beiden Seiten mit massivem, spiralförmig gedrehtem Draht eingefasst. Ionische Säulen aus dem gleichen Draht teilen das Band in verschiedene Segmente mit unterschiedlichem Dekor, darunter der Amazonenschild *(pelte)*. Auf den Torques sind griechische Buchstaben gelötet, die folgende klar lesbare Inschrift bilden: ΕΥΤΥΧΙ ΠΟΛΕΜΟΝ ΚΟΝΔΟΥΡΟΥ, dem seligen Polemon, Sohn des Konduros, möglicherweise der Besitzer des Schmuckstücks.   E. P.
Unpubliziert.

161–165 Fundgruppe aus Kapitan Dimitrievo

Die Schmuckstücke und der Pyxisdeckel wurden an der bulgarischen Grenze (Kapitan Dimitrievo, Svilengrad) beschlagnahmt. Deshalb ist ihr Fundort unbekannt, sie scheinen jedoch eine zusammengehörende Gruppe zu bilden und sind repräsentativ für die Goldschmiedewerkstätten im südöstlichen Römischen Reich. Wahrscheinlich gehörten sie ursprünglich zu den Grabbeigaben der Gattin eines Magistrates der Provinz *Thracia* (oder von ihm selbst), die um die Mitte des 3. Jahrhunderts n. Chr. bestattet wurde.

161 Armreif

Gold, ⌀ 8,6/8,2 cm, Gewicht 166 g
Unbekannter Fundort, Mitte 3. Jahrhundert n. Chr.
Historisches Nationalmuseum Sofia, Inv.-Nr. 38658
Massives Goldband mit verzierten Fassungen für die Münzen folgender Kaiser bzw. ihrer Ehefrauen: Plotina (98–117), Trajan (98–117), Hadrian (117–138), Commodus (180–192), Septimius Severus (193–211) und Gordian III. (238–244). Zwischen den Fassungen granulierte geometrische Motive, die ein sog. «syrisches Doppelkreuz» bilden.
Unpubliziert.   E. P.

162 Armreif

Gold, ⌀ 7,9/6,6 cm, Gewicht 103,84 g
Unbekannter Fundort, Mitte 3. Jahrhundert n. Chr.
Historisches Nationalmuseum Sofia, Inv.-Nr. 38662
Ellipsenförmig, aus zwei Teilen bestehend, die an der einen Seite mit einem Scharnier miteinander verbunden sind, an der anderen befindet sich eine Fassung mit drei zylindrischen Stiften zum Einführen der Verschlussnadel. Der Reif gehört zum Typus der «zweiteiligen Armreife», welche im 3. Jahrhundert n. Chr. im gesamten Römischen Reich verbreitet waren.   E. P.
Unpubliziert.

163

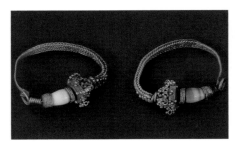

164

164 Ohrringe

Gold, Halbedelsteine, ⌀ 5,25/4,5 cm, Gewicht 58 g
Unbekannter Fundort, Mitte 3. Jahrhundert n. Chr.
Historisches Nationalmuseum Sofia, Inv.-Nr. 38660
Der Ring besteht aus einem goldenen Reif,
der im unteren Teil breiter wird und sich in
zwei vierfach verschlungene Drähte teilt. In
der Mitte sind sie mit einem Dreieck aus
Granulatperlen mit anschliessendem Element in Form eines Kapitells verziert, wobei
das gleiche durchbrochene Ornament wie
beim Torques verwendet wurde. Es folgen
zwei kleine Zylinder aus gedrehtem Draht,
eine Perle aus Chalzedon schliesst sie ab.
Die Ohrringe und der Torques (Kat.-Nr.
163) entstanden vermutlich in der gleichen
Werkstatt.   E. P.
Unpubliziert.

165 Deckel einer Pyxis

Gold mit Chalzedon, ⌀ 9,9 cm, Gewicht 100,46 g
Unbekannter Fundort, Mitte 3. Jahrhundert n. Chr.
Historisches Nationalmuseum Sofia, Inv.-Nr. 38661
Runde, leicht konische Form mit nach aus-
sen gewölbtem Rand. Auf dem höchsten
Punkt ist mit vier Nägelchen eine runde
Applike befestigt. Sie besteht aus gedrehtem
Golddraht, der u. a. ein Peltenmotiv bildet.
In der Fassung in der Mitte befindet sich eine
Gemme mit einem Hermeskopf.   E. P.
Unpubliziert.

165

166 Askos

Bronze, H. 17,5 cm, L. 20,5 cm
Hügel Nr. 1, Smočan, Kreis Loveč, 1. Jahrhundert
n. Chr.
Historisches Museum Loveč, Inv.-Nr. 1140
Eleganter, eiförmiger Körper mit S-för-
migem, weit über die Mündung ragendem
verziertem Henkel. Über der Lippe ein Mä-
nadenkopf, am unteren Ansatz ein bärtiger
Silen, am Übergang zum Körper ein springender Löwe und ein kleiner Kantharos.
                                              R. G.
Literatur: Kitov – Pavlov 1987, 36 Abb. 45.

167 Lampe

Bronze, L. 20,5 cm, B. 8,5 cm
Novae, 2.–3. Jahrhundert n. Chr.
Historisches Museum Svištov, Inv.-Nr. 613
Längliche Lampe. Füllloch leicht eingetieft.
Reliefring an der höchsten Stelle. Zwischen
Füll- und Brennloch Maske. In Nase und
Ohren der Maske sowie am Griff Öffnungen
für eine Kette, an der die Lampe aufgehängt
werden konnte.   P. D.
Literatur: Dimitrova-Milceva 2006.

167

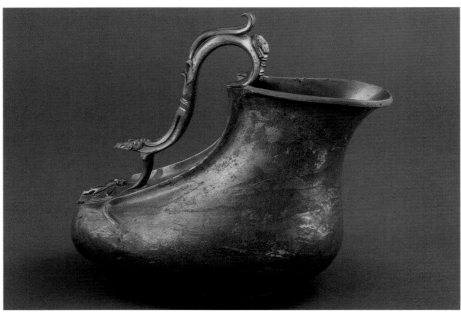

166

168 Helmmaske

Bronze, H. 21 cm

Silistra, Ende des 1. Jahrhunderts n. Chr.

Historisches Museum Silistra, Inv.-Nr. 509, 607

Zweiteilig. Das Gesicht bildet die Maske eines bartlosen Jünglings mit regelmässigen Zügen und ausdrucksstarken Augen. Das Haar ist in fünf Reihen kleiner Schneckenlocken wiedergegeben. Die Kalotte ist mit einer Sphinx, einer Blattgirlande und einem Adler mit ausgebreiteten Flügeln verziert.

E. D.-P.

Literatur: Garbsch 1978, 68 Nr. 28.

168

169 Reliefplättchen mit Darstellung eines Reiters

Bronze, H. 14 cm, B. 15,2 cm

Abritus / Maläk Jug (Razgrad), Teil eines Hort-
fundes, 2.–3. Jahrhundert n. Chr.

Regionalhistorisches Museum Razgrad,
Inv.-Nr. 154

Dargestellt ist in flachem Relief ein Reiter nach rechts, bekleidet mit einer phrygischen Mütze, einem kurzen Chiton und
einer flatternden Chlamys, die auf seiner
rechten Schulter mit einer runden Fibel befestigt ist. Auf dem Rücken trägt er einen
Bogen und einen Köcher mit Pfeilen. In
der linken Hand hält er die Zügel und in
der rechten ein Jagdhorn. Über dem linken
Ohr des Pferdes ist ein Vogel im Flug dargestellt. Vor ihm hält eine verschleierte Frau
ein Rhyton, hinter ihm spielt eine Frau auf
der Lyra. Unter dem erhobenen linken Bein
des Pferdes ist ein Widder angebunden. Vor
ihm steht ein bärtiger, nackter Mann mit erhobener Doppelaxt über dem Kopf des Opfertiers. Unter den Beinen des Pferdes und
über dem Kopf des Widders windet sich eine
grosse Schlange.

Objekte dieser Art (mit Positivdarstellungen)
dienten wahrscheinlich zur Herstellung von
Votivblechen aus Edelmetall.   G. R.

Literatur: Kacarov 1922, 185; Javašov 1930,
63–65 Abb. 546.

169

170

170 Applike

Bronze, L. 17 cm, B. 16 cm

Novae, 2.–3. Jahrhundert n. Chr.

Historisches Museum Svištov, Inv.-Nr. 5

Vor einem Hintergrund aus reliefierten
Weinblättern ist Dionysos (Bacchus) in Vorderansicht wiedergegeben, mit auf die Brust
herab fallendem Haar; am Hinterkopf wird
das Haar in einem flachen Knoten zusam-
mengehalten. Um die Stirn trägt er ein Band.
Zu beiden Seiten des Gesichts hängen zwei
Trauben.

Die Applike zierte einst ein Kästchen oder
ein Möbelstück aus Holz.   P. D.

Literatur: Dimitrova-Milceva 2006.

171

172

173 Vier Phalerae (Zierbeschläge)

Silber, ⌀ 7–7,3 cm

Krumovgrad, 2. Jahrhundert n. Chr.

173 a. Medaillon

Nationales archäologisches Institut mit Museum, Inv.-Nr. 3747

Medaillon mit der Darstellung eines bärtigen Mannes in Relief. Um seinen Kopf trägt er – wie Herakles – ein Löwenfell, dessen Tatzen unter dem Kinn verknotet sind. Reich verzierter Rahmen.

171 Maske einer Mänade

Ton, H. 19,5 cm, B. 15 cm

Dorf Palat bei Sandanski, 2.–3. Jahrhundert n. Chr.

Regionalhistorisches Museum Blagoevgrad, Inv.-Nr. 1.2 / 150

Das in der Mitte gescheitelte Haar wird von einem Kranz aus grossen Efeublättern geschmückt. Über der Stirn trägt die Mänade ein Band mit zwei kleinen Hörnern an den Enden. Oben und an den Seiten befinden sich Löcher für die Befestigung der Maske. In der Form gegossen, mit gelbbrauner Engobe überzogen.

Solche Masken wurden wahrscheinlich im Zusammenhang mit dem Dionysoskult benutzt. J. B.

Unpubliziert.

172 Maske einer Mänade

Ton, H. 17 cm, B. 15 cm

Dorf Palat bei Sandanski, 2.–3. Jahrhundert n. Chr.

Regionalhistorisches Museum Blagoevgrad, Inv.-Nr. 1.2 / 151

Ähnlich wie Kat.-Nr. 171. J. B.

Unpubliziert.

173 a

173 b

173 c

173 c

173 c. Zwei Medaillons

Nationales archäologisches Institut mit Museum, Inv.-Nr. 3749

Zwei Medaillons mit jeweils einer Männerbüste in Relief in Vorderansicht, leicht nach rechts gewandt, mit lockigem Haar und Bart und einem Mantel auf der linken Schulter. Reich verzierter Rahmen.   P. I.

Literatur: Filov 1925, 33 Abb. 24.

174 Statuette des Herakles

Bronze, H. 15 cm

Berkovica, 2. Jahrhundert n. Chr.

Nationales archäologisches Institut mit Museum Sofia, Inv.-Nr. 3451

Dargestellt ist Herakles mit Bart, aber ohne Attribute. Seine dynamische Haltung mit den zupackenden Händen deutet man als Kampfpose.   P. I.

Literatur: Ognenova-Marinova 1975.

174

173 b. Medaillon

Nationales archäologisches Institut mit Museum, Inv.-Nr. 3748

Medaillon mit der Büste eines bartlosen Mannes, der auf dem Kopf einen Helm trägt. Auf der Brust und den Schultern ist ein Panzerhemd zu erkennen. Reich verzierter Rahmen.

175

175 Statuette der Victoria

Bronze, H. 19,5 cm

Karnobat, 2. Jahrhundert n. Chr.

Nationales archäologisches Institut mit Museum
Sofia, Inv.-Nr. 5873

Die Siegesgöttin Victoria (Nike) ist im Flug
dargestellt und setzt gerade mit dem linken
Fuss auf den Boden auf. Das rechte Bein ist
leicht nach hinten gestreckt. Der rechte Arm
ist erhoben, der linke angewinkelt (hielt sie
einen Gegenstand?). Sie ist mit einem gegürteten Peplos mit langem Überschlag bekleidet. Durch die schwebende Bewegung wird
das Gewand aufgebläht und presst sich fest
an den Körper. Der rechte Fuss fehlt.   P. I.
Literatur: Ognenova-Marinova 1975.

176 Kopf des Apollon

Bronze, teilweise vergoldet, H. 36 cm

Serdica (Sofia), 2. Jahrhundert n. Chr.

Nationales archäologisches Institut mit Museum
Sofia, Inv.-Nr. 8483

Der Kopf ist nach rechts geneigt und leicht
nach oben gerichtet. Das lange, lockige Haar
ist nach oben frisiert und hoch über der Stirn
zu einem Knoten gebunden. Am Hinterkopf
ist das Haar in zwei Stränge geteilt und zu
einem weiteren Knoten zusammengefasst.
Kleinere und grössere, speziell am Scheitel
angebrachte Löcher dienten vermutlich für

176

die Befestigung eines Kranzes oder einer Kro-
ne. Die Augen waren wahrscheinlich inkrustiert, sind aber nicht erhalten. Der Kopf ist
nach klassischem Vorbild proportioniert. Die

Vergoldung lässt vermuten, dass der Kopf zu
einer Kultstatue des Apollon gehörte.   P. I.
Literatur: Gerasimov 1943, 259f.; Ognenova-
Marinova 1980, 26f.

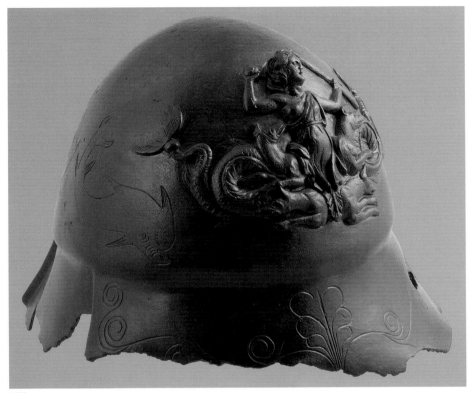

178

177 Statuette des Apollon

Bronze, H. 50 cm

Stara Zagora, 1.–2. Jahrhundert n. Chr.

Nationales archäologisches Institut mit Museum Sofia, Inv.-Nr. 2904

Dargestellt ist ein stehender Apollon mit linkem Stand- und rechtem Spielbein. Das rechte Bein bis fast zum Knie und der linke Arm sind gebrochen, ebenso der Zeigefinger der rechten Hand. Der Gott ist nackt. Der Kopf ist gesenkt und nach links gewandt. Der linke Arm ist angewinkelt, der rechte ist angehoben und ruhte wohl auf einer (verlorenen) Stütze. Möglicherweise hielt der Gott eine Kythara, die allerdings verloren ist. Die Statuette geht auf ein griechisches Vorbild der spätklassischen Zeit (4. Jh. v. Chr.) – vielleicht auf ein Werk des Praxiteles – zurück.

P. I.

Literatur: Gerasimov 1943, 259f.; Ognenova-Marinova 1980, 26f.

178 Helm

Bronze, ⌀ der Öffnung für den Kopf 24,3 cm, max. H. 18 × 26 cm

Serdica (Sofia), 2.–3. Jahrhundert n. Chr.

Nationales archäologisches Institut mit Museum Sofia, Inv.-Nr. 6754

Auf der Vorderseite ist in Relief das Meeresungeheuer Skylla dargestellt. Ihr weiblicher Oberkörper setzt sich in vier Hundevorderkörpern – zwei blicken nach links und zwei nach rechts – mit zwei Delphinschwänzen fort. In ihrer erhobenen Rechten hält sie einen walzenförmigen Gegenstand, in ihrer Linken ein Ruder. Die übrige Oberfläche des Helms ist mit stilisierten Darstellungen von Delphinen und pflanzlichen Motiven verziert.

P. I.

Literatur: Danov 1937, 196–198.

177

179

180 Statuette der Aphrodite

Bronze, H. 26,5 cm

Montana, 1. Jahrhundert n. Chr.

Nationales archäologisches Institut mit Museum
Sofia, Inv.-Nr. 6062

Dargestellt ist Aphrodite (Venus), stehend, mit rechtem Stand- und linkem Spielbein. Sie ist nackt. Der Kopf ist leicht nach links gewandt. In der linken Hand hält sie ihren Zopf. Der rechte Arm ist angewinkelt und zeigt nach vorne.

Aufgefunden zusammen mit Kat.-Nr. 181 (Inv.-Nr. 6063). P. I.

Literatur: Ognenova-Marinova 1975.

180

179 Statuette des Zeus

Bronze, H. 24,8 cm

Priboj bei Radomir, 2.–3. Jahrhundert n. Chr.

Nationales archäologisches Institut mit Museum
Sofia Inv.-Nr. 7844

Dargestellt ist der Gott Zeus. Der rechte Fuss ist ab dem Knöchel gebrochen, der linke Arm ab dem Ellbogen (separat gearbeitet) fehlt. Zeus ist stehend wiedergegeben, er ist nackt, das rechte Bein ist nach vorne gestellt.

In der rechten, emporgehobenen Hand hält er einen Blitz. Das Haar ist über der Stirn stilisiert wiedergegeben. Der Bart ist leicht zugespitzt, langer Schnurrbart mit über den Bart hängenden Enden.

Der Stil ist archaisierend, wahrscheinlich geht die Statuette auf ein Vorbild aus dem frühen 5. Jahrhundert v. Chr. zurück. P. I.

Literatur: Ognenova-Marinova 1978 b, 310–314; Ognenova-Marinova 1975, 58–61.

181

181 Militärdiplom

Bronze, H. 21 cm, B. 16,3 cm

Montana, 1. Jahrhundert n. Chr.

Nationales archäologisches Institut mit Museum
Sofia, Inv.-Nr. 6063

Aus der Zeit des Kaisers Vespasian (78 n.
Chr.). An den Aussenseiten jeweils ein Loch
sowie zwei weitere Löcher in der Mitte der
Urkunde.

Nach 25 Dienstjahren wurden die Soldaten
aus dem Dienst der römischen Armee entlas-
sen. Die Legionssoldaten, die das römische
Bürgerrecht besassen, erhielten eine Abfin-
dung in Form von Geld oder Land. Den
Hilfssoldaten wurde – festgehalten auf einem
sog. Militärdiplom – das römische Bürgerrecht (civitas Romana) und das Eherecht
(ius conubii) mit einer Frau ohne römisches
Bürgerrecht verliehen. Militärdiplome bestanden in der Regel aus zwei beschrifteten
Metalltäfelchen, die mit einer durch die Löcher gezogenen Schnur zusammengebunden
wurden. Diese wurde mit den Zeugensiegeln
versehen.

Aufgefunden zusammen mit Kat.-Nr. 180
(Inv.-Nr. 6062).   P. I.

Literatur: Velkov 1923, 84–93; Ilieva 1999, 9–13.

182

182 Pferd und Reiter

Silber, H. 4 cm, D. 5 cm / 4,5 cm

Heiligtum Lozen bei Chaskovo, 1. Jahrhundert
n. Chr.

Nationales archäologisches Institut mit Museum
Sofia, Inv.-Nr. 4103 und 4104

Dargestellt ist ein Pferd im Galopp mit
einem Reiter, dessen am Rücken nach hinten
flatternde Chlamys einem Flügel gleicht. P. I.

Literatur: Kacarov 1925, 127–169; Kacarov 1938;
Gerasimov 1939 a, 72–89.

183 Pferd und Reiter

Bronze, edle Patina, H. 7,8 cm

Drumochar bei Kjustendil, 2.–3. Jahrhundert n. Chr.

Nationales archäologisches Institut mit Museum
Sofia, Inv.-Nr. 7046

Thrakischer Reiter, der mit einem Panzerhemd, langen Hosen und einer nach hinten
flatternden Chlamys bekleidet ist; er trägt
hohe Schuhe. Der linke Arm ist nach vorne
gestreckt, der rechte erhoben. Sein Haar ist
gescheitelt, zu einer Rolle gewickelt und am
Hinterkopf als Knoten befestigt.   P. I.

Literatur: Gerasimov 1939 b, 327 Abb. 369.

183

186

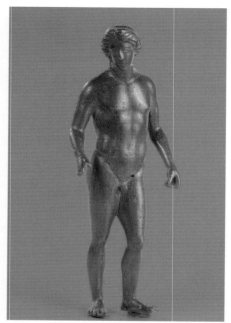

184

185

184 Statuette des Apollon

Bronze, H. 18 cm

Dorf Most bei Kărdžali, 2. Jahrhundert n. Chr.

Regionalhistorisches Museum Kărdžali,
Inv.-Nr. 5538

Apollon in klassischer Pose, stehend und
nackt. D. K.

Unpubliziert.

185 Statuette des Ares

Silber, H. 7,2 cm, B. 3,1 cm, Basis 2,2/1 cm

Kărdžali, 2. Jahrhundert n. Chr.

Historisches Nationalmuseum Sofia, Inv.-Nr. 28709

Der Kriegsgott ist in voller Rüstung dargestellt. In der hoch erhobenen Rechten hielt
er eine Lanze, in der herabhängenden Linken
einen Schild. Auf dem Kopf trägt er einen
korinthischen Helm, der Kamm fehlt. Über
die rechte Schulter ist eine Chlamys geworfen, die um seinen Rücken herum bis zu seinem linken Ellbogen reicht. E. D.-P.

Unpubliziert.

186 Kopf des Zeus

Marmor, 24 × 17 × 19 cm

Gegend von Stäklen bei Novae, 2.–3. Jahrhundert
n. Chr.

Historisches Museum Svištov, Inv.-Nr. I-1438

Der Gott ist in Vorderansicht wiedergegeben, das gescheitelte, lockige Haar rahmt das
Gesicht wie ein Kranz und ist am Hinterkopf
mit einem diademartigen Band zusammengebunden. Der Bart ist ebenfalls gelockt und
fliesst in den Schnurrbart über. Die Nase ist
gebrochen. P. D.

Unpubliziert.

187 Eros und Psyche

Marmor, 15,5 × 9,4 cm

Novae, 2.–3. Jahrhundert n. Chr.

Historisches Museum Svištov, Inv.-Nr. I-1277

Relieffragment, Oberfläche ziemlich verwaschen. Eros und Psyche wenden sich einander zu. Eros ist nackt, Psyche trägt ein bodenlanges Gewand, das die linke Schulter bedeckt und die rechte frei lässt.　　　P. D.

Literatur: Stefanov 1929, 321.

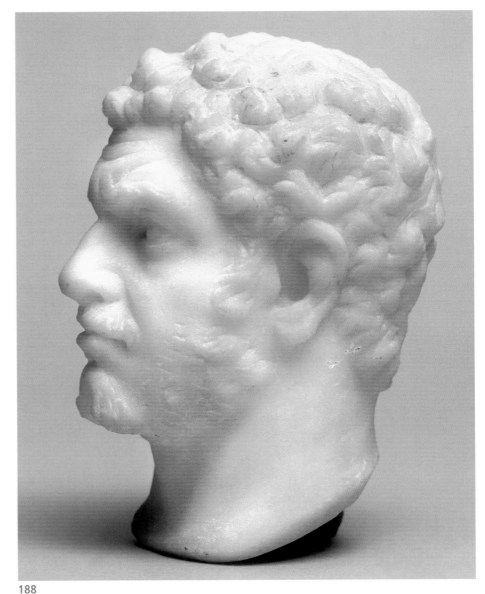

188

187

188 Kopf des Caracalla

Weisser, feinkörniger Marmor,

13,1 × 9,2 × 8,1 cm

Novae, Anfang des 3. Jahrhunderts n. Chr.

Historisches Museum Svištov, Inv.-Nr. 998

Der römische Kaiser ist in Vorderansicht dargestellt. Das Haar ist lockig und kurz, das Gesicht von einem lockigen Bart umrahmt, der sich am stark ausgeprägten Kinn teilt. Der Schnurrbart ist nicht mit dem Bart verbunden. Die Stirn ist nach vorne gewölbt. Es handelt sich wahrscheinlich um ein in Italien oder sogar in Rom selbst entstandenes Bildnis, das nach dem sog. Alleinherrschertypus, dem häufigsten Porträttypus des Kaisers, angefertigt wurde.

Der Kopf wurde 1977 in den *Principia* des Heerlagers Novae gefunden. Er gehörte vermutlich zu einer kleinformatigen Statuette, die auf einer Säule oder Sockel in den *Principia* (Kommandantur) des *castrum* aufgestellt war.　　　P. D.

Literatur: Sarnovski 1981, 37f.

189 Weihrelief eines thrakischen Heros

Marmor, H. 26 cm, B. am oberen Rand 23 cm,
B. am unteren Rand 19 cm, T. der Tafel 3,5 cm,
T. der Buchstaben 0,5–0,7 cm
Heiligtum des Heros an einer Karstquelle am Fluss
Panega bei Glava Panega, Kreis Loveč, Anfang des
3. Jahrhunderts n. Chr.
Nationales archäologisches Institut mit Museum
Sofia, Inv. 3416

Trapezförmige Tafel mit gebrochenen Rändern. Der obere Rand ist abgerundet, auf dem breiten unteren Rahmen ist eine dem Asklepios Saldokelenos (Asklepios Goldquell) von Severos, Sohn des Mykos, gewidmete Inschrift zu lesen.
Der Heros ist auf einem Pferd nach rechts dargestellt, sein Gesicht in Vorderansicht ist mit summarischen Zügen angedeutet. Bekleidet ist er mit einem kurzen Chiton, Schuhen und einer flatternden Chlamys, die auf der Schulter mit einer Fibel zusammengesteckt ist. In der linken Hand hält er eine Phiale vor dem Hals des Pferdes. Mähne,

190

Zügel und Schwanz des Tieres sind plastisch wiedergegeben.   Kr. K.
Literatur: Dobruski 1907, 68 Nr. 50 Abb. 39; Mihailov 1958, 49 Nr. 543.

190 Weihrelief eines thrakischen Heros

Marmor, H. 22 cm, B. 20 cm, T. der Tafel 3,5 cm,
T. der Buchstaben 0,7–1,0 cm
Heiligtum des Heros an einer Karstquelle am Fluss
Panega bei Glava Panega, Kreis Loveč, Anfang des
3. Jahrhunderts n. Chr.
Nationales archäologisches Institut mit Museum
Sofia, Inv. 3407

Rechteckige Tafel mit abgerundetem oberem Rand und griechischer Inschrift auf dem oberen und unteren Rahmen, dem Asklepios gewidmet von Aurelius Digenus.
Der Heros sitzt auf einem galoppierenden Pferd. Sein Gesicht in Vorderansicht ist mit schematischen Zügen dargestellt. Bekleidet ist er mit einem kurzen Chiton, Schuhen und einer flatternden Chlamys. In der linken Hand hält er einen Schild, der hinter dem Kopf des Pferdes hervorschaut. In der erhobenen rechten Hand hält der Heros einen kurzen Speer, der auf einen Eber gerichtet ist. Dieser ist hinter einem in Relief dargestellten Altar in der rechten unteren Ecke zu sehen. Ein Hund hat sich in der Schnauze des Ebers verbissen. Mähne und Zügel sind plastisch wiedergegeben.   Kr. K.
Literatur: Dobruski 1907, 62 Nr. 42; Mihailov 1958, 46 Nr. 535.

189

191 Grabrelief des Astakides

Marmor, H. 57 cm, B. 46 cm, T. der Tafel 7 cm,
T. der Buchstaben 2,5–3,4 cm
Plovdiv (Philippopolis) oder Umgebung, 2. Jahrhundert n. Chr.
Nationales archäologisches Institut mit Museum
Sofia, Inv.-Nr. 1538

Eine rechteckige Platte mit flachem Giebel und Akroterien. Auf dem Giebel ist ein Adler mit halbgeöffneten Flügeln, der nach links blickt, dargestellt. Der Heros auf einem galoppierenden Pferd erscheint in flachem Relief. Sein Gesicht ist im Dreiviertelprofil, das Haar plastisch wiedergegeben, die Gesichtszüge sind nicht zu erkennen. Bekleidet ist er mit einem kurzen Chiton, Schuhen und einer flatternden Chlamys. In der linken Hand hält er einen kurzen, nach unten auf einen rennenden Hund gerichteten Speer. Hinter dem Altar steht ein Baum, um dessen Stamm sich eine Schlange windet. Ihr Kopf ist zum Reiter hin gewendet. Die Ausarbeitung der Blätter der Baumkrone, der Mähne und der Zügel lässt das Relief leicht und lebendig erscheinen. Griechische Inschrift. Kr. K.

Literatur: Dobruski 1907, 8 Nr. 5; Mihailov 1961, 86 Nr. 1021.

191

192

192 Schwert mit Scheide

Eisen, Bronze, Holz, L. 57 cm, B. insgesamt 5,5 cm
Grab Nr. 3, Rajkova-Mogila, Kreis Svilengrad,
1./2. Jahrhundert n. Chr.
Historisches Nationalmuseum Sofia, Inv.-Nr. 37234

Die eiserne Klinge des Schwertes ist gerade, zweischneidig und von elliptischem Querschnitt. Erhalten ist der gesamte Körper der Scheide, die aus zwei Teilen besteht. Auf der Vorderseite ist am unteren Ende eine durchbrochene, dreieckige Bronzeapplike befestigt. Der Dekor besteht aus symmetrisch angeordneten vegetabilen Motiven und stilisierten Muscheln. Am oberen Ende ist eine Wölfin in Relief dargestellt, die die Brüder Romulus und Remus säugt. Darüber sind drei Tierfiguren zu sehen. Die gesamte Gruppe ist von einem Rahmen aus zwei Knospenreihen eingefasst. E. D.-P.

Unpubliziert.

193 Applike

Silber, vergoldet, H. 15 cm, ∅ 12 cm
Šiškovci, 3. Jahrhundert n. Chr.
Archäologisches Institut mit Museum Sofia,
Inv.-Nr. 7992/1

Die Applike gehört zum Wagenschmuck aus Šiškovci. Flacher Zylinder auf achteckiger Basis mit gewölbtem Rand. Darauf ist eine silberne Applike mit einer Herakles-Büste befestigt. Das bartlose Gesicht ist leicht nach rechts gewandt und sehr detailliert wiedergegeben. Das lockige Haar ist mit einem Kranz geschmückt. Über die Schultern hängt ein Löwenfell, rechts ist ein Schwertband zu erkennen. Haar, Augen, Lippen und Band sind vergoldet. Die Applike ist aus Silberblech gefertigt, das mit Blei ausgegossen wurde. Auf der Rückseite befindet sich ein Keil mit zwei Öffnungen. P. I.

Literatur: Venedikov 1959, 66–75.

193

194

194 Hand des Jupiter Dolichenus

Bronze. H. 0,21 m, B. 0,075 m
Kavarna (Byzone), 3. Jahrhundert n. Chr.
Regionalhistorisches Museum Varna [ohne Inv.-Nr.]

Rechte Hand mit leicht gespreizten Fingern, runde, hohle Unterseite. Zwischen Daumen und Zeigefinger kleine Statuette der Siegesgöttin Victoria auf einer kleinen Kugel mit lateinischer Inschrift: IUL[ius] SAC[erdos] DOL[icheno] (Julius, der Priester, dem Dolichenus). Auf der Handfläche die Reliefbüste eines Dioskuren (oder des Jupiter Dolichenus?) mit einer Doppelaxt und einem Blitz in der Hand sowie Stierprotomen an der Seite. Auf dem Handgelenk ein Adler mit Kranz vor dem Kopf und ein Pfau.

Die Hand ist der syrischen Gottheit Jupiter Dolichenus geweiht, die sich in den Balkanprovinzen des Römischen Reiches im 2.–3. Jahrhundert n. Chr. grosser Beliebtheit erfreute, hauptsächlich wegen der Kriegsveteranen aus den kleinasiatischen Gebieten, die sich hier ansiedelten. A. M.

Literatur: Tačeva 1982, 355–359 Nr. 5 mit Literaturangaben.

196

195 Votivhand des Sabazios

Elfenbein, L. 11 cm, B. am Handgelenk 1,8 cm,
B. der Nussschale 1,7 cm, L. der Nussschale 2,8 cm
Krasen, Kreis Dobrič, 3.–4. Jahrhundert n. Chr.
Regionales Historisches Museum Dobrič,
Inv.-Nr. Aa 0140

Mit den Spitzen der gekrümmten Finger hält
die Hand eine halbe Walnuss, auf deren Innenseite ein Reiter nach rechts dargestellt ist.
Sein Speer durchbohrt einen Bären oder ein
anderes Raubtier. Die Hand wurde im 3.–4.
Jahrhundert in einer kleinasiatischen Werkstatt geschaffen.   T. D.
Literatur: Tačeva 1982, 258–262 Taf. 3, 7a-b;
Gorbanov 1985, 233–235.

196 Der Schatzfund aus Goljama Brestnica

Goljama Brestnica, Kreis Pleven, 2. Jahrhundert
n. Chr.
Regionalhistorisches Museum Pleven,
Inv.-Nr. 113 a–e

Das Kultservice besteht aus einem zylinderförmigen Gefäss und fünf Kasserollen. Es
war als Weihgabe für den Heros Pyrumerulas
rituell in der Erde vergraben.   P. B.
Literatur: Petkov 1960; Bănov 2005.

196 a. Zylindrisches Gefäss

Silber, H. 9 cm, ⌀ 22 cm

Die Wandung schliesst oben mit einem nach
innen gebogenen Rand ab. Um die Mündung
griechische Inschrift: «Dem Herrn Heros
Pyrumerulas von Flavius, Sohn des Mestros
zum Zeichen der Dankbarkeit».

195   196 a

196 d

196 e

196 b

196 c

169 f

196 b. Kasserolle

Silber, H. 4 cm, ⌀ 9 cm

Konischer Körper mit leicht gewölbter Wandung und flachem Boden. Gerade Lippe, auf dem horizontalen Griff dieselbe Inschrift wie auf dem zylinderförmigen Gefäss (Kat.-Nr. 196 a).

196 c–d. Zwei Kasserollen

Silber, H. 5 cm, ⌀ 7,4 cm / H. 6 cm, ⌀ 7,6 cm

Konischer Körper mit leicht gewölbter Wandung und flachem Boden. Gerade Lippe mit horizontalem Griff.

196 e. Kasserolle

Silber, H. 6 cm, ⌀ 7,6 cm

Konischer Körper mit leicht gewölbter Wandung und flachem Boden. Gerade Lippe mit horizontalem Griff. Der durchstossene Boden wurde mit einem Stück Silberblech repariert.

196 f. Kasserolle

Silber, H. 4 cm, ⌀ 9,5 cm

Konischer Körper mit leicht gewölbter Wandung und flachem Boden. Gerade Lippe mit horizontalem Griff. Auf der Unterseite ist der Boden mit vier konzentrischen Kreisen verziert. Reliefierte Pflanzenornamente dekorieren den Griff.

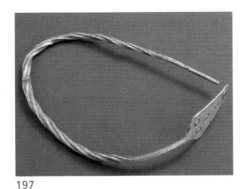

197

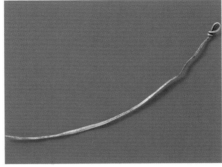

198

197–199 Aus dem Schatzfund von Vidin

Die Schmuckstücke aus Silber – insgesamt über 50 – wurden in der Nähe von Vidin, dem antiken Bononia, zufällig entdeckt. Sie waren in einem Tongefäss vergraben. Der Schatz umfasst Armreife, Torques, Ohrringe, Ringe, Fibeln und Halsketten.

197 Fibel

Silber, H. 2,2 cm, ⌀ 6 cm
Vidin, 1. Jahrhundert v. Chr.–1. Jahrhundert n. Chr.
Historisches Nationalmuseum Sofia, Inv.-Nr. 42158
Aus gedrehtem Runddraht gefertigt, an einem Ende dünner werdend. Das andere Ende geht in ein dreieckiges Plättchen über, dessen Oberseite am Rand mit Punkten und in der Mitte mit Kreisen mit einem Punkt verziert ist.   E. D.-P.
Unpubliziert.

198 Nadel

Silber, L. 18 cm
Vidin, 1. Jahrhundert v. Chr.–1. Jahrhundert n. Chr.
Historisches Nationalmuseum Sofia , Inv.-Nr. 42159
Draht mit rechteckigem Querschnitt. Das eine Ende ist zugespitzt, das andere ist gebogen und bildet einen Ring.   E. D.-P.
Unpubliziert.

199

199 Drei Ketten

Silber, L. 28, 5 cm; L. 33,8 cm,
⌀ des Anhängers 2,4 × 2 cm; L. 31,5 cm,
H. des Anhängers 3 × 2,5 cm
Vidin, 1. Jahrhundert v. Chr.–1. Jahrhundert n. Chr.
Historisches Nationalmuseum Sofia, Inv.-Nr. 42161, 42162, 42163
a. Geflochtene Kette
b. Geflochtene Kette mit einem beweglichen Anhänger in Form einer Mondsichel, deren Enden mit Kügelchen versehen sind. Die Oberfläche ist mit kleinen Punkten verziert. Der Anhänger ist an einem massiven, breiten Ring befestigt.
c. Kette mit einem beweglichen Anhänger in Form eines Ringes mit rechteckigem Querschnitt, an dem ein rechteckiger blauer Stein hängt.   E. D.-P.
Unpubliziert.

200 Ring mit Gemme

Gold, ⌀ 3,4 cm, 12,18 g
Antike Stadt Ratiaria (Dorf Arčar) bei Vidin,
3. Jahrhundert n. Chr.
Regionalhistorisches Museum Vidin, Inv.-Nr. I A 176
Deformierter Ring mit zoomorphen (Delphine) und vegetabilen Ornamenten. Gemme mit Frauenkopf.   A. P.
Unpubliziert.

200

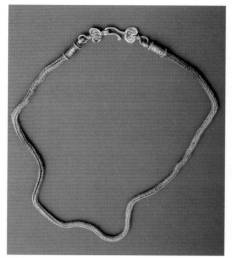

201

203

202

204 Medaillon

Gold, ∅ 2,8 cm, 7,220 g
Antike Stadt Ratiaria (Dorf Arčar) bei Vidin,
römische Epoche
Regionalhistorisches Museum Vidin, Inv.-Nr. I 419
Ellipsenförmiger Rahmen, durchbrochene
Arbeit. In der Mitte befindet sich eine Gemme mit einer Frauenbüste.   A. P.
Unpubliziert.

202 Halskette

Gold, L. 47 cm, 36,27 g
Antike Stadt Ratiaria (Dorf Arčar) bei Vidin,
3. Jahrhundert n. Chr.
Regionalhistorisches Museum Vidin, Inv.-Nr. I A 180
Kette mit sechsseitigen doppelpyramidenförmigen und sphärischen Perlen.   A. P.
Unpubliziert.

203 Halskette

Gold, Glas, L. 26,5 cm, 7,750 g
Antike Stadt Ratiaria (Dorf Arčar) bei Vidin,
römische Epoche
Regionalhistorisches Museum Vidin, Inv.-Nr. I 403
Kette mit 15 runden durchbrochenen Plättchen und 5 verschiedenfarbigen Perlen. A. P.
Unpubliziert.

201 Halskette

Gold, L. 48,5 cm, 39,12 g
Antike Stadt Ratiaria (Dorf Arčar) bei Vidin,
3. Jahrhundert n. Chr.
Regionalhistorisches Museum Vidin, Inv.-Nr. I A 179
Geflochtene Kette mit zylindrischen Enden.
    A. P.

Unpubliziert.

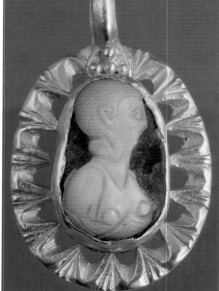

204

205

205 Statuette der Aphrodite

Terrakotta, H. 23,8 cm, B. 7,9 cm, D. 3,3 cm,
∅ der Basis 6,8 cm
Nekropole von Mesambria, 2. Jahrhundert n. Chr.
Archäologisches Museum Nessebär, Inv.-Nr. 3639
Aphrodite / Venus ist nackt. In ihrer rech-
ten Hand hält sie einen Umhang, der einen
Teil ihres linken Beines verhüllt, an dem
Eros steht. Der linke Arm hängt herab. Das
Gesicht hat regelmässige Züge, das Haar ist

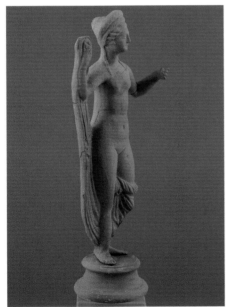
206

207

zu einem Knoten gebunden und wird von
einem Diadem geziert. Sie steht auf einer
runden Basis.   P. K.
Unpubliziert.

206 Statuette der Aphrodite

Terrakotta, H. 32,7 cm, B. 8,3 cm, D. 4 cm,
∅ der Basis 8 cm
Nekropole von Mesambria, 2. Jahrhundert n. Chr.
Archäologisches Museum Nessebär, Inv.-Nr. 3640
Aphrodite / Venus ist nackt. Über ihrem lin-
ken Bein ist ein Umhang drapiert, den sie
mit ihrer hoch erhobenen rechten Hand hält.
Ihre linke Hand, in der sie vermutlich einen
Spiegel hielt, ist zum Gesicht erhoben. Das

Haar ist zu einem Knoten hochgebunden
und wird von einem Diadem gehalten, über
den Hals fallen zwei lange Locken. Sie steht
auf einer runden Basis.   P. K.
Unpubliziert.

207 Statue des ausruhenden Herakles

Marmor, H. 41 cm, Basis 25–30 cm
Antike Stadt Ratiaria (Dorf Arčar) bei Vidin,
3. Jahrhundert n. Chr.
Regionalhistorisches Museum Vidin , Inv.-Nr. I 461
Herakles ist beim Ausruhen dargestellt: Er
sitzt mit nach vorn geneigtem Körper auf
einem Felsen, die Keule stemmt er auf den

208

208 a

208 Der Schatz von Červen Brjag

208 a. Platte mit einem Medaillon des Licinius

Silber, ⌀ 23,8 cm, 620 g

Nationales archäologisches Institut mit Museum Sofia, Inv.-Nr. 7939

Platte mit flachem Boden und gewelltem Rand. Auf der Innenseite ist am Boden ein Medaillon mit dem Porträt von Licinius I. im Profil nach rechts eingelassen. Es ist mit einer Inschrift umgeben: LICINIUS INVICT(us) AVG(ustus) OB DIEM X SVORUM. Auf der Rückseite ist mit gepunzten Buchstaben geschrieben: O(fficina) FLAV(ii) NICANI M(agistri) B(isellarii) N(ummorum). Mit einem spitzen Gegenstand ist nachlässig eingekratzt: PRO GERONIVS.

208 b. Platte

Silber, ⌀ 40 cm, 1260 g

Nationales archäologisches Institut mit Museum Sofia, Inv.-Nr. 7940

Flache Platte mit Rosette im Zentrum.

208 b

Boden. Der linke Arm ist gebrochen, die rechte Hand stützt das Kinn.

Der sitzende Herakles lässt sich nicht ohne weiteres auf eine bestimmte mythologische Situation beziehen: Er ist von all seinen Taten erschöpft und ruht sich aus. Berühmt war der sitzende Herakles des Lysipp, der in Tarent aufgestellt war und von dem zahlreiche kleinformatige Kopien erhalten sind. Die Statue soll den Helden beim Ausruhen nach dem Reinigen des Augiasstalls dargestellt haben, auf einem Korb sitzend, das Kinn auf die Hand gestützt. Die meisten Kopien – wie auch die Statuette aus Ratiaria – zeigen ihn auf einem Felsen sitzend mit der Keule zwischen den Beinen. Ein anderes berühmtes Werk war der sog. Herakles Epitrapezios, der auch sitzend, allerdings mit einem Trinkgefäss in der rechten Hand dargestellt war.

Wir fassen auch in diesem Werk ein spätes Echo eines berühmten griechischen Werkes.

A. P.

Literatur: Atanasova – Mitova 1985, 105f.; Atanasova 1964, 28.

208 c. Platte mit einem Medaillon des Licinius

Silber, ⌀ 26,5 cm, 635 g

Nationales archäologisches Institut mit Museum
Sofia, Inv.-Nr. 7941

Platte mit flachem Boden und gewelltem Rand. Auf der Innenseite ist am Boden ein Medaillon mit dem Porträt von Licinius I. eingelassen. Es ist mit der Inschrift umgeben: LICINIUS INVICT(us) AVG(ustus) OB DIEM X SVORUM. Auf der Rückseite ist mit gepunzten Buchstaben geschrieben: O(fficina) FLAV(ii) NICANI M(agistri) B(isellarii) N(ummorum) und Grafitto: R.

Der Schatz (Hortfund) kam beim Bau der Eisenbahnlinie Sofia – Červen Brjag im Jahr 1954 zufällig zutage.

Zwei der Platten wurden – wie die Medaillons mit Inschrift zeigen – zum zehnjährigen Regierungsjubiläum des Licinius I. (Valerius Licinianus Licinius, römischer Kaiser 308–324 n. Chr.) im Jahr 318 n. Chr. hergestellt. Solche Silbergefässe waren Geschenke des Kaisers (sog. *donativa*) an Personen aus seiner nächsten Umgebung. Wahrscheinlich dienten die Platten als Behältnisse für Münzen, die den Hauptteil des kaiserlichen Geschenks ausmachten. Die drei Platten wurden später, wohl in einer bedrohlichen Situation, vergraben und konnten nicht mehr geborgen werden.

Licinius war ein Rivale Konstantins; er stammte aus der römischen Provinz *Dacia ripensis* (heute Nordwest-Bulgarien). Er konnte dort im Jahr 318 offenbar immer noch auf ihm Wohlgesinnte zurückgreifen.

Die Inschrift auf der Rückseite bezieht sich auf die Werkstatt, in der die Platten im Auftrag des Kaisers gefertigt wurden. Möglicherweise befand sie sich in Ratiaria (dem heutigen Arčar bei Vidin). Diese Stadt lag in der *Dacia ripensis*, der Heimat des Licinius. P. I.

Literatur: Ognenova 1955, 233–270;
Božkova 1992, 5–9.

208 c

209 Matrize (Gussform) für Weihreliefs

Ton, L. 17 cm, B. bis 12,5 cm

Dorf Butovo, Gemeinde Pavlikeni, Töpferwerkstatt, erste Hälfte des 3. Jahrhunderts n. Chr.

Regionalhistorisches Museum Veliko Tärnovo, Inv.-Nr. 1020A/TOM

Dargestellt ist Orpheus, der sitzend auf einer Lyra spielt. Auf dem Kopf trägt er eine phrygische Mütze. Um ihn herum sind 17 wilde Tiere versammelt, die hingerissen den bezaubernden Klängen seiner Musik lauschen.

I. Ts.

Literatur: Kabakčieva u. a. 1988, 34 Nr. 202.

209

210

210 Lampe

Ton, L. 10,5 cm, ⌀ 8 cm

Antike Stadt Kabyle, Jambol, 3. Jahrhundert n. Chr.

Regionalhistorisches Museum Jambol,

Inv.-Nr. II 3618

Runde Form, kleiner, flacher Henkel und kurze Schnauze für den Docht. Im Spiegel ist, umgeben von einem stilisierten Ornament, eine erotische Szene wiedergegeben. Mit roter Engobe überzogen.   S. B.

Unpubliziert.

212

211

211 Anthropomorphes Gefäss

Ton, H. 13 cm, B. 10,5 cm

Antike Stadt Kabyle, Jambol, 3. Jahrhundert n. Chr.

Regionalhistorisches Museum Jambol,

Inv.-Nr. II 2963

Gefäss in Form einer weiblichen Büste. Die Mündung hat die Form einer umgekehrten stumpfen Pyramide, am unteren Teil davon zwei symmetrische kleine Henkel. Über dem Kopf Spuren einer Inschrift. Braune Oberfläche.   S. B.

Literatur: Tančeva-Vasileva 1989, 61–66.

212 Adler

Marmor, H. 40,5 cm, B. 28 cm

Antike Stadt Kabyle, Jambol, 2. Jahrhundert n. Chr.

Regionalhistorisches Museum Jambol, Inv.-Nr. II 507

Der Adler hockt mit leicht geöffneten Flügeln auf einer runden Basis. Die Federn und die Flügel des Vogels sind detailliert wiedergegeben. Es fehlen der Kopf, ein Teil des Körpers, das linke Bein und ein Teil der Basis.   S. B.

Unpubliziert.

Bibliographie

Agre 2004 — D. Agre, Keramik vom Typ Basarabi südlich vom Balkangebirge, in: V. Nikolov – K. Bäcvarov (Hrsg.), Von Domica bis Drama. Gedenkschrift für Jan Lichardus (Sofia 2004) 213–217.

Agre 2006 — D. Agre, La tomba del sovrano a Malomirovo-Zlatinitsa, in: L. Del Buono (Hrsg.), Tesori della Bulgaria: dal Neolitico al Medioevo. Ausstellungskatalog Rom (Villanova di Castenaso 2006) 68–75.

Aladžov 1997 — D. Aladžov, Selišta, pametnici, nachodki (Chaskovo 1997).

Alexandrov 1995 — S. Alexandrov, The Early Bronze Age in Western Bulgaria: Periodisation and Cultural Definition, in: Bailey – Panajotov 1995, 253–271.

Alexandrov 2002 — S. Alexandrov, The Late Bronze Age Site near Koprivlen, in: Božkova – Delev 2002, 77–143.

Angelov 1959 — N. Angelov, Zlatnoto săkrovište ot Chotnica, ArcheologijaSof 1/2, 1959, 38–46.

Archibald 1998 — Z. H. Archibald, The Odrysian Kingdom of Thrace. Orpheus Unmasked (Oxford 1998).

Atanasov 2005 — G. Atanasov, Instrumenti za proizvodstvo na juvelirni izdelija ot fonda na RIM – Šumen, MIF 9 (Sofia 2005).

Atanasova 1964 — J. Atanasova, Dva novootkriti skulpturni pametnika ot s. Arčar, Vidinsko, ArcheologijaSof 1, 1964, 28.

Atanasova – Mitova 1985 — J. Atanasova-Georgieva – D. Mitova-Džonova, Antična plastica ot Vidinskija muzej (1985).

Bailey – Panajotov 1995 — D. Bailey – I. Panajotov (Hrsg.), Prehistoric Bulgaria, Monographs in World Archaeology 22 (Madison 1995).

Bănov 2005 — P. Bănov, Edno chramovo săkrovište ot Plevensko. Săkrovišteto, Naučna konferencija Sliven 2003, MIF 10 (Sofia 2005) 175–181.

Bertemes – Iliev 1988 — F. Bertemes – I. Iliev, Die bulgarisch-deutsche Ausgrabung in Drama, Bez. Burgas. Katalog, in: A. Fol – J. Lichardus (Hrsg.), Macht, Herrschaft und Gold. Das Gräberfeld von Varna (Bulgarien) und die Anfänge einer neuen europäischen Zivilisation. Ausstellungskatalog Saarbrücken (Saarbrücken 1988) 241–266.

Boardman 1980 — J. Boardman, The Greeks Overseas. Their Early Colonies and Trade [3](London 1980).

Boucher 1971 — S. Boucher, Vienne: Bronzes antiques. Inventaire des collections publiques françaises 17 (Paris 1971).

Bouzek u. a. 1996 — J. Bouzek – M. Domaradzki – Z. H. Archibald (Hrsg.), Pistiros I. Excavations and Studies (Prag 1996).

Bouzek u. a. 2002 — J. Bouzek – M. Domaradzki – Z. H. Archibald (Hrsg.), Pistiros II. Excavations and Studies (Prag 2002).

Bouzek – Domaradzka 2005	J. Bouzek – L. Domaradzka (Hrsg.), The Culture of Thracians and Their Neighbours. Proceedings of the International Symposium in Memory of Prof. Mieczysklaw Domaradzki, with a round table «Archaeological Map of Bulgaria», Kazanluk and Septemvri, September–October 1999, BAR IntSer 1350 (Oxford 2005).
Boyadziev 1995	Y. Boyadziev, Chronology of Prehistoric Cultures in Bulgaria, in: Bailey – Panajotov 1995, 149–191.
Božkova 1992	B. Božkova, Kolektivni nachodki ot IV v. na srebărni slităci i sădove ot našite zemi, Numizmatika i sfragistika, 1–2, 1992, 5–9.
Božkova 1999	B. Božkova, Rimski moneti ot săkrovišteto ot s. Nikolaevo, Numizmatika i sfragistika, 1999, 1, 43–58.
Božkova – Delev 2002	A. Božkova – P. Delev (Hrsg.), Koprivlen I. Rescue Archaeological Investigations along the Gotse Delchev – Drama Road 1998–1999 (Sofia 2002).
Burkert 1985	W. Burkert, Greek Religion (Malden 1985).
Burkert 1987	W. Burkert, Ancient Mystery Cults (Cambridge 1987).
Burkert 1993	W. Burkert, Concordia Discors. The Literary and the Archaeological Evidence on the Sanctuary of Samothrace, in: N. Marinatos – R. Hägg (Hrsg.), Greek Sanctuaries (London 1993) 178–191.
Burkert 2003	W. Burkert, Da Omero ai Magi. La tradizione orientale nella cultura greca (München 2003).
Černakov 2005	D. Černakov, Zoomorfna plastika ot Rusenskata selištna mogila. Izvestija na Regionalen istoričeski muzej – Russe 9, 2005, 35–36.
Charles-Picard 1969	G. Charles-Picard, Archéologie, 1969, 54–55.
Christov 2002	I. Christov, Trakijski nakitni săkrovišta VII–VI v. pr. Chr. (Sofia 2002).
Christov 2005	M. Christov, Nekropol ot rannata bronzova epocha kraj Dăbene, Karlovsko (predvaritelno săobštenie), ArcheologijaSof 46, 1–4, 2005, 127–137.
Christov 2006	M. Christov, Gioielli d'oro del III millennio a. C., in: L. Del Buono (Hrsg.), Tesori della Bulgaria. Dal Neolitico al Medioevo, Ausstellungskatalog Rom (Villanova di Castenaso 2006) 27.
Čimbuleva 2000	Z. Čimbuleva, Novopostăpili materiali ot nekropola na Mesambria, IzvBurgas 3, 2000.
Čochadžiev 1983	M. Čochadžiev, Die Ausgrabungen der neolithischen Siedlung in Pernik, Nachrichten aus Niedersachsens Urgeschichte 52, 1983, 29–68.
Čochadžiev 1990	M. Čochadžiev, Rannijat neolit v Zapadna Bălgarija: pojava, razvitie, kontakti, Izvestija na Istoričeski muzej Kjustendil 1990.
Cole 1984	S. G. Cole, Theoi Megaloi: The Cult of the Great Gods at Samothrace, EPRO 96 (Leiden 1984).

Coleman 2006 · K. M. Coleman, Martial: Liber Spectaculorum. Introduction, Translation and Commentary (Oxford 2006).

Končev – Gorbanov 1950 · D. Končev – P. Gorbanov, Nachodka ot antičen zlaten serviz za piene pri Panagjurište, GodMuzPlov 2, 1950, 243–246.

Končev – Gorbanov 1956 · D. Končev – P. Gorbanov, Der Goldschatz von Panagjuriste, in: B. Svoboda – D. Končev (Hrsg.), Neue Denkmäler antiker Toreutik. Monumenta Archaeologica 4 (Prag 1956) 117–172.

Končev 1959 · D. Končev, Sivata trakijska keramika v Bălgarija, GodMuzPlov 3, 1959, 93–133.

Dana – Ruscu 2000 · D. Dana – L. Ruscu, Zalmoxis. Addenda to FHD, Thraco-Dacica 21, 1–2, 2000, 223–244.

Danov 1937 · C. Danov, Antike Denkmäler in Bulgarien, Izvestija na balgarskoto arheologichesko družestvo, 11, 1937.

Daumas 1998 · M. Daumas, Cabiriaca. Recherches sur l'iconographie du culte des Cabires (Paris 1998).

Delev 1984 · P. Delev, Megalithic Thracian Tombs in South-Eastern Bulgaria, Anatolica 11, 1984, 17–45.

Delev 2000 · P. Delev, Lysimachus. The Getae and Archaeology, ClQ 50, 2, 2000, 384–401.

Demoule – Lichardus-Itten 1994 · J.-P. Demoule – M. Lichardus-Itten, Fouilles franco-bulgares du site néolithique ancien de Kovačevo (Bulgarie du sud-ouest), BCH 118, 1994, 561–645.

Detev 1950 · P. Detev, Selištnata mogila Banjata pri Kapitan Dimitrievo, GodMuzPlov 2, 1950.

Detev 1959 · P. Detev, Materijali za praistorijata na Plovdiv, GodMuzPlov 3, 1959.

Detev 1968 · P. Detev, Praistoričesko selište pri s. Muldava. GodMuzPlov 6, 1968, 9–48.

Detev 1969 · P. Detev, Razkopki na praistoričeskoto selište pri s. Ruen, Plovdivski okrăg, ArcheologijaSof 11, 1, 1969, 48–57.

Detienne 1977 · M. Detienne, Dionysos mis à mort (Paris 1977).

Detienne 1986 · M. Detienne, Dionysos à ciel ouvert (Paris 1986).

Detienne 1998 · M. Detienne, Apollon le couteau à la main (Paris 1998).

Detschev 1976 · D. Detschev, Die thrakischen Sprachreste, Schriften der Balkankommission. Linguistische Abteilung 14 [2](Wien 1976).

Dimitrov 1937 · D. Dimitrov, Bronzestatuette eines sitzenden Zeus aus Stara Zagora, AA 52, 1937, 310–335.

Dimitrov 1961 · D. Dimitrov, Seuthopolis, Antiquity 35, 1961, 91–102.

Dimitrov – Čičikova 1978 · D. Dimitrov – M. Čičikova, The Thracian City of Seuthopolis, BAR 38 (Oxford 1978).

Dimitrova 1971 · A. Dimitrova, Trakijsko mogilno pogrebenie ot kăsnoelinističeskata epocha, ArcheologijaSof 13, 1971, 2, 36–45.

Dimitrova-Milcheva 2006	A. Dimitrova-Milcheva, Die Bronzefunde aus Novae (Moesia Inferior) (Warschau 2006).
Dimitrova 2006	D. Dimitrova, Annotations of the Catalogue, in: The Thracian Cosmos – the Sacred Realm of Kings. Ausstellungskatalog Kazanlak (Sofia 2006).
Dimitrova 2007	D. Dimitrova, Kasabova mogila, Kazanlăk v minaloto i dnes 6, 2007 (im Druck).
Dobruski 1907	V. Dobruski, Trakijski konnici i drugi bogove-jazdači, Archeologičeski izvestija na Narodinija muzej v Sofia 1, 1907.
Domaradzki 1980	M. Domaradzki, Présence des Celtes en Thrace, in: Actes du IIᵉ Congrès International de Thracologie, Bucarest 4–10 septembre 1976 (Bukarest 1980) 459–466.
Domaradzki 1994	M. Domaradzki, Les lieux de culte thraces (deuxième moitié du IIᵉ–Iᵉʳ mill. avant J.-C.), Helis 3, 1994, 69–108.
Domaradzki 1997	M. Domaradzki, Il Trace e l'aldilà, in: R. Berti (Hrsg.), Glorie di Tracia. Ausstellungskatalog Florenz (Florenz 1997) 93–98.
Domaradzki u. a. 2000	M. Domaradzki – J. Bouzek – L. Domaradzka (Hrsg.), Pistiros et Thasos. Structures économiques dans la péninsule balkanique aux VIIᵉ–IIᵉ siècles avant J.-C. Actes du Symposium, Septemvri 1998 (Opole 2000).
Domaradzki – Popov 2001	M. Domaradzki – C. Popov, Strassen und Wege in Thrakien während der Späteisenzeit (6.–1. Jh. v. Chr.), in: M. Wendel (Hrsg.), Karasura I. Untersuchungen zur Geschichte und Kultur des Alten Thrakien. Internationales Symposion Čirpan 1996 (Weissbach 2001) 131–141.
Draganov 2000–2001	D. Draganov, Moneti na makedonskite care I–II (Sofia 2000–2001).
Eliade 1972	M. Eliade, Zalmoxis, The Vanishing God (Chicago 1972).
Fettich 1934	N. Fettich, Der skythische Fund von Gartschinovo (Budapest 1934).
Filipov 1976	T. Filipov, Nekropol ot kăsnata bronzova epocha pri s. Orsoja, Lomsko (Sofia 1976).
Filipov 1978	T. Filipov, Idolna plastika ot kăsnobronzovija nekropol pri selo Orsoja, Michajlovgradski okrăg, MuzPamKul 2, 1978.
Filov 1920	B. Filov, Starovekoven otdel, GodMuzSof 1, 1920, 10–17.
Filov 1925	B. Filov, L'art antique en Bulgarie (Sofia 1925).
Filov 1934 a	B. Filov, Ein skythisches Bronzerelief aus Bulgarien, ESA 9, 1934.
Filov 1934 b	B. Filov, Nadgrobnite mogili pri Duvanlij v Plovdivsko (Sofia 1934).
Fol 1975	A. Fol, Simvoličnoto pogrebenie ot Kazičene (Sofijsko), Izkustvo 3/4, 1975.
Fol 1986	A. Fol, Trakijskjat Orfism (Engl. Summary: Thracian Orphism) (Sofia 1986).

Fol 1993	A. Fol, Der thrakische Dionysos I. Zagreus (Sofia 1993).
Fol 2004	A. Fol (Hrsg.), Die Thraker. Das goldene Reich des Orpheus. Ausstellungskatalog Bonn (Mainz 2004).
Fol – Fol 2005	A. Fol – V. Fol, The Thracians (Sofia 2005).
Fol u. a. 1986	A. Fol – M. Chichikova – T. Ivanov – T. Teofilov, The Thracian Tomb near the Village of Sveshtari (Sofia 1986).
Fol u. a. 1989	A. Fol – B. Nikolov – G. Mihailov – I. Venedikov – I. Marazov, The Rogozen Treasure (Sofia 1989).
Fol u. a. 2000	A. Fol – K. Jordanov – K. Porozhanov – V. Fol, Ancient Thrace (Sofia 2000).
Fol V. – Inkova 1998	V. Fol – V. Inkova, Thracian Helmet from the Village of Pletena, Western Rhodopes, OrpheusThracSt 8, 1998, 21–34.
Fol V. 2002	V. Fol, La Thrace antique: le silence parle (Sofia 2002).
Fol V. 2004	V. Fol, in: Fol 2004, 249f.
Gabrovski – Kalojanov 1980	S. Gabrovski – S. Kalojanov, Protome na Pegas, Vekove 9, 3, 1980, 77–82.
Ganeva 2005	S. Ganeva, An Attempt at Characterization of the Slabs from the Town of Razlog, in: Bouzek – Domaradzka 2005, 147–151.
Garbsch 1978	J. Garbsch, Römische Paraderüstungen (München 1978).
Gaul 1948	J. H. Gaul, The Neolithic Period in Bulgaria, Bulletin of the American School of Prehistoric Research 16 (Cambridge 1948).
Georgiev 1961	G. Georgiev, Kulturgruppen der Jungstein- und der Kupferzeit in der Ebene von Thrazien (Südbulgarien), in: L'Europe à la fin de l'âge de la pierre. Actes du symposium consacrés aux problèmes du Néolithique européen, Prague – Liblice – Brno, 5–12 Août 1959 (Prag 1961) 45–100.
Georgiev 1982	G. Georgiev, Die Erforschung der Bronzezeit in Nordwestbulgarien, in: B. Hänsel (Hrsg.), Südosteuropa zwischen 1600 und 1000 v. Chr., PAS 1 (Berlin 1982) 187–202.
Georgiev 1981	P. Georgiev, Konstancija i Troja po danni ot poslednite nachodki, Izvestija na Nacionalnija istoričeski muzej 3, 1981.
Georgiev 1975	V. Georgiev, Die thrakischen Götternamen. Ein Beitrag zur Religion der alten Thraker, Balkansko ezikoznanie (Linguistique Balcanique) 17, 2, 1975, 43–54.
Georgieva 1995	R. Georgieva, Ritual Pits in Thrace (end of 2nd–1st mill. B.C.), Balcanica Posnaniensia 7, 1995, 21–36.
Georgieva 2001	R. Georgieva, Thracian Culture of the Early Iron Age, in: I. Panajotov (Hrsg.), Maritsa-Iztok. Archaeological Research 5 (Radnevo 2001) 83–94.
Georgieva 2005 a	R. Georgieva, Červenofiguren atičeski skifos ot Karnobat, in: K. Rabadžiev (Hrsg.), Stephanos archaeologicos in honorem professoris Ludmili Getov, Studia Archaeologica Universitatis Serdicensis Suppl. 4 (Sofia 2005) 168–172.

Georgieva 2005 b	R. Georgieva, Kanika ot Karnobat s izobrazhenie na trakijski voini, ArcheologijaSof 46, 1–4, 2005, 32–40.
Gerasimov 1937	T. Gerasimov, Nachodka ot dekadrachmi na trako-makedonskoto pleme Deroni, BIBulg 11, 1937, 249–257.
Gerasimov 1939 a	T. Gerasimov, Svetilišteto na trakijskija konnik pri s. Ručej, BIBulg 22, 1939, 72–89.
Gerasimov 1939 b	T. Gerasimov, Tri bronzovi statuetki na trakijski konnik, BIBulg 22, 1939, 327.
Gerasimov 1943	T. Gerasimov, Novootkrit bronzov rimski portret văv Vidin, BIBulg 14, 1943, 259–260.
Gerasimov 1978	T. Gerasimov, Antični i srednovekovni moneti v Bălgarija (Sofia 1975).
Gergov 1987	V. Gergov, Medni nachodki ot praistoričeskoto selište v m. «Redutite» pri s. Teliš, Plevensko, ArcheologijaSof 28, 4, 1987, 44–54.
Gergov 2000	V. Gergov. Keramični statuetki na sedjašti bogini ot Teliš-Redutite, in: V. Nikolov (Hrsg.), Trakija i săsednite rajoni prez neolita i chalkolita. Nacionalna Konferencija po Praistorija, Karanovo 31. Mai–1. Juni 1999 (Sofia 2000).
Gergova 1987	D. Gergova, Früh- und ältereisenzeitliche Fibeln in Bulgarien, PBF 14, 7 (München 1987).
Gergova 1992	D. Gergova, The Problem of the «Plundered» Thracian Tombs and its Proposed Solution: A New Method Applied During Excavations, in: J. Herrmann (Hrsg.), H. Schliemann. Grundlagen und Ergebnisse moderner Archäologie. 100 Jahre nach Schliemanns Tod. Internationale Tagung, Berlin 3.–6. Dezember 1990 (Berlin 1992) 283–292.
Gergova 1995 a	D. Gergova, Culture in the Late Bronze and Early Iron Age in Southwest Thrace (Upper Mesta and Middle Struma Valleys), Sbornik Nova Servia Archeologia, 1995, 31–48.
Gergova 1995 b	D. Gergova, The Tumular Cemeteries near Sveshtari, NE Bulgaria – Problems and Methods of Investigations, in: I. Liritzis – G. Tsokas (Hrsg.), Proceedings of the 2nd Southern-European Conference on Archeometry. Delphi, 19.–21. April 1991, Pact 45, 1995, 119–121.
Gergova 1996	D. Gergova, The Rite of Immortalization in Ancient Thrace (Bulg., Engl. Summary) (Sofia 1996).
Gergova 1998	D. Gergova, Le centre religieux et politique thrace du Ier millenaire avant J.-C. de Sboryanovo, in: F. Baratte – N. Blanc, Au royaume des ombres. La peinture funéraire antique. Ausstellungskatalog Saint-Romain-en-Gal (Paris 1998) 24–26.
Gergova 2000	D. Gergova, Sboryanovo – investigations, discoveries and problems, Japan ICOMOS Information 4, 12, 2000, 17–23.
Gergova 2004	D. Gergova, Sboryanovo. The Sacred Land of the Getae (Sofia 2004).
Gergova 2006 a	D. Gergova, Les tombeaux thraces de la Bulgarie de Sud-Est, L'Archéologue 2006.

Gergova 2006 b	D. Gergova, The Eternity of the Burial Rite. The Throne and the Sitting Deceased, in: S. A. Luca (Hrsg.), The Society of the Living – the Community of the Dead (from Neolithic to the Christian Era). Proceedings of the 7th International Colloquium of Funerary Archaeology, Sibiu 6–9 October 2005, Acta Terrae Septemcastrensis V,1 (Sibiu 2006) 51–62.
Gergova 2007 a	D. Gergova, The Tumular Embankment in the Burial Rites and Cosmogony of the Thracian Getae, in: The Cosmic Egg (im Druck).
Gergova 2007 b	D. Gergova, The Gold «Sandals», in: Volume in honor of Prof. Vera Bitrakova (im Druck).
Getov 1980	L. Getov, Sur le problème des sceptres en pierre, Studia Praehistorica 3, 1980, 91–96.
Getov 1990	L. Getov, The Trade and Economic Relations of Kabyle (4th–1st century B.C.), Terra Antiqua Balcanica 5, 1990, 67–73.
Getov 1991	L. Getov, Mogilen nekropol ot elenističeskata epoha pri Kabile II (Kabile 1991).
Gignoux 1983	P. Gignoux, Une ordalie par les lances, RHR 2, 1983, 155–161.
Ginev 1983	G. Ginev, Săkrovišeto ot s. Kralevo (Sofia 1983).
Gorbanov 1985	P. Gorbanov, Răkata ot slonova kost ot selo Krasen, Tolbuchinsko, Sbornik Severoiztočna Bălgarija – drevnost i uremie 1985, 233–235.
Gotsev 1994	A. Gotsev, Decoration of the Early Iron Age Pottery from South-East Bulgaria, in: H. Ciugudean (Hrsg.), The Early Hallstatt Period (1200–700 B.C.) in South-Eastern Europe. Proceedings of the International Symposium, Alba Julia, June 10–12, 1993 (Alba Julia 1994) 97–127.
Gotsev 1997	A. Gotsev, Characteristics of the Settlement System during the Early Iron Age in Ancient Thrace, ActaHyp 7, 1997, 407–419.
Gotsev 1998	A. Gotsev, New Data on the Dolmens in the Sakar Mountain Region, in: M. Stefanovich – H. Todorova – H. Hauptman (Hrsg.), In the Steps of James Harvey Gaul. James Harvey Gaul in Memoriam I (Sofia 1998) 247–254.
Hanzel 1976	B. Hanzel, Beiträge zur regionalen und chronologischen Gliederung der älteren Hallstattzeit an der unteren Donau II (Bonn 1976).
Harrison 1980	J. Harrison, Prolegomena to the Study of Greek Religion (Princeton 1980).
Hemberg 1950	B. Hemberg, Die Kabiren (Uppsala 1950).
Hiller – Nikolov 1997	S. Hiller – V. Nikolov (Hrsg.), Karanovo I. Die Ausgrabungen im Südsektor 1984–1992. Österreichisch-Bulgarische Ausgrabungen und Forschungen in Karanovo 1 (Horn/Wien 1997).
Hiller – Nikolov 2002	S. Hiller – V. Nikolov (Hrsg.), Tell Karanovo 2000–2001: Vorbericht über die 17. und 18. Kampagne der Österreichisch-Bulgarischen Ausgrabungen am Tell von Karanovo (Salzburg 2002).

Hiller u. a. 2005	S. Hiller – V. Nikolov – F. Lang (Hrsg.), Tell Karanovo 2002–2004. Vorbericht (Salzburg 2005).
Hristov	siehe Christov
Ilieva 1994	P. Ilieva, Antique Zoomorphic Bronze Statuettes from the Collection of the Archaeological Museum to the Bulgarian Academy of Sciences, in: Akten der 10. Tagung über antike Bronzen, Freiburg 18.–22. Juli 1988, Forsch. u. Ber. Vor- u. Frühgesch. Baden-Württemberg 45, 1994, 217–222.
Ilieva 1999	P. Ilieva, Voenna diploma ot vremeto na imperator Vespasian, Archeologičeski vesti 1999, 2, 9–13.
Ilieva 2000 a	P. Ilieva, Antiquity Mirrors from Augusta Traiana, Archeologičeski vesti 2000, 1, 11–29.
Ilieva 2000 b	P. Ilieva, Selected Bibliography of the Antiquity Mirrors, Archeologičeski vesti 2000, 1, 30.
Ilieva – Sotirov 2002	P. Ilieva – I. Sotirov, Vulchitrun Gold Treasure (Sofia 2002).
Ilieva – Boev 2003	P. Ilieva – N. Boev, Bljasakat na Belintaš (Plovdiv 2003).
Isaac 1986	B. Isaac, The Greek Settlements in Thrace until the Macedonian Conquest, Studies of the Dutch Archaeological and Historical Society 10 (Leiden 1986).
Ivanov 1975	D. Ivanov, Srebărnoto săkrovište ot s. Borovo, Iskustvo 25, 3–4, 1975, 14–21.
Ivanov 1980	D. Ivanov, Le trésor de Borovo, in: R. Vulpe (Hrsg.), Actes du IIe Congrès International de Thracologie, Bukarest, septembre 1979 (Bukarest 1980) 391–404.
Ivanov 1991	I. Ivanov, Der Bestattungsritus in der chalkolithischen Nekropole von Varna, in: J. Lichardus (Hrsg.), Die Kupferzeit als historische Epoche. Symposion Saarbrücken und Otzenhausen 6.–13. November 1988, SaarBeitr 55 (Bonn 1991) 125–150.
Ivanov – Avramova 2000	I. Ivanov – M. Avramova, Varna Necropolis – the Dawn of European Civilization (Sofia 2000).
Ivanov 1981	T. Ivanov, Radingrad – selištna mogila i nekropol (Razgrad 1981).
Javašov 1930	A. Javašov, Razgrad. Negovoto archeologičesko i istoričesko minalo (Sofia 1930).
Jeanmaire 1978	H. Jeanmaire, Dionysos. Histoire du culte de Bacchus (Paris 1978).
Jurukova 1976	J. Jurukova, Coins of the Ancient Thracians (Oxford 1976).
Jurukova 1992	J. Jurukova, Monetite na trakijskite plemena i vladeteli (Sofia 1992).
Kabakčieva u. a. 1988	G. Kabakčieva – S. Sultova – P. Vladkova, Keramični centrove na teritorijata na Nikopolis ad Istrum II–IV vek (Sofia 1988).
Kacarov 1922	G. Kacarov, Neue Denkmäler zur Religionsgeschichte Thrakiens, AA 37, 1922, 184–201.

Kacarov 1925	G. Kacarov, Trakijskoto svetilište pri s. Dijniklij 1925, 127–169.
Kacarov 1938	G. Kacarov, Die Denkmäler des Thrakischen Reitergottes in Bulgarien (Budapest 1938).
Karajotov 1992	I. Karajotov, Monetosečeneto na Mesambrija (Burgas 1992).
Karajotov 1994	I. Karajotov, The Coinage of Mesambria. Silver and Gold coins of Mesambria I (Sozopol 1994).
Katinčarov 1969	R. Katinčarov, Neolitna mramorna figurka ot Kazanlăk, ArcheologijaSof 11, 2, 1969, 51–55.
Katinčarov – Macanova 1993	R. Katinčarov – V. Macanova, Razkopki na selištnata mogila pri s. Junacite, Pazardžiško, in: V. Nikolov (Hrsg.), Praistoričeski nachodki i izsledvanija. Sbornik v pamet na prof. G. I. Georgiev (Sofia 1993).
Katinčarov 1994	R. Katinčarov, Otnosno datirovkata i interpretacijata na neolitnata mramorna figurka ot Kazanlăk, Kazanlăk v minaloto i dnes 4, 1994.
Kaufmann-Heinimann 1998	A. Kaufmann-Heinimann, Götter und Lararien aus Augusta Raurica: Herstellung, Fundzusammenhänge und sakrale Funktion figürlicher Bronzen in einer römischen Stadt, FiA 26 (Basel 1998).
Kerényi 1978	K. Kerényi, The Mysteries of the Kabeiroi, in: J. Campbell (Hrsg.), The Mysteries, Bollingen Series 30 (Princeton 1978) 32–63.
Kisyov 2005	K. Kisyov, Thrace and Greece in Ancient Times I. Classical Age Tumuli in the Municipality of Kaloyanovo (Plovdiv 2005).
Kitov 1979	G. Kitov, Skifosăt ot Strelča, Izkustvo 3, 1979, 27–31.
Kitov 1988	G. Kitov, Svešteni darove v trakijska mogila v Rodopite, Izkustvo 7, 1988, 40–48.
Kitov 1990–1991	G. Kitov, The Domed Tombs near the Village of Ravnogor in the Rodopes, Talanta 22/23, 1991/1992, 23–47.
Kitov 1994	G. Kitov, Dolinata na carete v Kazanlăškata kotlovina, Anali 1, 2–3, 1994, 46–76.
Kitov 1995	G. Kitov, Les tumuli royaux dans la «Vallée des rois», OrpheusThracSt 5, 1995, 5–21.
Kitov 1996	G. Kitov, Sašova mogila. Monumentalna neograbena trakijska grobnica meždu Šipka i Jasenovo, ArcheologijaSof 38, 2–3, 1996, 9–22.
Kitov 1997	G. Kitov, Tombes monumentales thraces, Archéologia 338, 1997, 28–35.
Kitov 1999	G. Kitov, Royal Insignia, Tombs and Temples in the Valley of the Thracian Rulers, ABulg 3, 1, 1999, 1–20.
Kitov 2000	G. Kitov, Starosel – centre culturel thrace, OrpheusThracSt 11/12, 2000 (2001/2002), 5–60.
Kitov 2001	G. Kitov, A Newly Found Thracian Tomb with Frescoes, ABulg 5, 2, 2001, 15–29.
Kitov 2003	G. Kitov, Domed Tombs, Symbolical Graves and Sacred Gifts in the Thracian Tumuli near the Village of Ravnogor in the Rhodope Mountains, Anali 10, 1, 2003, 11–28.
Kitov 2004	G. Kitov, Alexandrovskata grobnica (Varna 2004).

Kitov 2005 a	G. Kitov, The Valley of the Thracian Rulers (Varna 2005).
Kitov 2005 b	G. Kitov, La vallée des rois thraces (Varna 2005).
Kitov 2005 c	G. Kitov, New Discoveries in the Thracian Tomb with Frescoes by Alexandrovo, ABulg 9, 1, 2005, 15–28.
Kitov 2005 d	G. Kitov, The Newly Discovered Tomb of the Thracian Ruler Seuthes III, ABulg 9, 2, 2005, 39–54.
Kitov 2005 e	G. Kitov, Thracian Tumular Burial with a Gold Mask near the City of Shipka, Central Bulgaria, ABulg 9, 3, 2005, 23–37.
Kitov 2006	G. Kitov, The Valley of the Thracian Kings, in: The Thracian Cosmos – the Sacred Realm of Kings, Ausstellungskatalog Kazanlak (Sofia 2006).
Kitov 2006 b	G. Kitov, Panagjurskoto săkrovište (Varna 2006).
Kitov – Pavlov 1987	G. Kitov – P. Pavlov, Kultura Tracka na ziemiach okregu Loweczanskiego (Sofia 1987).
Kitov – Tonkova 1996	G. Kitov – M. Tonkova, Trésors thraces de Malkata, Archéologia 327, 1996, 36–41.
Konova 2002	L. Konova, Opfer- und Götterdarstellungen (Bleibukrania), in: A. Fol (Hrsg.), Thracia and the Aegean. Proceedings of the Eight International Congress of Thracology, Jambol 25.–29. September 2000 (Sofia 2002) 595–598.
Kostov – Bakămska 2004	R. Kostov – A. Bakămska, Nefritovi artefakti ot rannoneolitnoto selište Gălăbnik, Perniško, Geologija i mineralni resursi, 2004, 4.
Koukouli-Chrysanthaki 2002	C. Koukouli-Chrysanthaki, The Development of the Cities in Eastern Macedonia, in: A. Fol (Hrsg.), Thrace and the Aegean. Proceedings of the Eighth International Congress of Thracology, Jambol 25.–29. September 2000 (Sofia 2002) 37–58.
Kuzmanov 2005	M. Kuzmanov, The Horse in Thracian Burial Rites, in: Bouzek – Domaradzka 2005, 143–146.
Lazarova 1993	S. Lazarova, Zlaten săd ot o. Belene (Persina), Izvestija na muzeite ot Severozapadna Bălgarija 20, 1993, 261–263.
Leshtakov 1993	K. Leshtakov, Die mittelbronzezeitliche Besiedlung von Gălăbovo in Südostbulgarien, SASTUMA 2, 1993, 191–222.
Leshtakov 1996	K. Leshtakov, Trade Centers from Early Bronze Age III and Middle Bronze Age in Upper Thrace, in: L. Nikolova (Hrsg.), Early Bronze Age Settlement Patterns in the Balkans, RPRP I, 2–4 (Sofia 1996) 239–287.
Leshtakov 1997	K. Leshtakov (Hrsg.), Maritsa Project I. Rescue Archaeological Excavations Along Maritsa Motorway in South Bulgaria (Sofia 1997).
Leshtakov 2002	K. Leshtakov, Galabovo Pottery and a New Synchronisation for the Bronze Age in Upper Thrace with Anatolia, Anatolica 28, 2002, 171–211.
Lichardus 2002	J. Lichardus, Die Spätbronzezeit an der unteren Tundza und die ostägäische

Verbindungen in Südostbulgarien, EurAnt 8, 2002, 135–184.

Lichardus u. a. 2000   J. Lichardus – A. Fol – L. Getov, Forschungen in der Mikroregion von Drama (Südbulgarien). Zusammenfassung der Hauptergebnisse der bulgarisch-deutschen Grabungen in den Jahren 1983–1999 (Bonn 2000).

Lichardus-Itten u. a. 2002   M. Lichardus-Itten – J. Lichardus – V. Nikolov (Hrsg.), Beiträge zu jungsteinzeitlichen Forschungen in Bulgarien, SaarBeitr 74 (Bonn 2002).

Macanova 1992   V. Macanova, Tellsiedlung Junazite – Die Spätkupferzeit, Studia Praehistorica 11/12, 1992, 248–261.

Macanova 1996   V. Macanova, Cult Objects from the Early Neolithic Site at the Town of Rakitovo, Documenta Praehistorica 23, 1996, 105–127.

Macanova 2002   V. Macanova, Glinjanye jakora i krjuki iz mnogoslojnogo poselenija Ploskaja mogila u s. Junacite, in: R. Munčaev (Hrsg.), Problemy archeologii Evrazii. Sbornik staťej: K 80-letiju N. Ja. Merperta (Moskau 2002).

Macanova 2003   V. Macanova, Cult Practices in the Early Neolithic Village of Rakitovo, in: L. Nikolova (Hrsg.), Early Symbolic Systems for Communication in Southeast Europe, BAR IntSer 1139 (Oxford 2003).

Marazov 1976   I. Marazov, Hierogamijata ot Letniza, ArcheologijaSof 4, 1976, 1–13.

Marazov 1978   I. Marazov, Ritonite v drevna Trakya (Sofia 1978).

Marazov 1991   I. Marazov, A Structural Iconographic Analysis of the Gundestrup Cauldron, in: F. Kaul u. a., Thracian Tales on the Gundestrup Cauldron. International Conference held in the New Church in Amsterdam on December 8, 1989, Publications of the Holland Travelling University 1 (Amsterdam 1991) 43–75.

Marazov 1992   I. Marazov, Mit, ritual i izkustvo u trakite (Sofia 1992).

Marazov 1994   I. Marazov, The King and Art, BAncOrMus 15, 1994, 169–204.

Marazov 1996   I. Marazov, The Rogozen Treasure (Sofia 1996).

Marazov 1998   I. Marazov, Between Ares and Orpheus, in: I. Marazov – A. Fol (Hrsg.), Ancient Gold: the Wealth of the Thracians. Treasures from the Republic of Bulgaria, Ausstellungskatalog New York (New York 1998) 32–71.

Marazov 2000 a   I. Marazov, Trakite i vinoto (Russe 2000).

Marazov 2000 b   I. Marazov, Pitcher-Rython from Borovo Treasure – the Structure of the Pictorial Text, OrpheusThracSt 10, 2000, 5–22.

Marazov 2005 a   I. Marazov, Thracian Warrior (Sofia 2005).

Marazov 2005 b   I. Marazov, Ancient Thrace (Plovdiv 2005).

Maritsa-Iztok 2001   Exspedicija Maritsa-Iztok, Archeologiceski Proučvanija 5 (Sofia 2001).

Mihailov 1956   G. Mihailov, Inscriptiones Graecae in Bulgaria Repertae I (Sofia 1956).

Mihailov 1958   G. Mihailov, Inscriptiones Graecae in Bulgaria Repertae II (Sofia 1958).

Mihailov 1961   G. Mihailov, Inscriptiones Graecae in Bulgaria Repertae III, 1 (Sofia 1961).

Mihailov 1964	G. Mihailov, Inscriptiones Graecae in Bulgaria Repertae III, 2 (Sofia 1964).
Mikov 1954	V. Mikov, Antičnata grobnica pri Kazanlăk (Sofia 1954).
Mikov 1958	V. Mikov, Zlatnoto sakrovishte ot Valchitran (Sofia 1958).
Mintchev 1980	A. Mintchev, The Pitcher-Rhyton. A Special Feature of Thracian Rhyta, Pulpudeva 3, 1980, 177–188.
Montepaone 1990	C. Montepaone, Bendis tracia ad Atene. L'integrazione del «nuovo» attraverso forme dell'ideologia, AnnAStorAnt 12, 1990, 103–117.
Mušmov 1912	N. Mušmov, Antičnite moneti na Balkanskija poluostrov (Sofia 1912).
Nagy 1990	G. Nagy, Greek Mythology and Poetics (Ithaca 1990).
Nekhrizov 2000	G. Nekhrizov, A Cromlech near Dolni Glavanak in the Eastern Rhodopes (preliminary communication), in: L. Nikolova (Hrsg.), Technology, Style and Society. Contributions to the Innovations between the Alps and the Black Sea in Prehistory, BAR IntSer 854 (Oxford 2000) 319–324.
Nikolov 1974	B. Nikolov, Gradešnitza (Sofia 1974).
Nikolov 1976	B. Nikolov, Mogilni pogrebenija ot rannobronzovata epocha pri Tărnava i Kneža, Vračanski okrăg, ArcheologijaSof 1976, H. 3.
Nikolov 1978	B. Nikolov, Signes sur des ouvrages en argile de l'époque préhistorique dans la Bulgarie de l'ouest, Studia Praehistorica 8, 1978, 166–184.
Nikolov u. a. 1987	B. Nikolov – S. Mašov – P. Ivanov, Trakijsko srebărno săkrovište ot Rogozen, Izvestija na muzeite v Severozapadna Bălgarija 12, 1987.
Nikolov 1988	B. Nikolov, Four Thracian Treasures (Sofia 1988).
Nikolov 1989	V. Nikolov, Das frühneolithische Haus von Sofia-Slatina. Eine Untersuchung zur vorgeschichtlichen Bautechnik, Germania 67, 1989, 1–49.
Nikolov 1990 a	V. Nikolov, Das Flusstal der Struma an der frühneolithischen Strasse von Anatolien nach Mitteleuropa, in: Die ersten Bauern II. Ausstellungskatalog Zürich (Zürich 1990) 63–69.
Nikolov 1990 b	V. Nikolov, Kăm interpretacijata na keramičnata «pločka» ot Gradešnica, Izkustvo 2, 1990.
Nikolov 1991	V. Nikolov, Zur Interpretation der spätneolithischen Nekropole bei Varna, in: J. Lichardus (Hrsg.), Die Kupferzeit als historische Epoche. Symposion Saarbrücken und Otzenhausen 6.–13. November 1988, SaarBeitr 55 (Bonn 1991) 157–166.
Nikolov 1997	V. Nikolov, Two Dwellings and Their Pottery Assemblages from the Karanovo III Layer in Tell Karanovo, Archaeology in Bulgaria 1, 1997, 15–22.
Nikolov 1998 a	V. Nikolov, Die Kultszene aus Ovcarovo: ein Versuch für Kalenderinterpretierung, in: P. Anreiter (Hrsg.), Man and the Animal World. Studies in Archaeozoology, Archaeology, Anthropology and Palaeolinguistics in memoriam Sandor Bökönyi, Archaeolingua 8 (Budapest 1998) 285–305.

Nikolov 1998 b	V. Nikolov, The Circumpontic Cultural Zone During the 6th mill. B.C., Documenta Praehistorica 25, 1998, 81–89.
Nikolov 1999	V. Nikolov, Proučvanija na neolitnata kultura v bălgarskite zemi (II), ArcheologijaSof 39, 1–2, 1999, 1–12.
Nikolov 2000	V. Nikolov, Kapitan Dimitrievo Tell Sequence and Cultural Characteristics. Brief Report in the Light of the Sounding Excavations in 1998–1999, in: L. Nikolova (Hrsg.), Technology, Style and Society: Contributions to the Innovations between the Alps and the Black Sea in Prehistory, BAR IntSer 854 (Oxford 2000) 51–63.
Nikolov 2001	V. Nikolov, Neolithic Cult Assemblages from the Early Neolithic Settlement at Slatina, Sofia, in: P. F. Biehl, The Archaeology of Cult and Religion, Archaeolingua 13 (Budapest 2001) 133–137.
Nikolov 2002 a	V. Nikolov, Nochmals über die Kontakte zwischen Anatolien und dem Balkan im 6. Jt. v. Chr., in: R. Aslan (Hrsg.), Mauerschau: Festschrift für Manfred Korfmann II (Remshalden-Grunbach 2002) 673–678.
Nikolov 2002 b	V. Nikolov, Frühneolithische gemalte Ornamentik (Sofia 2002).
Nikolov 2003	V. Nikolov, The Neolithic and the Chalcolithic Periods in Northern Thrace, TüBA-AR 6, 2003, 21–83.
Nikolov – Maslarov 1987	V. Nikolov – K. Maslarov, Ancient Settlements near Eleshnitsa (Sofia 1987).
Nikolov u. a. 1991	V. Nikolov – K. Grigorova – E. Sirakova, Rannoneolitno selište Slatina v Sofia: părvi stroitelen chorizont (predvaritelno săobštenie), ArcheologijaSof 33, 3, 1991, 13–26.
Nikolov u. a. 1999	V. Nikolov u. a., Selištna mogila Kapitan Dimitrievo. Razkopki 1998–1999 (Sofia 1999).
Nikov 1999	K. Nikov, «Aeolian» Bucchero in Thrace?, ABulg 2, 1999, 31–42.
Nikov 2001	K. Nikov, Cultural Interrelations During Late Bronze Age and Early Iron Age in the Area of Power Complex Maritsa-Iztok, in: I. Panajotov (Hrsg.), Maritsa-Iztok. Archeological Research 5 (Radnevo 2001) 69–81.
Nikov 2002	K. Nikov, Macedonia, Southern Thrace and the Geometric Pottery Koine, in: Proceedings of the 7th International Symposium on Ancient Macedonia, Thessaloniki October 14–18, 2002 (im Druck).
Ognenova 1955	L. Ognenova, Srebărni sădove ot decinalijata na imperator Licinij, BIBulg 19, 1955, 233–270.
Ognenova-Marinova 1975	L. Ognenova-Marinova, Statuettes en bronze du Musée National Archéologique à Sofia. Statuettes de culte (Sofia 1975).
Ognenova-Marinova 1978 a	L. Ognenova-Marinova, Le trésor de Valchitran : un jalon dans l'étude de la religion thrace, Pulpudeva 2, 1978, 240–244.

Ognenova-Marinova 1978 b L. Ognenova-Marinova, Une statuette en bronze de Zeus Keraunios de la vallée du Strymon, in: Studia in honorem Veselini Baševliev (Sofia 1978) 310–314.

Ognenova-Marinova 1980 L. Ognenova-Marinova, Iz skulpturata na Serdika, in: V. Velizar (Hrsg.), Sofija drevna i mlada (Sofia 1980) 26–27.

Otto 1969 W. Otto, Dionysos. Le mythe et le culte (Paris 1969).

Panajotov 1995 I. Panajotov, The Bronze Age in Bulgaria: Studies and Problems, in: Bailey – Panajotov 1995, 243–252.

Panajotov – Aleksandrov 1995 I. Panajotov – S. Aleksandrov, Mogilen nekropol ot rannata bronzova epocha v zemlištata na selata Mednikarovo i Iskrica. Marica-Iztok. Archeologičeski proučvanija (Radnevo 1995).

Pavuk – Čochadžiev 1984 J. Pavuk – M. Čochadžiev, Neolithische Tellsiedlung bei Galabnik in Westbulgarien, SlovA 32, 1984, 195–228.

Penkova 1994 E. Penkova, The Thracian Dionysos and the Belief in Immortality, BAncOrMus 15, 1994, 231–252.

Penkova 2003 E. Penkova, Orphic Graffito on a Bone Plate from Olbia, Thracia 15. In honorem annorum LXX Alexandri Fol (Sofia 2003) 605–618.

Penkova 2005 E. Penkova, Dionisobata obretnost v nekropola ot Duvanlij, in: K. Rabadžiev (Hrsg.), Stephanos archaeologicos in honorem professoris Ludmili Getov, Studia Archaeologica Universitatis Serdicensis Suppl. 4 (Sofia 2005) 563–581.

Petkov 1960 C. Petkov, Novootkrito srebărno săkrovište ot s. Goljama Brestnica, ArcheologijaSof 2, 1, 1960, 25–28.

Petrov 1993 I. Petrov, Trakijski mogilen nekropol kraj s. Gorski izbor, Chaskovsko, IMJUIB 16, 1993.

Petrov 2004 I. Petrov, Archeologičeski proučvanija i nachodki ot rajona na Chaskovo. Nepublikovano trakijsko văorăženie ot fonda na chaskovskija muzej, Izvestija na istoričeskija muzej Chaskovo 2, 2004.

Popov 2002 a C. Popov, Urbanisierung in den inneren Gebieten Thrakiens und Illyriens im 6.–1. Jh. v. Chr. (Sofia 2002).

Popov 2002 b V. Popov, Die plastischen Darstellungen aus dem Siedlungshügel bei Russe, in: Lichardus-Itten u. a. 2002.

Popov 2005 H. Popov, Urbanisierungsprozesse bei Thrakern und Illyrern – Modelle der Stadtwerdung, in: J. Biel – D. Krause, Frühkeltische Fürstensitze: Älteste Städte und Herrschaftszentren nördlich der Alpen. Internationaler Workshop zur keltischen Archäologie in Eberdingen-Hochdorf 12.–13. September 2003, Archäologische Informationen aus Baden-Württemberg 51 (Esslingen 2005) 71–77. 120–124.

Porozanov 1998	K. Porozanov, Society and State Organization of the Thracians mid-2nd–early 1st millennium BC in the context of the Paleo-Balkan and Western Asia Minor Community, Studia Thracica 6 (Sofia 1998).
Prokopov 2006	I. Prokopov, Die Silberprägung der Insel Thasos und die Tetradrachmen des «thasischen Typs» vom 2.–1. Jahrhundert v. Chr. (Berlin 2006).
Qualiotti 1998	A. M. Qualiotti, Buddhapadas (Kamakura 1998).
Radunčeva 1974	A. Radunčeva, Doistoričeskoe izkustvo v Bolgarii (Sofia 1974).
Reho 1990	M. Reho, La ceramica attica a figure nere e rosse nella Tracia bulgara, Archaeologica 86 (Rom 1990).
Renfrew 1978	C. Renfrew, Varna and the Social Context of Early Metallurgy, Antiquity 52, 1978, 199–203.
Rohde 1928	E. Rohde, Psyche. Seelenkult und Unsterblichkeitsglaube der Griechen (Leipzig 1928).
Rousseva 2000	M. Rousseva, Thracian Cult Architecture in Bulgaria (Jambol 2000).
Sarnovski 1981	T. Sarnovski, Komendanstvoto na Părvi italijski legion v Nove, Vekove 5, 1981, 37–38.
Schachter 1986	A. Schachter, Cults of Boiotia, BICS Suppl. 38, 2 (London 1986).
Schachter 2003	A. Schachter, Evolution of a Mystery Cult: the Theban Kabiroi, in: M. B. Cosmopoulos (Hrsg.), Greek Mysteries. The Archaeology and Ritual of Ancient Greek Secret Cults (London 2003) 112–142.
Shalganova 1995	T. Shalganova, The Lower Danube Incrusted Pottery Culture, in: Bailey – Panajotov 1995, 291–309.
Shalganova – Gotzev 1995	T. Shalganova – A. Gotzev, Problems of Research on the Early Iron Age, in: Bailey – Panajotov 1995, 327–343.
Simon 1960	E. Simon, Der Goldschatz von Panagjuriste – Eine Schöpfung der Alexanderzeit, AntK 3, 1960, 3–12.
Sîrbu 2006	V. Sîrbu, Man and God in the Geto-Dacian World (Brasov 2006).
Stančeva 1973	M. Stančeva, Trakijski slaten săd ot Sofija, MuzPamKul 3, 1973, 3f.
Stefanov 1929	S. Stefanov, Antični pametnici ot Svištovsko, BIBulg 5, 1929.
Stibbe 2002	C. Stibbe, Trebenishte. The Fortunes of an Unusual Excavation, StA 121 (Rom 2002).
Stoyanov 1982	S. Stoyanov, Zlatno monetno săkrovište ot Abritus V v. na n. e. (Sofia 1982).
Stoyanov 1997	T. Stoyanov, Early Iron Age Tumular Necropolis, Sboryanovo 1 (Sofia 1997).

Stoyanov 1998	T. Stoyanov, Săkrovišteto ot Borovo v archeologičeski i istoričeski kontekst, in: Seminarium Thracicum 3. Părvi akademični četenija v pamet na akademik Gavril Kacarov (Sofia 1998) 65–90.
Stoyanov 2003 a	T. Stoyanov, The Getic Capital at Sboryanovo: New Excavation Issues & Research Developments, Thracia 15, 2003, 413–423.
Stoyanov 2003 b	T. Stoyanov, Edin neobičaen riton ot s. Anevo, Karlovsko. Akademični četenija v čest na prof. Zl. Gočeva. NBU, Godišnik na Departament «Sredizemnomorski i iztočni izsledvanija» (Sofia 2002) 132–140.
Stoyanov – Nikov 1997	T. Stoyanov – K. Nikov, Rescue Trench Exavations of the Early Iron Age Settlement and Sanctuary Near the Village of Rogozinovo, Harmanli District (Preliminary Report), Maritza Project I (Sofia 1997) 171–240.
Stoyanov u. a. 2005	T. Stoyanov – M. Tonkova – H. Preshlenov – H. Popov (Hrsg.), Heros Hephaistos. Studia in honorem Liubae Ognenova-Marinova (Sofia 2005).
Stoyanov u. a. 2006	T. Stoyanov – Z. Mihaylova – K. Nikov – M. Nikolaeva – D. Stoyanova, The Getic Capital at Sboryanovo (Sofia 2006).
Szabo 1992	M. Szabo, Les Celtes de l'Est. Le second âge du fer dans la cuvette des Karpates (Paris 1992).
Tačeva 1982	M. Tačeva, Istorija na iztochnite kultove v Dolna Mizija i Trakija (Sofia 1982).
Tačeva 2006	M. Tačeva, Carete na drevna Trakija (Sofia 2006).
Tančeva-Vasileva 1989	N. Tančeva-Vasileva, Antičen figuralen săd ot Kabile, IMJUIB 13, 1989, 61–66.
Theodossiev 2000	N. Theodossiev, North-Western Thrace from the Fifth to First Centuries B.C., BAR IntSer 859 (Oxford 2000).
Thompson – Wycherley 1972	H. A. Thompson – R. E. Wycherley, The Agora of Athens, The Athenian Agora 14 (Princeton 1972) 137.
Todorova 1972	C. Todorova, Kolektivna nachodka ot idol i săd ot Balčik, BIBulg 1972.
Todorova 1973	C. Todorova, Eneolitna kultova scena, MuzPamKul 1973.
Todorova 1979	C. Todorova, Eneolit Bolgarii (Sofia 1979).
Tomaschek 1980	W. Tomaschek, Die alten Thraker. Eine ethnologische Untersuchung ²(Wien 1980).
Tonkova 1994	M. Tonkova, Vestiges d'ateliers d'orfèvrerie thraces des Ve–IIIe s. av. J.-C. (sur le territoire de la Bulgarie), Helis 3, 1994, 175–214.
Tonkova 1997	M. Tonkova, Traditions and Aegean Influences on the Jewellery of Thracia in Early Hellenistic Times, ABulg 1, 2, 1997, 18–31.
Tonkova 2003	M. Tonkova, Late Iron Age Pit Sanctuaries in Thrace: the Contribution of the Studies at Gledachevo, Thracia 15, 2003, 479–504.
Torbov 2005	N. Torbov, Mogilanska mogila văv Vraca (Vraca 2005).

Valcheva 2000	D. Valcheva, Burials at «Novite korenezei». Cult Place in Sboryanovo Archaeological Reserve, in: Pratiques funéraires des XIIIᵉ–IVᵉ s. av. J.-C. (Tulcea 2000) 213–224.
Valeva 2005	Y. Valeva, The Painted Coffers of the Ostrusha Tomb (Sofia 2005).
Valeva – Gergova 2000	Y. Valeva – D. Gergova, Monumental Tombs, Tomb Paintings and Burial Customs of Ancient Thrace in: S. Steingräber (Hrsg.), Investing in the Afterlife. Ausstellungskatalog Tokyo (Tokyo 2000) 182–189.
Velkov 1923	I. Velkov, Dve novootkriti rimski voenni diplomi ot Vespasian, BIBulg 1923, 84–93.
Velkov 1969	V. Velkov, Inscriptions de Messambria, in: I. Venedikov – V. Velkov – L. Ognenova-Marinova – J. Cimbuleva – T. Petrov – I. Cangova, Nessebre I (Sofia 1969).
Velkov 1971	V. Velkov, Thraker und Phryger nach den Epen Homers. L'ethnogenèse des peuples balkaniques, Studia Balcanica (Studija Balkanika) 5, 1971, 279–285.
Velkov 1990	V. Velkov, Kabyle. Eine hellenistische Stadt in Thrakien, in: Akten des XIII. Internationalen Kongresses für Klassische Archäologie, Berlin 1988 (Mainz 1990) 606–607.
Velkov – Domaradzka 1994	V. Velkov – L. Domaradzka, Kotys I. (383/2–359) et l'emporion de Pistiros en Thrace, BCH 118, 1994, 1–15.
Venedikov 1959	I. Venedikov, Trakijskata kolesnica (Sofia 1959).
Venedikov 1961	I. Venedikov, Panagjurskoto zlatno sukrovište (Sofia 1961).
Venedikov 1975	I. Venedikov, Valchitranskoto sakrovishte, Izkustvo 23, 1975.
Venedikov 1987	I. Venedikov, The Vulchitrun Treasure (Sofia 1987).
Venedikov 1989	I. Venedikov, The Hyperboreal Deities in the Thracian Pantheon, in: Fol u. a. 1989, 72–80.
Venedikov 1996	I. Venedikov, Trakijskoto săkrovište ot Letnica (Sofia 1996).
Venedikov – Gerasimov 1973	I. Venedikov – T. Gerasimov, Trakijskoto izkustvo (Sofia 1973).
Venedikov – Pavlov 1974	I. Venedikov – P. Pavlov, Sakrovisteto ot Letnica (Sofia 1974).
Vladimirova-Aladžova 2005	D. Vladimirova-Aladžova, Zlatoto kato argument v otnošenijata meždu Rim i varvarite prez V vek i numizmatičnite danni ot Bălgarija. 5: Monetite i banknotite văzmožni pročiti 2005, 136–143.
Von Rudolf 1999	R. Von Rudolf, Hekate in Greek Religion (Bearwood Court 1999).
Zdravkova – Ivanov 2002	Z. Zdravkova – D. Ivanov, Trakijskoto srebărno săkrovište ot Borovo (Veliko Tărnovo 2002).
Zlateva u. a. 2003	B. Zlateva – M. Kuzmanov – I. Kuleff – R. Djingova – D. Gergova, Multi-Element Analysis of Bones for Dietary Reconstruction of the Inhabitants of Thracia at Hellenistic Times Bulgaria, BerlBeitrArchäom 20, 2003.

Die Transliteration der bulgarischen Namen konnte nicht mit letzter Konsequenz angewendet werden.

Abkürzungen

AA	Archäologischer Anzeiger
ABulg	Archaeologia Bulgarica
ActaHyp	Acta hyperborea. Danish Studies in Classical Archaeology
AnnAStorAnt	Annali di archeologia e storia antica. Istituto universitario orientale. Dipartimento di studi del mondo classico e del Mediterraneo antico
AntK	Antike Kunst
ArcheologijaSof	Archeologija. Organ na Archeologičeskija institut i muzej
BAR	British Archaeological Reports
BAR IntSer	British Archaeological Reports. International Series
BAncOrMus	Bulletin of the Ancient Orient Museum (Tokyo)
BCH	Bulletin de correspondance hellénique
BerlBeitrArchäom	Berliner Beiträge zur Archäometrie
BIBulg	Izvestija na Bălgarskija archeologičeski institut
BICS	Bulletin of the Institute of Classical Studies of the University of London
ClQ	The Classical Quarterly
EPRO	Etudes préliminaires aux religions orientales dans l'Empire romain
ESA	Eurasia septentrionalis antiqua
EurAnt	Eurasia antiqua
FiA	Forschungen in Augst
Forsch. u. Ber. Vor- u. Frühgesch. Baden-Württemberg	Forschungen und Berichte zur Vor- und Frühgeschichte in Baden-Württemberg
GodMuzPlov	Godišnik na narodnija archeologičeski muzej Plovdiv
GodMuzSof	Godišnik na nacionalnija archeologičeski muzej
IzvBurgas	Izvestija na Narodnija muzej Burgas
MuzPamKul	Muzei i pametnici na kulturata
OrpheusThracSt	Orpheus. Journal of Indo-European, Palaeo-Balkan and Thracian Studies
Pact	Pact. Revue du Groupe européen d'études pour les techniques physiques, chimiques et mathématiques appliquées à l'archéologie
PAS	Prähistorische Archäologie in Südosteuropa
PBF	Prähistorische Bronzefunde
RHR	Revue de l'histoire des religions
RPRP	Reports of Prehistoric Research Projects
SaarBeitr	Saarbrücker Beiträge zur Altertumskunde
SASTUMA	Saarbrücker Studien und Materialien zur Altertumskunde
SlovA	Slovenská archeológia
StA	Studia archeologica
Talanta	Talanta. Proceedings of the Dutch Archaeological and Historical Society
TüBA-Ar	Türkiye Bilimler Akademisi arkeoloji dergisi
WorldA	World Archaeology

Autoren

Vassil Nikolov — Direktor, Nationales archäologisches Institut mit Museum der Bulgarischen Akademie der Wissenschaften, Sofia

Stefan Alexandrov — Nationales archäologisches Institut mit Museum der Bulgarischen Akademie der Wissenschaften, Sofia

Krasimir Nikov — Nationales archäologisches Institut mit Museum der Bulgarischen Akademie der Wissenschaften, Sofia

Christo Popov — Nationales archäologisches Institut mit Museum der Bulgarischen Akademie der Wissenschaften, Sofia

Georgi Kitov — Nationales archäologisches Institut mit Museum der Bulgarischen Akademie der Wissenschaften, Sofia

Anelia Božkova — Nationales archäologisches Institut mit Museum der Bulgarischen Akademie der Wissenschaften, Sofia

Diana Gergova — Nationales archäologisches Institut mit Museum der Bulgarischen Akademie der Wissenschaften, Sofia

Ivan Marazov — Kunsthistorisches Institut der Neuen Bulgarischen Universität

Milena Tonkova — Nationales archäologisches Institut mit Museum der Bulgarischen Akademie der Wissenschaften, Sofia

Pavlina Ilieva — Konservatorin, Nationales archäologisches Institut mit Museum der Bulgarischen Akademie der Wissenschaften, Sofia

Dočka Aladžova — Nationales archäologisches Institut mit Museum der Bulgarischen Akademie der Wissenschaften, Sofia

Autoren der Katalogtexte

A. M.	Alexander Minchev
A. B.	Aneta Bakamska
A. P.	Antoaneta Popova
B. K.	Bistra Koleva
D. A.	Desislava Andreeva
D. Ag.	Daniela Agre
D. Al.	Dochka Aladjova
D. Č.	siehe D. Ch.
D. Ch.	Dimitar Chernakov
D. K.	Daniela Kodjamanova
E. D.-P.	Elka Docheva-Peeva
E. P.	Elka Penkova
E. S.	Emilia Sirakova
G. G.	Georgi Ganecovski
G. K.	Georgi Kitov
G. L.	Gavrail Lazov
G. R.	Galena Radoslavova
G. V.	Gergana Vazvazova
H. B.	Hristo Basamakov
H. H.	Hristo Hristov
I. I.	Ilia Iliev
I. Ts.	Ivan Tsarov
J. B.	Julia Busarova
K. K.	Kostadin Kisyov
Kr. K.	Krasimira Karadimitrova
L. K.	Lyubava Konova
M. D.	Maria Deianova
M. G.-K.	Malgojata Grembska-Kulova
M. H.	Martin Hristov (= Christov)
M. T.	Milena Tonkova
N. E.	Nedko Elenski
N. T.	Nartsis Torbov
P. B.	Petyo Banov
P. D.	Peti Donevski
P. I.	Pavlina Ilieva
P. K.	Petya Kiashkina
R. G.	Radoslav Gushterakliev
R. G. / D. M.	Rumiana Georgieva / Dimcho Momchilov
S. A.	Stefan Alexandrov
S. B.	Stefan Bakardjiev
S. I.	Stanislav Iliev
S. S.	Stanimir Stoychev
S. T.	Stanimira Taneva
S. T.-I.	Stoilka Terziyska-Ignatova
T. D.	Todor Dimov
V. G.	Vencislav Gergov

Fotonachweis

Umschlag: Rhyton, Bašova-Hügel (Kat.-Nr. 125 b) © Foto Rosen Kolev.

Frontispiz: Rython, Schatz von Panagjurište (Kat.-Nr. 137 e) © Foto Rosen Kolev.

S. 8: Tumulus Goljama Kosmatka, Tal der Thrakischen Könige.

S. 24: Grab 43 der Nekropole von Varna. Rekonstruktion der Fundsituation im Regionalhistorischen Museum Varna.

S. 32: Trapezförmige Felsnischen bei S. Ionchovo in den östlichen Rhodopen.

S. 38: Porträt des Königs Seuthes III., Bronze.

S. 58: Tumulus Goljama Kosmatka (Innenansicht).

S. 76: Becher aus dem Schatz von Rogozen (Kat.-Nr. 120 c).

S. 106: Schatz von Rogozen (vgl. Kat.-Nr. 120).

© Stefan Dimov: Kat.-Nr. 118 a – e.

© Mihail Enev: S. 65.

© Nikolaj Genov: Kat.-Nr. 1 – 70 k. M – v. x – y; 71 – 84. 87. 89. 91 – 96. 98 – 114 b. d – 115. 119. 120 f – i. k – l. 121 c – g. 124 a – b. d – e. 125 f. 126 b. f – g. 127 a – b. e – f. 128 a. d. 129 – 135. 138 – 142. 145 – 146 a – d. t. 147 – 149. 151 – 186. 189 – 194. 196 – 212.
S. 31. 32. 34. 35. 38. 44. 46 u. l.; 47. 53. 64. 78. 80 u. l.; 81 o. r.; 83. 86. 87. 103 – 106.

© Krasimir Georgiev: S. 62.

© Georgi Goshev: S. 65. 66.

© Pläne Stephan Goshev: S. 67.

© Ivo Hadjimishev: Kat.-Nr. 120 (Sammelaufnahme). 137 (Sammelaufnahme). S. 42. 43. 63 o. l.; 76. 106.

© Pavlina Ilieva: S. 93.

© Georgi Kitov: S. 46 o. r.

© Rosen Kolev: Kat.-Nr. 70 l. w; 85 – 86. 88. 90. 97. 114 c. 116 – 117. 120 a – e. j. 121 a – b. 122 – 123. 124 c. 125 a – e. 126 a. c – e. 127 a. c – d. 128 b – c. e. . 137 a – i. 143. 144. 146 e – s. 150. 187 – 188. 195.
S. 30. 76. 97 u. r.

© Rumyana Kostadinova: S. 24.

© Vassil Nikolov: S. 23.

© Milena Tonkova: S. 79.

© Ivo Zanoni: S. 8. 58. 73. 81. 90.